rowohlts
monographien

HERAUSGEGEBEN
VON
KURT KUSENBERG

—

GEORG BÜCHNER

IN
SELBSTZEUGNISSEN
UND
BILDDOKUMENTEN

—

DARGESTELLT
VON
ERNST JOHANN

ROWOHLT

*Den dokumentarischen und bibliographischen Anhang bearbeitete Paul Raabe
Umschlagentwurf Werner Rebhuhn
Umschlag-Vorderseite: Georg Büchner
(Historisches Bildarchiv Lolo Handke, Bad Berneck)
Umschlag-Rückseite: Der Steckbrief
(Rowohlt-Archiv, Reinbek bei Hamburg)*

1.–25. Tausend	Oktober 1958
26.–30. Tausend	Juni 1964
31.–35. Tausend	März 1965
36.–43. Tausend	April 1966

*© Rowohlt Taschenbuch Verlag GmbH, Hamburg, 1958
Alle Rechte dieser Ausgabe, auch die des auszugsweisen Nachdrucks
und der fotomechanischen Wiedergabe, vorbehalten
Gesetzt aus der Linotype-Aldus-Buchschrift und der Palatino (D. Stempel AG)
Gesamtherstellung Clausen & Bosse, Leck/Schleswig
Printed in Germany*

INHALT

AUSSERHALB SEINER ZEIT	7
DER SOHN	8
DER SCHÜLER	20
DER STUDENT	35
DER LANDBOTE	53
DER DRAMATIKER	
DANTONS TOD	82
LEONCE UND LENA	112
WOYZECK	117
DER REALIST	
LENZ	130
DER NATURFORSCHER	143
DER EMIGRANT	150
DAS ENDE	157
ZEITTAFEL	162
ZEUGNISSE	164
BIBLIOGRAPHIE	171
NAMENREGISTER	175
QUELLENNACHWEIS DER ABBILDUNGEN	178

AUSSERHALB SEINER ZEIT

Die Klage Alfred de Mussets über den Seelenzustand seiner Generation: «Alles, was war, ist nicht mehr, alles, was sein wird, ist noch nicht, sucht nirgendwo anders das Geheimnis unseres Wehs . . .» schließt nicht das geistige Schicksal Georg Büchners ein; sie streift es nur. Dieser Dichter zwischen den Generationen ist gar nicht zu den Gelegenheiten gekommen, Mitleid mit sich selbst auszuüben. Büchner ist nicht zu früh geboren, er ist zu früh gestorben. Lebenskräftig und lebensneugierig, hat er ein paar gewaltige Schritte gemacht, beim Ausholen zum nächsten wurde er schon niedergeschlagen. Die Regungen seiner Seele: *Empörung* («Der Hessische Landbote»), *Entsagung* («Dantons Tod»), *Lächeln* («Leonce und Lena»), *Glauben* («Lenz»), *Ingrimm* («Woyzeck») hatten sich erst entfaltet; kaum untereinander verästelt, waren sie noch nicht zusammengehalten vom durchwärmenden Erlebnis der Sinne. Auf Büchners Gefühls-Skala fehlt noch die Ergriffenheit von der Wollust der Wesen. Novalis, im gleichen Alter, war ihr inbrünstig hingegeben. Büchner bleibt noch bei den grünen Witzen des Mediziners, er braucht die derbe Ausflucht, um die Verwandtschaft von Tod und Wollust zu treffen: seine Lebens-Uhr, im Gegensatz zu Novalis, war nicht auf frühes Grab und «jauchzendes Verscheiden» eingestellt — das unterschied ihn vom Romantiker. Büchner glaubte, Zeit zu haben — das verhieß den Realisten. Ein Mann des Lebens, richtete er sich ganz auf Gegenwart und Dauer ein, auf Ehe und Beruf. Mit dreiundzwanzigeinhalb Jahren wurde er vom Typhus hinweggerafft; nichts in seinem Wesen, nichts in seinem Werk hat auf solches Ende schließen lassen.

Für die deutsche Literaturgeschichte bedeutet sein Werk, wie das eines jeden Genies, Vorwegnahme. Offen bleibt, ob es nicht auch eine Vorwegnahme Büchners bedeutet. So reif und vollkommen in sich sind seine Dichtungen, daß sich die Aussagen seiner späteren Produktivität vielleicht auf die Wissenschaft, auf die Naturforschung verlagert hätten. Seinem glänzenden Morgen folgte nicht der mühselige, abstumpfende Tag.

Büchner war ebensowenig der letzte Romantiker wie der erste Realist, denn er fügt sich nicht dem Schema der sich abwechselnden literarischen Richtungen. Er stand außerhalb seiner Zeit. Ein Realist wie Shakespeare, ein Romantiker, wenn Shakespeare einer war. Ein Dramatiker aus erster Hand, half er dem lieben Gott beim Bündeln einiger Schicksale, doch nicht, um ihm vorlaut ins Handwerk zu pfuschen, sondern um ihn wehmütig auf einige versäumte Gelegenheiten hinzuweisen. Winke für eine zweite Erschaffung der Welt, mehr durfte er nicht geben. Mitten in den Beseligungen der Gewißheit zur schönsten aller Berufungen verließ er die Welt, kaum, daß er gelebt hatte.

DER SOHN

Wie zur Besiegelung der dramatischen ersten Niederlage Napoleons auf deutschem Boden, 1813, stellte die Laune des Kalenders einen ganzen Jahrgang von deutschen Dramatikern zusammen: Otto Ludwig, Friedrich Hebbel, Richard Wagner, Georg Büchner. Keiner von ihnen geriet aber so nahe an die entscheidende Schlacht von Leipzig wie Georg Büchner; er wurde an ihrem Vorabend geboren, einem Sonntag, zu Goddelau, einem Dorfe in der Rheinebene, an der Strecke zwischen Darmstadt und Worms, im Hessischen.

Obwohl in Deutschland, kam er nicht als Deutscher zur Welt, sondern als Untertan, als ein «Landeskind», wie man diesen Tatbestand bieder umschrieb, und dementsprechend hatte er auch einen «Landesvater». Die-

Von links nach rechts: Georg Büchner, Friedrich Hebbel, Richard Wagner

Parade der Alliierten in Leipzig nach der Völkerschlacht

ser Fürst war im Jahre 1806 durch Napoleons Gnade vom schlichten Landgrafen, als welcher er Ludwig X. hieß, zur Königlichen Hoheit eines Großherzogs befördert worden, nunmehr Ludwig I. Ein Mitglied des «Rheinbundes», kam er nur seiner Verpflichtung nach, wenn er ein paar Tausend seiner Soldaten an der Seite des Kaisers streiten ließ. Erst nach der Niederlage schlug sein Herz für die Sieger, in diesem Falle für das verbündete Preußen – Österreich – Rußland, und ohne den Anflug einer Beschämung nahm er anschließend seinen Platz im Deutschen Bund ein, jenem Staatengebilde, das unter dem Protektorat der Heiligen Allianz aus dem Wiener Kongreß hervorgegangen war. Kein Wort wäre über dieses, in der Politik gewöhnliche Spiel zu verlieren, hätten seine Teilnehmer es nicht bemäntelt und von Wendung zu Wendung die betreffende Gesinnung vorgeschrieben.

In den Tagen der Niederlage Napoleons herrschte im Geburtshaus Georg Büchners, von der Freude über den Erstgeborenen abgesehen,

eine recht zwiespältige Stimmung. Der Vater, der praktische Arzt Ernst Büchner, hing mit bewundernder Verehrung an dem Kaiser, die Mutter, vollgesogen mit den romantisch-patriotischen Freiheitsideen, wie sie aus Theodor Körner sprachen, setzte auf die Hoffnungen der Jugend, die sich aus der «Zermalmung des fremden Eroberers» alles versprach.

Ernst Büchner, als Sohn wiederum eines Arztes, und zwar des Dorfchirurgen Jakob Karl Büchner (1753–1835) zu Reinheim im hessischen Ried auf die Welt gekommen, entstammte einer Familie,

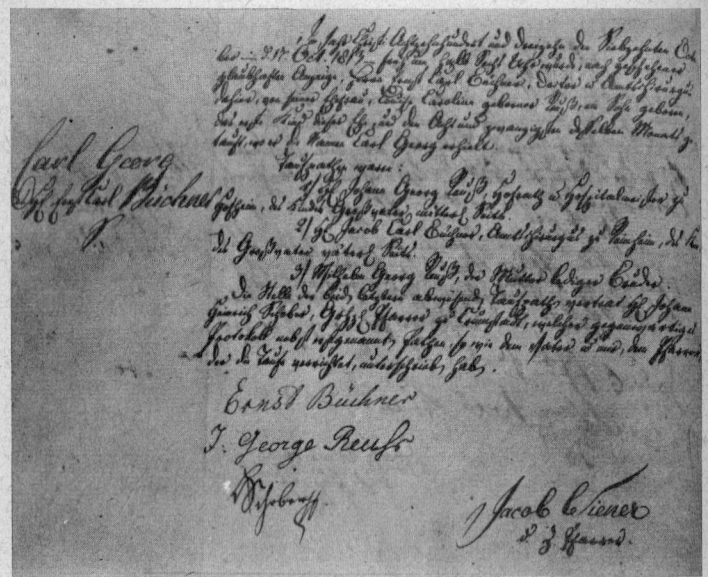

Die Eintragung im Geburts- und Taufprotokoll der Pfarrei Goddelau: «Im Jahre Christi 1813, am 17. Oktober früh um halb 6 Uhr, wurde dem Herrn Ernst Karl Büchner, Doctor und Amtschirurgus dahier zu Goddelau, und seiner Ehefrau Louise Caroline geb. Reuß das erste Kind, der erste Sohn geboren und am 28. Oktober getauft, wobei er den Namen Karl Georg erhielt.
Pate war 1) Johann Georg Reuß, Hofrat und Hospitalmeister zu Hofheim, des Kindes Großvater mütterlicherseits,
2) Jakob Karl Büchner, Doctor und Amtschirurgus zu Reinheim, des Kindes Großvater väterlicherseits,
3) Wilhelm Georg Reuß, der Mutter lediger Bruder. Stellvertreter der Taufpaten zu No 2) und 3) Johann Heinrich Schober, Pfarrer.
Der taufende Pfarrer, Jakob Wiener, zu Goddelau.»

Das Geburtshaus in Goddelau

in der sich die Heilkunde als Beruf vom Vater auf die Söhne zu vererben pflegte. Man kann dies bis ins 16. Jahrhundert zurückverfolgen. Freilich, die Büchners blieben bescheidene Dorfbader ohne große gelehrte Kenntnisse, die Geburts- und Unfallpraxis des Dorfes war ihre Lehrmeisterin. Reichtümer wurden dabei nicht gewonnen, doch die Berufsveranlagung von Generation zu Generation entschiedener ausgebildet. Sie sollte in dem Arzt Ludwig Büchner, einem Bruder Georgs, dem Verfasser von *Kraft und Stoff*, zu Weltberühmtheit ausschlagen.

So konnte auch der Dorfchirurg Jakob Büchner seinen drei Söhnen Wilhelm, geb. 1780, Ernst, geb. 1786, und Johann, geb. 1791, nicht viel mehr mitgeben, als die Leidenschaft für ihren Beruf. Sie alle drei sind tüchtige Ärzte geworden. Der Älteste kam als Fünfzehnjähriger in den Sanitätsdienst der holländischen Armee, die praktisch eine französische war, hatte schon vier Jahre später die Ernennung zum «Chirurgynmajoor» in der Tasche und promovierte 1801 an der Universität Würzburg, wo er in Garnison lag, zum Dr. med. Er blieb nach seiner Entlassung aus dem Militärdienst in Holland, wo er sich in dem Städtchen Gouda niederließ. Er genoß dort bald einen so großen Ruf, daß er, wie sein Biograph C. E. Daniëls berichtet, «nicht allein in Holland, sondern auch ins Ausland vielfach als konsultierender Arzt berufen wurde. Er schrieb u. a. vier gekrönte Abhandlungen und sehr geschätzte Mitteilungen über Epidemien und über die medizinische Topographie und Statistik; er starb 1855». Sein Sohn, ein Vetter Georgs also, studierte ebenfalls und etwa gleichzeitig mit diesem Medizin. Georg, immer wißbegierig auf diesen Verwandten, ließ sich gerne von diesem Holländer, der ein «naives Deutsch» sprach, berichten.

Sicherlich nicht ohne die Protektion seines älteren Bruders begann auch Ernst Büchner seine ärztliche Laufbahn als chirurgischer Gehilfe in der holländischen Armee. Später trat er mit seinem Regiment in kaiserlich-französische Dienste über und blieb zeitlebens stolz darauf, der «alten Garde» Napoleons angehört zu haben. Fünf Jahre lang war er als Arzt den Heereszügen des Kaisers quer durch Europa gefolgt, an Beschäftigung wird es ihm nicht gefehlt haben. Nach einer nur kurz dauernden Anstellung in Holland zog es ihn, ungleich dem Bruder, in die Heimat zurück. Er erhielt zunächst die Stelle eines Assistenzarztes am Hospital zu Hofheim im Ried. Dort lernte er seine spätere Frau kennen, Caroline Reuss (1791–1858), eine Tochter des hessisch-darmstädtischen Regierungsrates Johann Georg Reuss, zu dessen Obliegenheiten die Verwaltung des Hofheimer Hospitals gehörte.

Die Reuss' entstammen einer alten pfälzischen Beamtenfamilie im Dienste der zu Hessen-Darmstadt gehörigen Grafschaft Hanau-Lichtenberg. Dieses Ländchen mit der Residenz Pirmasens grenzte im Süden sowohl an Lothringen als auch an das Elsaß; es wurde von der Französischen Revolution hinweggefegt, genauer gesagt, es kam mit der Pfalz links des Rheins in französischen Besitz. Johann Georg Reuss also, aus Pirmasens vertrieben, erhielt eine Anstellung in Hessen rechts des Rheins, zwar bei dem gleichen angestammten Landesherrn, aber doch nicht mehr in der alten Heimat, der gewohnten Umgebung, nicht mehr in der Residenz, wo man so fröhlich zu leben wußte, sondern in einem reizlosen Dorf, bei verminderten Pflichten und bei verminderter Verantwortung. Großvater Reuss hatte also Grund genug, Napoleon gram zu sein. Ein gebildeter Mann, übertrug er seinen an Schiller angelehnten Patriotismus auf seine Tochter Caroline. Johann Georgs Frau, Luise Philippine, geb. Hermani, Büchners Großmutter also, seit 1815 verwitwet, lebte zuletzt bei der Familie ihrer Tochter. Ihr wird ein charakteristisches Wort über den Enkel nachgesagt: «Georg hat viel von seinen Eltern geerbt, aber nur ihre Tugenden.»

Ein älterer Bruder des Großvaters Reuss, Ludwig Christian, ebenfalls in Pirmasens geboren, ließ sich in Straßburg nieder. Von den elf Kindern dieses Stammvaters der elsässischen Linie der mütterlichen Familie Büchners, wurde eines, Eduard Reuss (1804–1891), Professor der Theologie an der dortigen Akademie, ein Umstand, der für Georgs Wahl von Straßburg als Universität ausschlaggebend gewesen sein wird. Dieser Eduard Reuss hat, neben einem sehr umfangreichen Fachschrifttum, eine ansehnliche Reihe schöngeistiger Werke veröffentlicht, wenn auch keine bleibenden Dichtungen, so doch literarische Tagesware; man geht nicht fehl, die Veranlagung zur Poesie, die in den Kindern Ernst Büchners hervortreten sollte, der Mutter zuzuschreiben.

Als der Assistenzarzt des Hofheimer Spitals, Ernst Büchner, die Stellung eines Distriktarztes im nahen Dorfe Goddelau erhielt, waren die materiellen Voraussetzungen für seine Heirat gegeben, die Hochzeit wurde im Jahre 1812 gehalten. Ernst Büchner war mit dieser Bestallung hessischer Beamter geworden; er sollte es bis an sein Lebensende bleiben und, nachdem er sich 1815 an der Landesuniversität Gießen den Doktortitel nachgeholt hatte, seine nicht alltägliche Karriere als «Obermedizinalrat» in der Landeshauptstadt beenden. Verdankte Ernst Büchner, Tüchtigkeit im Beruf vorausgesetzt, die Anstellung in Goddelau vielleicht seinen gut napoleonischen Gesinnungen, die seinem Landesherrrn, dem Verbündeten des Kaisers, gefallen mußten, so den raschen Aufstieg in seiner späteren Karriere ganz gewiß seiner Regierungsfreundlichkeit. Seine Verehrung Napoleons hatte ihn zum Monarchisten gemacht, er blieb dieser Überzeugung treu, auch dem Duodezfürsten Ludwig gegenüber. Für ihn brauchte an den politischen Verhältnissen, so wie sie waren, nicht gerüttelt zu werden. Ausgerechnet ihn sollte das Unglück treffen, einen Verschwörer zum Sohn zu haben.

Georg war ein Kind von drei Jahren, als die Familie in die Residenzstadt Darmstadt übersiedelte; er hatte inzwischen eine Schwester bekommen, Mathilde (1815–1888), genannt nach der Großmutter väterlicherseits, einer geborenen Vorwerk aus Mannheim. Von allen seinen Geschwistern sollte Mathilde am wenigsten von sich reden machen. Sie starb unverheiratet, ihr Leben «gemeinnützig-weiblichen Bestrebungen» widmend, das einzige der sechs Büchner-Kinder, das nicht schriftstellerisch hervorgetreten ist. Ihr folgten Wilhelm (1816–1892), Pharmazeut, der als Chemiker die soeben entdeckte Methode zur Herstellung von künstlichem Ultramarin wesentlich verbessert und als Inhaber einer Farbfabrik zum Krösus der Familie wird. Als hessischer Landtags- und als deutscher Reichstagsabgeordneter veröffentlicht er politische Schriften. Louise (1821 bis 1877) wird Schriftstellerin, die sich vorwiegend in den Dienst der Frauenbewegung stellt, Ludwig (1824–1899) verfaßt als Arzt das seine Epoche bewegende Buch *Kraft und Stoff*, und Alexander (1827 bis 1904), Rebell von 1848, mit der Neigung zum Schriftsteller, wendet sich nach Frankreich, wo er es zum angesehenen Professor für Literaturgeschichte an einer Universität bringt.

Sie alle sterben übrigens, ohne um die wahre Größe ihres Bruders zu wissen.

Die Mutter: Caroline Louise Büchner, geb. Reuß (1791—1858)

Der Vater: Ernst Karl Büchner (1786—1861), Arzt

*Wilhelm Ludwig Büchner (1816—1892), Fabrikant und Politiker.
Zeichnung von L. Becher, 1838*

Louise Büchner (1821—1877), Schriftstellerin und Frauenrechtlerin

Ludwig Büchner (1824—1899), Philosoph und Schriftsteller, Verfasser des Werkes «Kraft und Stoff».

Alexander Büchner (1827—1904), Professor für Literaturgeschichte

DER SCHÜLER

Zunächst geht Georg bei seiner Mutter in die Schule, sie erteilt ihm den Elementarunterricht im Lesen, Schreiben, Rechnen sowie in einem Fach, das in keinem Lehrbuch steht, in der Ausbildung des Gemüts. Von ihren Lippen drangen die ersten Beseligungen der Phantasie in das Herz des Knaben: Schillers, Körners, Matthissons Gedichte, Jean Pauls hinreißende Prosa; von ihren Lippen zuerst hörte er jene Märchen und jene Lieder des Volkes, die stärker als alle bewunderten Erzeugnisse der Kunstpoesie in seiner Seele haften bleiben sollten. Wenn er später seine Figuren im kräftigsten Volkston sprechen läßt, wenn er seine Dichtungen mit Fuhrmanns- und Dienstmädchenliedern durchsetzt, wenn im *Danton* plötzlich eine Strophe des Räuberliedes vom Schinderhannes auftaucht, ja wenn der ganze *Woyzeck* wie ein wehmütiges Volkslied klingt, dann wurde der Keim zu dieser Liebe von der besten Lehrerin, der Mutter, gelegt.

Als Neunjähriger kommt er in eine private Vorschule, und zwar in das im Jahre 1822 in Darmstadt neugegründete Institut des Dr. Carl Weitershausen. Zu Ostern 1823, zum Abschluß des ersten Kurses trägt Georg Büchner, gemeinsam mit einem Klassengenossen, einen belehrenden Dialog in lateinischer Sprache vor: *Vorsicht bei dem Genusse des Obstes!*, sein erstes Auftreten in der Öffentlichkeit.

Zwei Jahre später wird er Schüler des großherzoglichen Ludwig-Georg-Gymnasiums. Das betreffende Aufnahmebuch verzeichnet: «Georg Büchner, Sohn des Medizinalrates zu Darmstadt, eingetreten am 26. März 1825 in II. Klasse 2. Ordnung.» Er verläßt das Gymnasium, ohne besonders hervorgetreten zu sein, zu Ostern 1831. Weder der vortreffliche Pädagoge Karl Dilthey, seit 1826 Direktor der Schule, noch Büchners Deutschlehrer Karl Baur, der selbst eine Reihe von Gedichtbändchen veröffentlichte, freilich von der trivialsten Sorte, fanden an dem Schüler etwas Merkwürdiges. Für die alten Sprachen, die

Darmstadt,
von der Ludwigshöhe aus.

Das Schloß zu Darmstadt.

mitsamt ihren Hilfsfächern den überwiegenden Teil des Lehrplanes ausmachten, zeigte dieser weniger Interesse als für die «Realien», die vernachlässigten naturwissenschaftlichen Fächer. Doch ersetzte er durch Fleiß, was ihm an Neigung fehlte, er blieb immer unter den Besten der Klasse, des öftern mit «Prämien» ausgezeichnet, strebsam und wohlgelitten.

Wenn das Wort seiner Großmutter zutrifft, daß er von beiden Eltern nur deren Tugenden geerbt, dann spricht aus diesem Schülercharakter des Vaters Mitgift: die Nüchternheit, die Energie, der Hang zum exakten Wissen. Der Mutter Gabe bleibt noch verhüllt: die Empfindungstiefe, die Vorstellungskraft, der Sinn für die Kunst, die sie nur als Poesie verstand. Georg scheint vorerst keinen Gebrauch davon machen zu wollen. Gewiß, man besitzt ein paar Reimereien des vierzehn- bis fünfzehnjährigen Knaben, die man mit einigem Wohlwollen auch «Gedichte» nennen kann; doch sind es reine Gelegenheitsarbeiten, «auf Verlangen entworfen» (wie Goethe im gleichen Falle gesagt hat), nicht aus dem Überschwang eines jungen Herzens herausgeschleudert, sondern aus dem Pflichtgefühl des gehorsamen Kindes entstanden. Man merkt ihnen die Mühsal des Verfertigens und das literarische Vorbild gleichermaßen an. *Die Nacht* und *Vergänglichkeit*, den Eltern zu Weihnachten 1828 vorgelegt, sind ganz offenkundig dem damaligen Mode-Lyriker Friedrich von Matthisson nachempfunden, einem der Lieblingsautoren der Mutter.

In ihrer Gesinnung sind diese Gedichte noch so ungebrochen kindlich, noch so fern von den Gärungen und Zweifeln, wie sie die Pubertät mitbringt, daß man dieses Ereignis recht spät annehmen darf. Georg Büchner war keineswegs «frühreif». Erst in seinem sechzehnten Lebensjahr hat sich die Selbständigkeit seines Geistes geregt, um sich dann langsam zu entfalten. Nichts von chaotischen Stürzen, nichts von dem süßen Drang, die die Seele bestürmenden neuen Empfindungen in Strophen zu jauchzen, nichts von der Todesmelancholie der ihrer Einsamkeit bewußt werdenden Jünglinge. Von seinem sechzehnten bis zu seinem zweiundzwanzigsten Lebensjahr hat Büchner keine Zeile gedichtet.

Der Heranwachsende gewinnt sich seine Welten Schritt für Schritt, eher zögernd als stürmisch. Im Elternhaus sich geborgen und glücklich fühlend, läßt er die Schule als Wegweiser, besonders zur Lektüre, gelten. Die Entwicklung seines Geistes verläuft ohne Katastrophe wie die seines Körpers. Als er die kindliche Kirchenfrömmigkeit ablegt, weiß ihn die Mutter geborgen bei den Idealen der Klassiker, und der Vater, der Prototyp des fortschrittsgläubigen Naturwissenschaftlers des 19. Jahrhunderts, unterstützt den werdenden Atheisten. Das Erforschbare der Natur zu erforschen, soll der kommenden Generation Religion genug sein, und der Doktor Ernst Büchner, der sich neben seinem Sprechzimmer ein wohlausgerüstetes anatomisches Museum und Laboratorium eingerichtet hat, sieht in seinem Ältesten den Erfüller eigener, unverwirklichter Jugendträume: den Forscher, der nur der Wissenschaft lebt, von keiner Praxis eingeengt.

Keine Zeile gedichtet! Von den schwachen Matthisson-Aufgüssen zur Genialität von *Dantons Tod* führt keine Brücke! Und doch muß sich Büchner in den Jahren des Gärens und Drängens mit sich selber auseinandergesetzt haben. Aber er hat das Aufgehen seiner neuen Gefühlswelt nicht schwärmerisch gefeiert, er hat es nüchtern hingenommen und bestanden. Gelegentlich macht er eine ironische Bemerkung, das ist alles. Wenn man will, kann man in diesem Verhalten eine frühe Lebenserkenntnis sehen, es spricht aber nicht für eine frühe Reife.

Es ist ganz unwahrscheinlich, daß er Gedichte geschrieben hätte, die später unterdrückt worden wären, doch hat es eine Spur von Wahrscheinlichkeit, daß er Tagebuch führte. Die Existenz von Tagebüchern aus seinen letzten Lebensjahren ist bezeugt; weshalb sollte nicht schon der Gymnasiast mit dieser Übung der Lebenskontrolle angefangen haben? Diese Tagebücher wären dann mit den späteren, «reich an Geistesschätzen», verlorengegangen.

Immerhin erlauben es die nicht sehr zahlreichen Selbstzeugnisse aus Büchners Schulzeit, Schlüsse auf die Entwicklung seines Charakters und seiner Denkart zu ziehen. Man darf sie ergänzen durch Aufzeichnungen aus dem Kreise seiner Mitschüler, die allerdings mit Vorbehalt zu lesen sind, da sie sich Büchners erst erinnerten, als dieser durch sein Leben und seine Leistung merkwürdig geworden war. Auch sie verraten nichts von früher Reife und gleichen sich in der Betonung eines offenen, liebenswürdigen Charakters; die Freunde berichten, daß Georg die Dichter liebt und für Shakespeare schwärmt, versäumen aber nicht, darauf hinzuweisen, daß sie ihn für einen künftigen Naturforscher halten.

Ein trockener Wissensstoff wird trocken von trockenen Lehrern ausgebreitet, das ist der pädagogische Stil der Zeit. Wie jeder frische Junge leidet Büchner darunter, besonders sind ihm die ewigen Nachschriften verhaßt, die dann auch den eisernen Bestandteil der Hausaufgaben ausmachen. Die Schulthemen des Vormittags mußten am Nachmittag fein säuberlich in Schönschrift festgehalten werden. *Lebendiges! Was nützt der tote Kram!* malt Büchner einmal, «mit zollhohen Buchstaben», mitten in ein Heft, dazu bestimmt, die Nachschrift eines Kurses über die Letternkunst der Alten aufzunehmen. Und um zu beweisen, was er für «lebendig» hält, schreibt er nur die Überschriften der betreffenden Paragraphen hin und füllt den «toten Kram» mit — Volksliedern aus! Das liest sich dann wie folgt:

§ 11: *Pelasgische Buchstaben:*
Zu Lauterbach hab' ich mein Strumpf' verlor'n
Ohne Strumpf geh' i' net heim . . .
§ 12: *Hieroglyphen:*
Es steht ein Wirtshaus an der Lahn,
Da fahren alle Fuhrleut' an . . .

Solche, nicht für die Augen des Lehrers bestimmte Kühnheiten, Marginalien oder Stoß-Seufzer finden sich noch öfter. So begleitet er seine Übersetzung der Apostrophe Ciceros an Cäsar: «Durch welche Lobsprüche sollen wir dich, den wir vor uns sehen, erheben, mit welchem Eifer dir nachahmen, mit welchem Wohlwollen dich umfassen?» mit der Bemerkung: «*Wahrlich nur dadurch, indem wir dir die Tintenfässer an den Kopf werfen, der du uns die blühende Welt der Alten zur Wüste machst.*»

Und noch deutlicher wird des Schülers Kritik an der weltfremden Methode des Unterrichtssystems, wenn er «Von dem Nutzen der Münzkunde» (ins unreine) schreibt: «*Sie bringt Langeweile und Abspannung hervor, und schon diese Symptome sind ja in den Augen jedes echten, tiefer in den Geist der Alten eingedrungenen Philologen der schlagende Beweis für den Nutzen dieses Studiums. O Herr Doktor! was sind Verstand, Scharfsinn, gesunde Vernunft? Leere Namen! — Ein Düngerhaufen toter Gelehrsamkeit — dies ist das allein würdige Ziel menschlichen Strebens!*»

Auch einen Spaß leistet er sich gelegentlich, einen, der für Überlegenheit spricht: das bloße Abschreiben von deutschen Gedichten, wie es aufgegeben war, langweilte ihn, und er findet es lustiger, die Gedichte gleich zu parodieren. So setzt er Schillers *Graf Eberhard der Greiner* in schwäbischen Dialekt um, was dann so aussieht:

> *Ehr, — — Ehr dort ause in der Welt,*
> *Die Nose angespannt,*
> *Aach manche Mann, aach manche Held,*
> *Im Friede gut und stark im Feld,*
> *Gebar das Schwabeland!*

Mit den Idealen der Klassiker hat Georg Büchner auch deren Freiheitsgedanken aufgenommen. Er vergleicht jene Wunschbilder mit der politischen Praxis seiner Gegenwart, wir schreiben das Jahr 1830, das Jahr der Juli-Revolution, und seiner Umgebung. So spricht mehr als jene billige Begeisterung, wie sie in den Schulen als Patriotismus gepflegt wird, wenn er in dem Aufsatz *Über den Heldentod der 400 Pforzheimer* schreibt:

«*Wir haben nicht nötig, die Vorwelt um große Männer zu beneiden, auch unsere Zeit zeugte Helden, die mit den Leonidas, Scävola und Brutus um den Lorbeer ringen können. Um dies zu erkennen, brauchen wir unser Augenmerk nur auf jenen Kampf zu richten, der noch vor kurzem die Welt erschütterte, der sie aber auch in ihrer Entwicklung um mehr denn ein Jahrhundert vorwärtsbrachte, der in blutigem, aber gerechtem Vertilgungskampfe die Greuel rächte, welche schändliche Despoten Jahrhunderte hindurch an der leidenden Menschheit verübt, die Europas Völkern zeigte, daß die Vorsehung sie nicht zum Spiel der Willkür von Despoten bestimmt hat; ich meine den Freiheitskampf der Franken! Tugenden zeigten sich da, wie sie Rom und Sparta kaum aufzuweisen haben, und Taten geschahen, die noch nach Jahrhunderten Tausende zur Nachahmung begeistern können . . . Die Franken erkämpften Europas politische Freiheit, die Deutschen aber die Glaubensfreiheit; der Kampf für die*

Reformation war der erste Akt des großen Kampfes, der die Menschheit von ihren Unterdrückern befreien soll, wie die französische Revolution die zweite war; vergessen wir auch die Helden jenes ersten Kampfes nicht! . . .» Nach der Schilderung des Opfertodes der Pforzheimer Bürger auf dem Schlachtfeld zu Wimpfen fährt der Schüler Georg Büchner fort:

«*Mich faßt beim Andenken an diese Tat nicht freudiger Stolz, sondern tiefer Schmerz. Nicht den Toten gilt dies Weh — ich beneide sie —, sondern meinem gesunkenen Vaterlande. Mein Deutschland, wann wirst du frei?*»

Der alt-teutschen Mode der Zeit entsprechend nennt Büchner die Franzosen «Franken», wie sich die Jünglinge, die schlicht auf Hermann getauft waren, Arminius nannten, eine Äußerlichkeit, die aber den Einfluß des Deutschlehrers verrät. Karl Baur hatte als glühender Patriot die Freiheitskriege mitgemacht und gegen Napoleon gekämpft; wenn er auch nicht zu denjenigen gehörte, die sich um den Lohn des Krieges betrogen fühlten (er hat die alleruntertänigsten Gelegenheitsgedichte dem großherzoglichen Hause fleißig angefertigt), so teilte er doch der ihm anvertrauten Jugend etwas von den Hoffnungen von 1813 mit: «*Mein Deutschland, wann wirst du frei?*»

In weniger als drei Jahren entwickelt sich Büchner zu einem selbständigen Kopf. Keine der Meinungen über Philosophie, Religion, Literatur, Geschichte oder Kunst übernimmt er ungeprüft. Es wächst in seinem Innern ein eigenes Universum, in welchem alle jene Begriffe ihre eigene Bedeutung haben. Er wird sich dieses eigene, neue Weltbild noch erweitern und kräftiger ausmalen, in seinen Grundskizzen ist es da zum Zeitpunkt, als er die Schule verläßt, mit achtzehn Jahren.

Für den 29. September 1830 kündigt das Programm des Ludwig-Georg-Gymnasiums an: «Karl Georg Büchner wird in einer deutschen Rede den Cato von Utica zu rechtfertigen suchen.» So sieht man den siebzehnjährigen Büchner den Selbstmord Catos verteidigen, jenes Römers, der am Ende seines vergeblichen Kampfes gegen die Methoden Julius Cäsars den freiwilligen Tod einer Unterwerfung vorgezogen hatte. Ein hochpolitisches und ein hochmoralisches Thema! Büchner verteidigt diesen Tod im Namen der Freiheit und aus keinem anderen Grunde. Nicht eine geheime Todes-Wollust und nicht eine weltschmerzlerische Todessehnsucht führt ihm dabei die Feder, sondern allein die Unbedingtheit seiner Vorstellung von Freiheit. Man beachte, wie überlegen er jeden Einwand der Moral, besonders der christlichen, abtut. Noch gebraucht er den herkömmlichen, von der Schule überlieferten Rede-Schmuck, aber schon züngeln die ersten Flammen seiner Feuerseele auf:

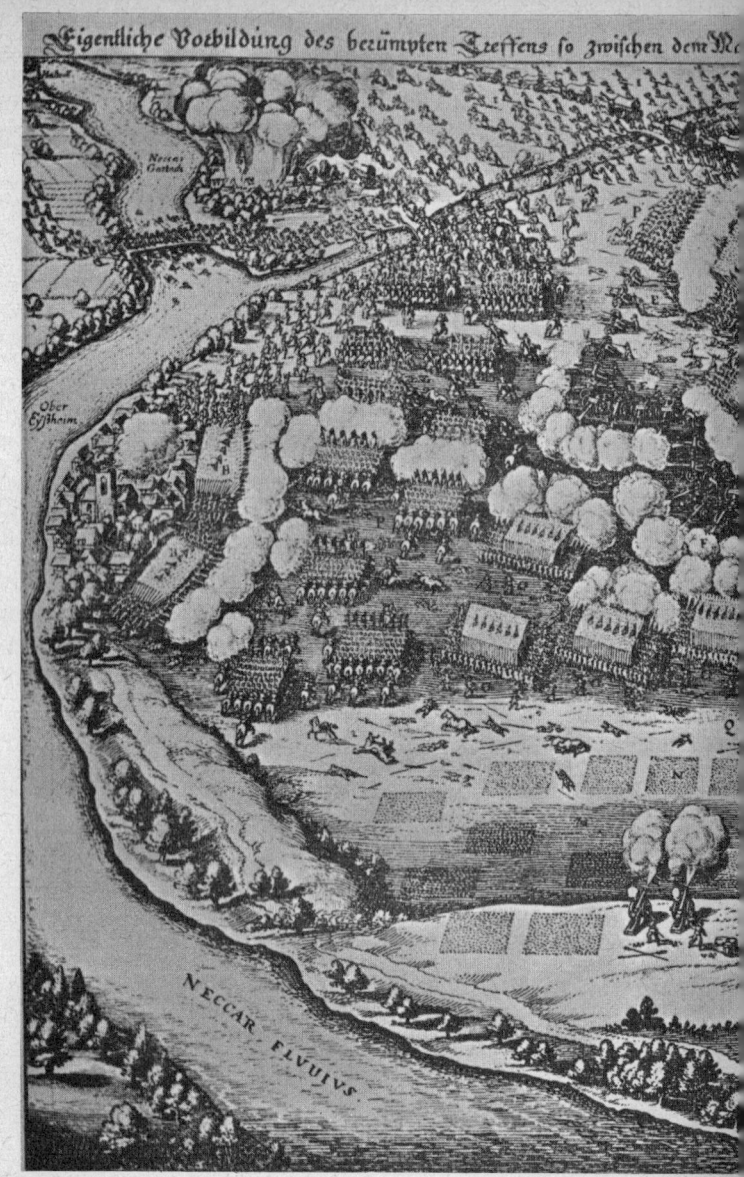

Die Schlacht bei Wimpfen am 6. Mai 1622

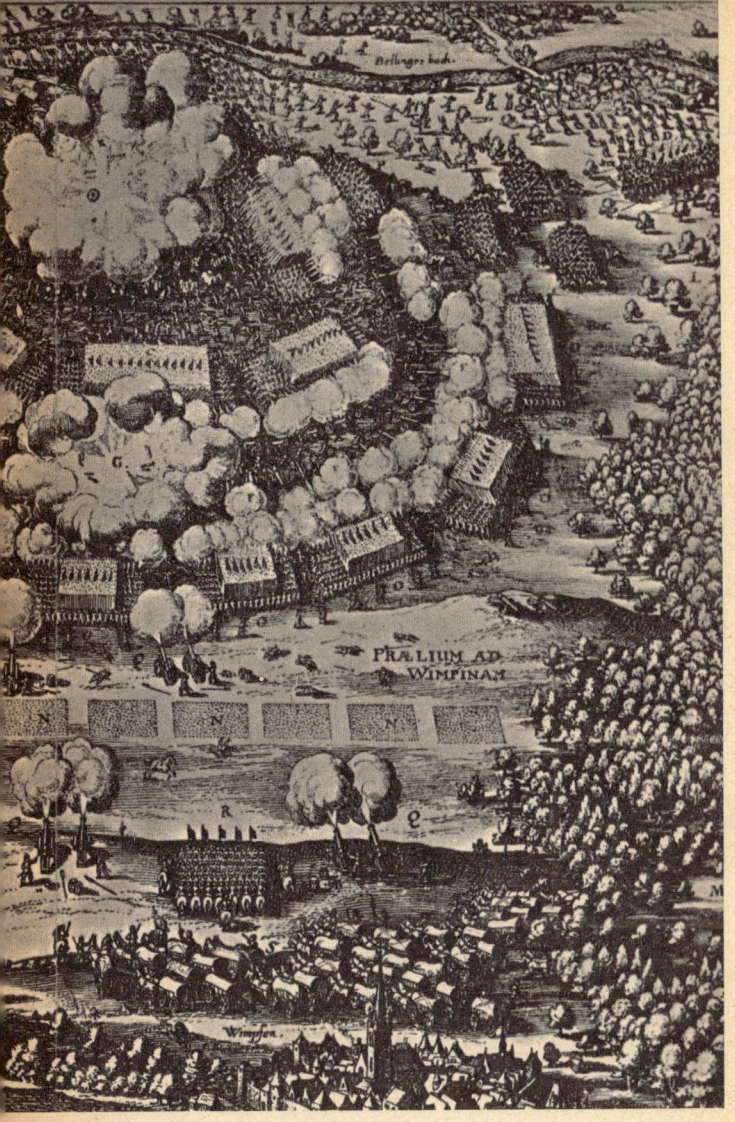

(Aus Merians «Theatrum Europaeum»)

Cato Uticensis

«... eine kleine Zeit darf nicht einen Mann nach sich beurteilen wollen, von dem sie nicht einen Gedanken erfassen und ertragen könnte. Wer will dem Adler die Bahn vorschreiben, wenn er die Schwingen entfaltet und stürmischen Flugs sich zu den Sternen erhebt? Wer will die zerknickten Blumen zählen, wenn der Sturm über die Erde braust und die Nebel zerreißt, die dumpfbrütend über dem Leben liegen? Wer will nach den Meinungen und Motiven eines Kindes wägen und verdammen, wenn Ungeheures geschieht, wo es sich um Ungeheures handelt? Die Lehre davon ist: man darf die Ereignisse und ihre Wirkungen nicht beurteilen, wie sie äußerlich sich darstellen, sondern man muß ihren inneren tiefen Sinn zu ergründen suchen, und dann wird man das Wahre finden ...

Man hört so oft behaupten: subjektiv ist Cato zu rechtfertigen, objektiv zu verdammen, d. h. von unserm, vom christlichen Standpunkte aus ist Cato ein Verbrecher, von seinem eigenen aus ein Held. Wie man aber diesen christlichen Standpunkt hier anwenden könne, ist mir ein Rätsel geblieben. Es ist ja doch ein ganz eigener Gedanke, einen alten Römer nach dem Katechismus kritisieren zu wollen! Denn da man die Handlungen eines Mannes nur dann zu beurteilen vermag, wenn man sie mit seinem Charakter, seinen Grundsätzen und seiner Zeit zusammenstellt, so ist nur ein Standpunkt, und zwar der subjektive, zu billigen, und jeder andere, zumal in diesem Falle der christliche, gänzlich zu verwerfen. Sowenig als Cato Christ war, sowenig kann man die christlichen Grundsätze auf ihn anwenden wollen; er ist nur als Römer und Stoiker zu betrachten. Diesem Grundsatz gemäß werde ich alle Einwürfe, wie z. B. ‹es ist nicht erlaubt, sich das Leben zu nehmen, das man sich nicht selbst gegeben›, oder ‹der Selbstmord ist ein Eingriff in die Rechte Gottes›, ganz und gar nicht berücksichtigen und nur die zu widerlegen suchen, welche man Cato vom Standpunkt des Römers aus machen könnte, wobei es notwendig ist, vorerst eine kurze, aber getreue Schilderung seines Charakters und seiner Grundsätze zu entwerfen ...

... Nach Cäsars Sieg hatte Cato die Hoffnung seines Lebens verloren; nur von wenigen Freunden begleitet, begab er sich nach Utica, wo er noch die letzten Anstrengungen machte, die Bürger für die Sache der Freiheit zu gewinnen. Doch als er sah, daß in ihnen nur Sklavenseelen wohnten, als Rom von seinem Herzen sich losriß, als er nirgends mehr ein Asyl fand für die Göttin seines Lebens, da hielt er es für das einzig Würdige, durch einen besonnenen Tod seine freie Seele zu retten ... Es gehört ein großer Charakter dazu, sich zu einem solchen Entschluß erheben zu können. Aber auch nicht einmal dieser Beweggrund war es — es war ein höherer. Catos große Seele war ganz erfüllt von einem unendlichen Gefühl für Vaterland und Freiheit, das sein ganzes Leben durchglühte. Diese beiden Dinge waren die Zentralsonne, um die sich alle seine Gedanken und Handlungen drehten. Den Fall seines Vaterlandes hätte Cato überleben können, wenn er ein Asyl für die andere Göttin seines Lebens, für die Freiheit, gefunden hätte. Er fand es nicht. Die Welt lag in Roms Banden, alle Völker waren Sklaven, frei allein der Römer. Doch als auch dieser endlich seinem Geschicke erlag, als das Heiligtum der Gesetze zerrissen, als der Altar der Freiheit zerstört war, da war Cato der einzige unter Millionen, der einzige unter den Bewohnern einer Welt, der sich das Schwert in die Brust stieß, um unter Sklaven nicht leben zu müssen; denn Sklaven waren die Römer, sie mochten in goldenen oder ehernen Fesseln liegen — sie waren gefesselt. Der Römer kannte nur eine Freiheit, sie war das Gesetz, dem er sich aus freier Überzeugung als notwendig fügte; diese Freiheit hatte Cäsar zerstört, Cato war Sklave, wenn er sich dem Gesetz der Willkür beugte. Und war auch Rom der Freiheit nicht wert, so war doch die Freiheit selbst wert, daß Cato für sie lebte und starb ...

Obgleich hierdurch nun Cato nicht allein entschuldigt, sondern auch gerechtfertigt wird, so hat man doch noch einen anderen, keineswegs leicht zu beseitigenden Einwurf gemacht; es heißt nämlich: ‹Eine Handlung läßt sich nicht dadurch rechtfertigen, daß sie dem besonderen Charakter eines Menschen gemäß gewesen ist. Wenn der Charakter selbst fehlerhaft war, so ist es die Handlung auch. Dies ist bei Cato der Fall. Er hatte nur eine sehr einseitige Entwicklung seiner Natur erfahren. Die Ursache, warum mit seinem Charakter die Handlung des Selbstmordes übereinstimmte, lag nicht in seiner Vollkommenheit, sondern in seinen Fehlern. Es war nicht seine Stärke und sein Mut, sondern sein Unvermögen, sich in einer ungewohnten Lebensweise schicklich zu bewegen, welches ihm das Schwert in die Hand gab.›

So wahr auch diese Behauptung klingt, so hört sie bei näherer Betrachtung doch ganz auf, einen Flecken auf Catos Handlungen zu werfen. Diesem Einwurf gemäß wird gefordert, daß Cato sich nicht allein in die Rolle des Republikaners, sondern auch in die des Dieners hätte fügen sollen. Daß er dies nicht konnte und wollte, schreibt man der Unvollkommenheit seines Charakters zu; daß aber dieses Schicken in alle Umstände eine Vollkommenheit sei, kann ich nicht einsehen, denn ich glaube, daß das große Erbteil des Mannes sei, nur eine Rolle spielen, nur in einer Gestalt sich zeigen, nur in das, was er als wahr und recht erkannt hat, sich fügen zu können. Ich behaupte also im Gegenteil, daß gerade dieses Unvermögen, sich in eine seinen heiligsten Rechten, seinen heiligsten Grundsätzen widersprechende Lage zu finden, von der Größe, nicht von der Einseitigkeit und Unvollkommenheit des Cato zeugt ...

So handelte, so lebte, so starb Cato. Er selbst der Repräsentant römischer Größe, der Letzte eines untergesunkenen Heldenstammes, der Größte seiner Zeit! Sein Tod der Schlußstein für den ersten Gedanken seines Lebens, seine Tat ein Denkmal im Herzen aller Edlen, das über Tod und Verwesung triumphiert, das unbewegt steht im flutenden Strome der Ewigkeit! Rom, die Riesin, stürzte. Jahrhunderte gingen an seinem Grabe vorüber, die Weltgeschichte schüttelte *ihm ihre Lose, und noch steht Catos Namen neben der Tugend und wird neben ihr stehen, solange das große Urgefühl für Vaterland und Freiheit in der Brust des Menschen glüht!»*

Es gibt einen verläßlichen Augen- und Ohrenzeugen dieser Rede: Louise Büchner, die mit ihren Eltern und den größeren Geschwistern an der öffentlichen Schulfeier teilgenommen hat. Sie war damals erst neun Jahre alt, doch, als sie ihre Eindrücke von jenem Tag als Siebenundzwanzigjährige niederschrieb (in einer unvollendet gebliebenen Novelle *Ein Dichter*, ein Dokument, das von der Büchner-Forschung noch kaum beachtet worden ist), da sprachen aus ihr nicht nur die Erinnerungen der Familie insgemein, sondern da wußte sie auch schon, daß diese Rede den Anfang der politischen Verwicklungen darstellte, in welchen sie den Bruder bald darauf verfangen sah.

Zunächst schildert Louise die äußere Erscheinung des Gymnasiasten:

«Wie die schlanke, biegsame Gestalt, hatte auch der Ausdruck des Gesichtes fast etwas Mädchenhaftes, und die schlanken, weißen Hände, mit denen er die Rolle Papier vor die Brust hielt, widersprachen dem nicht. Wohl aber die mächtige, hohe Stirne, um welche in sanften Wellen sich das kastanienbraune Haar lockte. Sie verkündete den denkenden, forschenden Mann, so wie der weiche und unendlich anmutige Mund das dichterische Gemüt. Die Augen waren grau und konnten wegen ihrer Kurzsichtigkeit oft matt und glanzlos erscheinen, was noch vermehrt wurde durch das träumerische Hinbrüten, dem er sich [Georg] gerne hingab...»

Georg Büchner hatte gut gesprochen, und so fehlte es ihm an Beifall nicht. Lob und Händeschütteln, aber hatte man den Jüngling auch verstanden? Fühlte man ihm nach?

Louise Büchner berichtet über die Wirkung dieser Rede:

«... Der Direktor, welcher natürlich die Rede vorher geprüft, sprach sich abermals höchst lobend darüber aus; er dachte nicht daran, daß sie etwas Aufregendes oder Staatsgefährliches enthalten könne. Las er nicht täglich die Ciceronianischen und Demosthenischen Reden in seinem Studierzimmer, warum sollte sein klassisch gebildeter Schüler nicht in einem Helden des Altertums in gleicher Weise, mit demselben Schwung dieselbe Freiheit preisen, wie es auch dort geschah? Selbst der Religionslehrer nahm keinen Anstoß an dieser unumwundenen Verteidigung des Selbstmords. Er war damals ein Rationalist von reinstem Wasser, der den Schülern des Gymnasiums, die doch natürlich gebildeter waren als die übrige Schuljugend, die Wunder oft in höchst ergötzlicher Weise erklärte... Ebenso gleichgültig blieb das Publikum bezüglich des tieferen Inhalts dieser Rede. Weder diesen Vätern noch den Lehrern war es mehr als eine Stilübung, eine schöne rhetorische Probe. Von der Glut, die den Geist, das Herz beseelen mußte, welches seinen innersten Gedanken so verkörperte, hatte niemand eine Ahnung... In dieser Jugend klopfte ein warmes, feuriges Herz; ihnen war dies nicht bloß so hingesprochen, sie empfanden dabei, was schon seither anfing, sich gewitterschwül über die Welt zu lagern, und die Blitze, die aus ihren Augen zuckten, sie galten nicht bloß einer poetischen Phrase, einem rednerischen Erguß, sie galten der Wirklichkeit und dem Leben, und als sie sich scheidend die Hände reichten, schlossen sie sich fest zusammen wie noch nie, und als wollten sie damit einen geheimen Bund besiegeln, der der Gemeinheit, der Unterdrückung und Knechtschaft auf ewig den Krieg erklärte.»

Übrigens ist Büchner noch einmal als Redner bei einer öffentlichen Schulfeier aufgetreten. Das Programm seines Gymnasiums verkündet unterm 30. März 1831: «C. G. Büchner wird im Namen des Menenius Agrippa das auf dem heiligen Berg gelagerte Volk zur Rückkehr nach Rom in lateinischer Sprache mahnen.» Ein soziales Thema diesmal, ob es der Schüler aus Pflicht oder aus Neigung behandelte, läßt sich nicht sagen, ob er sich dabei vergaß, ob er sich zurückhielt, man weiß es nicht, das Manuskript hat sich nicht erhalten.

Bleiben die Erinnerungen der Mitschüler Büchners. Die ersten verdankt man dem späteren Pfarrer Ludwig Wilhelm Luck (1813—1881), die nächsten dem späteren Gymnasialprofessor Friedrich Zimmermann (1814—1884). Beide sind auf Wunsch und Bitte des Herausgebers der ersten, kritischen Gesamtausgabe Büchners, Karl Emil Franzos, in den Jahren 1877 und 1878 niedergeschrieben, man merkt ihnen die gesetzte Wohlanständigkeit ihrer Verfasser an.

Aus den Erinnerungen Ludwig Lucks:

«... In meiner Ordnung [Klasse] fand ich zwei nur wenig jüngere Zwillingsbrüder [Friedrich und Georg Zimmermann] von tüchtigen Schulkenntnissen und relativ umfassender und eingehender ästhetischer Vorbildung und großer Empfänglichkeit für alles höhere geistige Leben. Sie wurden meine intimen Freunde. Sie machten mich mit Shakespeare bekannt, in welchem sie in jugendlicher Überschwenglichkeit eine neue und mehr als bloß poetische Offenbarung begrüßten ...

... Aber der nach seiner ganzen Beanlagung, namentlich hinsichtlich des Charakters vielleicht bedeutendste, selbständigste und tatkräftigste in unserm Kreise war der mir gleichaltrige Georg Büchner. Es war jedoch nicht seine Art, sich andern ungeprüft und voreilig hinzugeben, er war vielmehr ein ruhiger, gründlicher, mehr zurückhaltender Beobachter. Wo er aber fand, daß jemand wirklich wahres Leben suchte, da konnte er auch warm, ja enthusiastisch werden.

Ich glaube, es ist von den erwähnten beiden Brüdern, die uns andere mit ihrer Begeisterung für Shakespeare ansteckten, ausgegangen, daß wir uns verabredeten, in dem schönen Buchwald bei Darmstadt an Sonntagnachmittagen im Sommer die Dramen des großen Briten zu lesen, die uns die anregendsten und teuersten waren, als den ‹Kaufmann von Venedig›, ‹Othello›, ‹Romeo und Julia›, ‹Hamlet›, ‹König Richard III.› usw. Wir hatten Momente innigster und wahrster Hingerissenheit und Erhebung, z. B. beim Lesen der Stelle: ‹Wie süß das Mondlicht auf dem Hügel schläft ...› und ‹Der Mann, der nicht Musik hat in sich selbst – trau keinem solchen›. Diese gemeinsamen wahren Geistesgenüsse bei jugendlicher Empfänglichkeit bewahrten uns allerdings vor Trivialität und Roheit und brachten uns tiefere Offenbarungen und Aufschlüsse über unsere Jahre. Es erstarkte das Bedürfnis, in das Wesen der Dinge einzudringen, uns demgemäß auszubilden und zu handeln. Allerdings, für die Gewissenhaftigkeit der Gymnasiasten war dergleichen nicht förderlich und den Lehrern nichts weniger als angenehm . . .»

Aus den Erinnerungen Friedrich Zimmermanns:

«Wir arbeiteten gemeinsam an unserer Geistesbildung, besonders in philosophierenden Gesprächen auf Spaziergängen (Wirtshäuser besuchten wir nicht). Wir vertieften uns in die Lektüre großer Dichterwerke. Büchner liebte vorzüglich Shakespeare, Homer, Goethe, alle Volkspoesie, die wir auftreiben konnten, Äschylos und Sophokles; Jean Paul und die Hauptromantiker wurden fleißig gelesen. Bei der Verehrung Schillers hatte Büchner doch vieles gegen das Rhetorische in seinem Dichten einzuwenden. Übrigens erstreckte sich der Bereich des Schönliterarischen, das er las, sehr weit; auch Calderon war dabei. Für Unterhaltungslektüre hatte er keinen Sinn; er mußte beim Lesen zu denken haben. Sein Geschmack war elastisch. Während er Herders ‹Stimmen der Völker› und ‹Des Knaben Wunderhorn› verschlang, schätzte er auch Werke der französischen Literatur. Er warf sich frühzeitig auf religiöse Fragen, auf metaphysische und ethische Probleme, in einem inneren Zusammenhang mit Angelegenheiten der Naturwissenschaften, für deren Studium er sich frühe entschied. Gedichtet hat er, meines Wissens, damals nichts; aber für echte Poesie war seine Liebe groß, sein Verständnis fein und sicher. Für die Antike und für das Seelenbezwingende in der Dichtung neuerer Zeiten hatte er gleiche Empfänglichkeit, übrigens so, daß er sich dem einfach Menschlichen mit Vorliebe zuwandte. Sein mächtig strebender Geist machte sich eigne Wege; in der Schule befriedigte er durch recht mäßige Anstrengung. Sein sittlicher Wandel war durchaus unbescholten; nur für edlere Genüsse des Geistes und Gemütes hatte er Sinn, das Gemeine stieß er unwillig von sich. Die Natur liebte er mit Schwärmerei, die oft in Andacht gesammelt war. Kein Werk der deutschen Poesie machte darum auf ihn einen so mächtigen Eindruck wie der Faust . . . Die ungeduldig vorwärtsstrebende Seele Büchners hatte kein Herz für Grammatik und Stillehre, auch nicht für die lateinischen Versübungen und das lateinische Nachinterpretieren, was doch alles von Nutzen gewesen ist . . .»

Der witzige Glossist seiner Schularbeiten ist uns freilich lieber, als die Idealgestalt von einem Gymnasiasten, wie sie hier vorgestellt wird.

Der junge Büchner braucht sich nicht in der Gosse herumgetrieben zu haben, aber die Straße muß ja doch auch sein Revier gewesen sein. Woher sonst seine Kenntnis der Umgangssprache in ihrer nacktesten Gewöhnlichkeit? Büchner hat sich alle Freiheiten und alle Feinheiten des Volksmundes gemerkt, wie er die Volkslieder wußte. Sie standen ihm alle zur Verfügung, er konnte in ihren Vorrat greifen wie ein Dialektdichter — ohne je eine Zeile Mundart zu schreiben. Sein Landsmann und Zeitgenosse Ernst Elias Niebergall sollte die schlagkräftige und bildstarke Umgangssprache der Darmstädter, ihre Begabung, das Tagesereignis schnell in ein geistreiches Gleichnis umzusetzen, in dem Dialektstück «Datterich» klassisch dokumentieren. Büchner schöpft aus dem gleichen Quell, aber er verwendet Mundart und Volkslied nicht im herkömmlichen Sinn zur lokalpatriotischen Erhitzung, er entdeckt sie als neue Mittel künstlerischer Darstellung.

Das Straßburger Münster um 1830

DER STUDENT

Im Herbst des Jahres 1831, nach Absolvierung des Gymnasiums, (eine «Reifeprüfung» war damals noch nicht eingeführt), ging Büchner als Student der Medizin nach Straßburg. Seine Eintragung ins Register der dortigen Universität datiert vom 9. November. Es ist wenig wahrscheinlich, daß er viel früher als zu diesem Zeitpunkt in Straßburg angekommen wäre, sein erster, bekanntgewordener Brief ist Anfang Dezember geschrieben. Nach den Darmstädter Unterlagen jedoch, mit denen sich die Erinnerungen von Büchners Schwester Louise decken, endete das Schuljahr bereits zu Ostern 1831; demnach hätte Büchner die Zeit von April bis Oktober im Darmstädter Elternhause verbracht, in diesem Falle wird ihn der Vater schon tüchtig in die Lehre genommen haben. Anderseits bedeutet die Tatsache, daß der erste Brief von Anfang Dezember stammt, noch nicht den Beweis dafür, daß Büchner nicht schon im Frühjahr oder im Sommer nach Straßburg gekommen sein könnte, denn die Briefe, die der erste Herausgeber von Büchners Werken, Georgs Bruder Ludwig, zur Veröffentlichung bestimmte, wählte er nicht nach privaten, sondern allein nach politischen Gesichtspunkten aus, und jener erste Brief enthält politische Neuigkeiten ... Wie dem auch sei, der Umstand bleibt, daß man über den Verlauf eines halben Jahres von Büchners Dasein keine Nachrichten hat, und dies gilt für ein Leben, das sich so schnell verzehrt, daß bald jeder Tag zählen wird.

Die Wahl der Stadt Straßburg als Universitäts-Ort kam den Wünschen beider Eltern entgegen. Die Entfernung von Darmstadt ist nicht allzugroß, nahe Verwandte der Mutter wohnen dort, Onkel Reuss selbst ist Professor (für Theologie, Sanskrit und Bibelkunde) an der Akademie, und für den immer noch den großen Helden seiner Jugend, Napoleon, verehrenden Vater Büchners war es keine unliebe Vorstellung, den Sohn einige Zeitlang die freiere Luft Frankreichs genießen zu lassen, eine Zeitlang, denn die hessischen Gesetze schrieben es ohnehin vor, daß das Studium eines jeden Landeskindes an der Landes-Universität abgeschlossen werden müsse.

Allerdings wurden solche wohlgemeinten Überlegungen im Darmstädter Familienkreis gemacht wie Rechnungen ohne den Wirt. Sie ließen hier ein paar Charakter-Eigentümlichkeiten Georgs außer acht und dort die besondere politische und geistesgeschichtliche Situation jener Stadt. Wie würde ein Treffen dieser Unwägbarkeiten auslaufen? Nun, es hieße von Vater Büchner zuviel verlangt, vorauszusehen, daß das Pflaster von Straßburg, ein Treffpunkt der politisch Unzufriedenen und der politischen Schwarmgeister zweier Nationen, für die Entwicklung der freiheitlichen und sozialen Ideen seines Sohnes nicht gerade günstig genannt werden konnten. Dabei ist jedoch der Gedanke nicht von der Hand zu weisen, daß sich der Vater vom Umgang mit den evangelischen Theologen den mäßigenden Einfluß versprach, der genügen würde, die Jünglingsschwärmereien Georgs zurechtzurücken.

Straßburg: Das Haus in der Rue St. Guillaume, in dem Büchner von 1831 bis 1833 wohnte. Es wurde 1906 abgerissen.

Durch Vermittlung seiner Verwandtschaft fand Georg im Hause des Pfarrers zu St. Wilhelm, Johann Jakob Jaegle (1771–1837), in der «*Rue St. Guillaume Nr. 66, links, eine Treppe hoch, in einem etwas überzwerchen Zimmer mit grüner Tapete*» Quartier. Pfarrer Jaegle war verwitwet, dem Hauswesen stand seine Tochter vor, Wilhelmine, genannt Minna, um drei Jahre älter als Georg. Pfarrer Jaegle, es läßt sich nicht leugnen, war ein Schöngeist, ein Poet. Kein geringerer als Schiller selbst hatte sein Talent angespornt und ihm die Ermutigung gegeben, eines seiner Gedichte in den berühmten Musenalmanach (auf das Jahr 1797) aufzunehmen. Doch ist dies Gedicht nicht eine Jugendsünde geblieben. Pfarrer Jaegle fuhr in seinen dichtenden Gewohnheiten fort, veröffentlichte im Jahre 1805 eine erste Sammlung seiner Musenkinder, und hatte immerhin noch fünfundzwanzig Jahre später den Mut, eine zweite, den *Cypressen-Hain*, herauszugeben; dieser allerdings, gereifter und zweckvoller, gibt sich als ein Vorrat christlicher Trostgedichte aus. Doch auch in die politische Publizistik schaltete sich Pfarrer Jaegle poetisch ein. So begleitete er den Sturz Karls X., Königs von Frankreich, mit einem Gedicht *Gottesgericht*, und so feierte er, etwas überschwenglich, den Besuch seines Nachfolgers, des Bürgerkönigs Louis Philipp, in Straßburg. Eben, beim Einzug seines jungen Pensionsgastes ist er dabei, wiederum als politischer Sänger in die Saiten zu greifen: *Abschied und Willkomm an die Jahre 1831 und 1832* nennt er sein strophenreiches Gedicht, das er zur Jahreswende drucken läßt. Es gilt dem Lob und Ruhm der polnischen Freiheitshelden, von denen eine Abordnung unter Führung des Generals Ramorino in Straßburg offiziell empfangen worden war. Wenig Zweifel, daß auch Büchner dieses Heftchen seines Wirtes unter den landesüblichen Neujahrsgaben gefunden haben wird.

Bei jenem Polen-Empfang in Straßburg übrigens hatte Büchner, der Student im ersten Semester, nicht nur teilgenommen, sondern auch eine ziemlich aktive Rolle gespielt. Seine für die politischen Freiheiten so leicht entzündbare Leidenschaft, wir kennen sie seit seinen Schüler-Reden, wurde angesichts dieser, von ihren Unterdrückern so brutal geschlagenen Polen aufs neue, und zwar heftig erregt. Pfarrer Jaegles Verse konnten nur noch dazu angetan sein, Öl ins Feuer zu gießen. Nun war die Polenbegeisterung unter den deutschen Liberalen echt, d. h. die Sympathie mit dem unterdrückten Volke und mit seiner aufständischen, geschlagenen Jugend entsprang dem Herzen. Die zahllosen Polengedichte unserer Literatur jener Zeit, an der Spitze diejenigen von Platen, Lenau und Hebbel, geben davon Zeugnis. Anderseits wurde die Polen-Begeisterung auch mißbraucht, menschlich von den umherziehenden, flüchtigen Patrioten selbst, die nichts dagegen hatten, sich feiern zu lassen, um bequem zu leben, und politisch von den deutschen Demagogen, denen Märtyrer der Freiheit für ihre Zwecke gerade recht kamen. Am deutlichsten wird diese Verquickung von Mitleid und politischem Geschäft bei der Veranstaltung des sogenannten «Hambacher Festes», im Mai 1832. Unternommen von deutschen Liberalen, um ihrer Forderung nach Pressefreiheit demonstrativen Ausdruck zu verleihen, war die Abordnung der Polen, die man gewonnen hatte, das eigentliche Zugstück des Treffens. So wehte im Morgenwind der deutschen innerpolitischen Freiheit die schwarze Fahne Polens, Symbol einer verlorenen außenpolitischen Freiheit.

Man versteht deshalb die Skepsis, mit welcher Heinrich Heine — er war gerade ins Exil gegangen — von Paris aus diesem Treiben zusah. Sein Spott galt den «larmoyanten Schnurrbärten» und wie so oft, wurde er prophetisch: «Tatsüchtig schlugen unsere Herzen, wenn diese uns am Kamin erzählten, wieviel sie ausgestanden von den Russen, wieviel Elend, wieviel Knutenschläge. Bei den Schlägen horchten wir noch sympathetischer, denn eine geheime Ahnung sagte uns, die russischen Schläge, welche jene Polen bereits empfangen, seien dieselben, die wir in der Zukunft noch zu bekommen haben.»

Den Empfang des polnischen Generals — das Ereignis fand am 4. Dezember 1831 statt — hat Büchner in dem ersten uns erhaltenen Brief an seine Familie beschrieben:

«Als sich das Gerücht verbreitete, daß Ramorino durch Straßburg reisen würde, eröffneten die Studenten sogleich eine Subskription und beschlossen, ihm mit einer schwarzen Fahne entgegenzuziehen.

Das Hambacher Fest am 27. Mai 1832, auf dem Freiheit für Deutschland

Endlich traf die Nachricht hier ein, daß Ramorino den Nachmittag mit den Generälen Schneider und Langermann ankommen würde. Wir versammelten uns sogleich in der Akademie; als wir aber durch das Tor ziehen wollten, ließ der Offizier, der von der Regierung Befehl erhalten hatte, uns mit der Fahne nicht passieren zu lassen, die Wache unter das Gewehr treten, um uns den Durchgang zu wehren. Doch wir brachen mit Gewalt durch und stellten uns drei- bis vierhundert Mann stark an der großen Rheinbrücke auf. An uns schloß sich die Nationalgarde an. Endlich erschien Ramorino, begleitet von einer Menge Reiter. Ein Student hält eine Anrede, die er beantwortet, ebenso ein Nationalgardist. Die Nationalgarden umgeben den Wagen und ziehen ihn; wir stellen uns mit der Fahne an die Spitze des Zugs, dem ein großes Musikkorps vormarschiert. So ziehen wir in die Stadt, begleitet von einer ungeheuren Volksmenge unter Absingung der Marseillaise und der Carmagnole; überall erschallt der Ruf: Vive la liberté! vive Ramorino! à bas les ministres! à bas le juste milieu! Die Stadt selbst illuminiert, an den Fenstern schwenken die Damen ihre Tücher, und Ramorino wird im Triumph bis zum Gasthof gezogen, wo ihm unser Fahnenträger die Fahne mit dem Wunsch überreicht, daß diese Trauerfahne sich bald in Polens Freiheitsfahne verwandeln möge. Darauf erscheint Ramorino auf dem Balkon, dankt, man ruft Vivat — und die Komödie ist fertig.»

und Polen gefordert wurde.

Auffallend an diesem Schreiben nach Hause ist zweierlei: zunächst die Selbstverständlichkeit, mit welcher sich Büchner zu den Begeisterten zählt — stilistisch geht er mitten im Bericht von der Vergangenheit in die Gegenwart der Schilderung über, ein Beweis seiner heftigen Beteiligung —, und dann die offensichtliche Irreführung im letzten Satz nach dem Gedankenstrich: «*und die Komödie ist fertig*». Es kann gar nicht anders sein, als daß Büchner hier seiner Familie selber eine Komödie vorspielt, eine Täuschung: von dem Gefühl geleitet, seine wahren Gesinnungen zu deutlich preisgegeben zu haben, zieht er das Ganze ins Lächerliche. Eine Beruhigungspille auf den Inhalt des Briefes. Der Absender mußte wissen, daß die Empfänger in einem gewissen Punkte hellhörig waren, und sein Manöver lief darauf hinaus, sie zu betäuben.

Doch schon in seinem nächsten Schreiben verläßt ihn jede Zurückhaltung; er zeigt sich bereit, für die Sache der Polen den «*Schießprügel*» in die Hand zu nehmen, und nennt den Zaren und seine Verbündeten (die Monarchen von Preußen und Österreich) «*allerdurchlauchtigste und gesalbte Schafsköpfe*» — eine harte Zumutung für Vater Büchner. Spätestens jetzt mußte er wissen, daß ihm da ein politisches Sorgenkind ins Leben wachse.

Zwei Jahre lang, von 1831 bis 1833, lebt Büchner als Student in Straßburg (nur den Sommer 1832 verbringt er in Darmstadt) — es sind die glücklichen Zeiten seines Lebens. Im Elsaß hat er nicht nur Studienfreunde und Gesinnungsgenossen gefunden, sondern auch, in Minna Jaegle, die Braut. Die Verlobung wird zunächst geheim-

Minna (Wilhelmine) Jaegle, Büchners Braut

gehalten, die Liebenden scheinen sich unter den Gefühlen der drohenden Trennung versprochen zu haben. Kein Wort über die Entwicklung dieser Romanze in Briefen oder Erinnerungen. Das Wesen der Braut spiegelt sich deutlich nur in Büchners Briefen, als er fern von ihr ist, und ihrem Verhalten nach dem Tode des Geliebten. Minna Jaegle, die einzige Frau, die im Leben Georg Büchners eine Rolle spielte, opferte seinem Andenken ihr späteres Glück; sie starb unverheiratet, siebzigjährig, damit Georg Büchner der einzige Mann bliebe, der in ihrem Leben eine Rolle spielte.

Straßburg 1831: die Große Revolution hatte die Elsässer zu überzeugten Franzosen gemacht; war noch zu Goethes Zeiten der Charakter der Hochschule und des Landes durchaus deutsch, so herrschten jetzt, zwei Generationen später, französischer Geist und französische Denkart vor. Kein Wunder, genoß man doch hier, links des Rheins, die Früchte der politischen Befreiung, welche die Revolution und später die Verwaltungskunst Napoleons geschenkt hatten, und genügte doch nur ein Blick auf die kleinstaatlichen Untertanen-Verhältnisse des anderen Ufers, um sich als Bürger einer großen, fortschrittlichen Nation glücklich zu schätzen. Unabhängig von solchen Empfindungen aber wurden die Erinnerungen an die deutsche Vergangenheit, als deren Symbol das Münster galt, gepflegt, und dies insbesondere von den Intellektuellen unter der religiösen Minderheit in diesem katholischen Lande, von den protestantischen Theologen. Ein solcher Kreis war es auch, in dessen Mitte sich Georg Büchner bald wohl fühlen sollte. Seine Verwandten Reuss und sein Pensions-

Minna Jaegle (1810—1880) in späteren Jahren

wirt Jaegle führten ihn dort ein. Die Brüder Stöber: August (1808 bis 1884) und Adolph (1811—1892), beides Theologie-Studenten, Söhne des Juristen, Schriftstellers und Heimatforschers Daniel Ehrenfried Stöber (1779—1835), führten Büchner in die von ihnen ins Leben gerufene Studenten-Verbindung «Eugenia» ein, deren Gastmitglied er wurde. Weder in Straßburg noch später in Gießen gehörte er einer Burschenschaft an, wenn ihn auch die Burschenschafter bei der Errichtung seines Ehrenmals in Zürich 1875 als einen der Ihren feierten. Der Irrtum ist begreiflich, denn die Burschenschafter der dreißiger Jahre waren die politisch Radikalen, und Georg Büchner durfte als ihr heftigster Vertreter gelten. Dort in Straßburg, unter den «Eugeniden», lernte der junge Student aus Deutschland neben den Stöbers die nächsten seiner Freunde kennen, den Medizin-Studenten Eugen Boeckel (1811—1896) und den Theologie-Studenten Johann Wilhelm Baum (1809—1878). Baum, wie Büchner rheinhessischer Herkunft, war bereits mit 13 Jahren nach Straßburg gekommen, er wurde Pfarrer und sollte als Professor an der Akademie großen Einfluß auf die Ausbildung der nachfolgenden Theologie-Studierenden ausüben. Wie diese Freunde verehrte Büchner die Zeugen der mittelalterlich deutschen Kultur des Landes, «es wäre traurig, wenn das Münster einmal ganz auf fremdem Boden stände», und wie sie schätzte er die Volkspoesie, aber er gestand auch rücksichtslos ein, was ihn von ihnen trennt:

«Ich bin kein Verehrer der Manier à la Schwab und Uhland und der Partei, die immer rückwärts ins Mittelalter greift, weil sie in der Gegenwart keinen Platz ausfüllen kann.»

So hindern denn die Streifzüge durch die Vogesen, die poetischen Ausflüge in die Vergangenheit, den jungen Studenten nicht, sich der literarischen Gegenwart zuzuwenden. Er liest die Neuerscheinungen des Tages, Victor Hugo und Alfred de Musset. Die Einflüsse dieser Lektüre auf seine eigenen Versuche sind leicht nachzuweisen; in der Kenntnis und Beherrschung der französischen Sprache macht er so große Fortschritte, daß er dichterische Texte mühelos übertragen kann; daneben betreibt er italienische Sprachstudien, alles in allem ein fleißiger Student. Wäre die verhängnisvolle Neugierde des Sohnes für alle politischen Vorgänge nicht, die Familie in Darmstadt hätte allen Grund, zufrieden zu sein.

Die Briefe Eugen Boeckels an Georg Büchner wurden erst im Jahre 1936 (von Prof. Jean Strohl, Zürich) entdeckt und veröffentlicht. Sie schließen insofern eine Lücke, als sie den Umgangston der Studenten-Gesellligkeit Büchners festhalten und übrigens indirekt den Charakter ihres Empfängers wiedergeben. Einer dieser Briefe, an Büchner nach Darmstadt gerichtet, möge dafür sprechen:

Niederbronn, den 7. September [1832]

Nur Geduld, mein Lieber, ich will Dir gleich erklären, warum ich Dir erst jetzt schreibe, obgleich Dein Brief vom 20. August ist. Aber um eine chronologische Ordnung beizubehalten, will ich mit einer kurzen Selbstbiographie beginnen, die von der Zeit anfängt, wo Du

Straßburg verlassen; ich weiß Dir wahrhaftig nichts Interessanteres zu schreiben als von mir selbst ...

Soviel ich mich erinnere, reistest Du von Straßburg fort in den ersten Tagen des Augusts; ich blieb in Straßburg bis den 27. August, während welcher Zeit ich Deinen lieben lang erwarteten Brief erhielt. In dieser Zeit besuchte ich meistens das Hospital und dann noch einige Kranke mit meinem Bruder. Hauptsächlich habe ich viele Rubeolas und Nervenfieber gesehen. Erstere nahmen in der letzten Zeit einen sehr bösartigen Charakter an, so daß sehr viele daran starben; denn als konsekutive Krankheit folgte oft Skorbut, Brustkrankheiten, zuweilen Hydrocephalus. Mein Bruder und ich machten die Autopsie von mehreren Kindern, welche an diesen Krankheiten starben. Einen interessanten Kranken sah ich, welcher als Folge eines zu reichlichen Genusses von geistigen Getränken das Delirium tremens bekam, durch 20—40 gr. Tartarus stibiatus geheilt wurde, einige Wochen nachher an Brust- und Leberkrankheit starb und von uns autopsiert wurde; der untere Teil der Leber war in Fäulnis übergangen und so weich wie ein altes Hirn, Lungen und Pleura an den Thorax ganz angewachsen etc. Requiescat in pace. — Eine Frau, die Hydrothorax und überhaupt Hydropisie hatte und mehrere Rückfälle erlitt, wurde hauptsächlich durch Digitalis und Nitrum glücklich behandelt. Von den 2 oder 3 Dutzend Schwindsüchtigen, die ich sahe, spreche ich Dir nicht ...

Zu Hause studierte ich für mich Chommel, Pathologie générale ... und einen Teil von Barbier, Matière médicale. Zuweilen oder vielmehr öfters tat ich nichts, Du kennst ja meine Natur. — Lambossy sah ich ziemlich oft, doch weniger, als ich es wünschte, weil ich sehr oft in Ittenheim war. Scherb ist nach Genf, nicht nach Ungarn abgereist, Roth nach Berlin; Adolf Stöber kommt wahrscheinlich nach Colmar. Baum ist vor einigen Tagen aufs Land.

Der Concurs im Spital hatte statt. Wie Du weißt, konkurrierte ich nicht; Hirtz wurde gleich angenommen, Lintzler zuerst zurückgeschickt, später angenommen, weil sich nur zwei repräsentierten und man doch zwei surnuméraires haben mußte. Lintzler wollte nämlich nach Öffnung der Arterie aus Versehen bei dem Aderlassen die Wunde cauterisieren und den Trizeps zu den Muskeln des Vorderarms zählen, nämlich seinen Antworten nach, nicht daß Du Dir einbildest, er habe wirklich eine Arteriam getroffen.

Duvernoy, der gibt sich alle Mühe, ohne Concurs Physiologie-Professor zu werden ... Ich hoffe, er wird mit seinem breiten Maul abfahren wie zu Paris. Das Vieh bleibe doch bei seiner Zoologie; ich wollte lieber den Kerl dissezieren oder totschlagen, als ihn in der Physiologie hören oder sehn; Du weißt, es ist meine Antipathie. Seit drei Wochen ist er re infecta aus Paris zurückgekehrt und lauft oder tanzt in schwarzibus in den Gassen von Straßburg herum. Glücklicherweise treff ich den Intriganten noch nicht an, denn es hätte mir wahrhaftig wieder die Gelbsucht zuziehen können. Ich will auf seine Gesundheit trinken, wenn ihm sein Vorhaben mißlingt.

Eugen Boeckel (1811—1896), Büchners Freund in Straßburg

Mademoiselle[1], jolis pieds et jolies mains, machte ich erst einen Besuch, ehe ich Deinen Brief erhielt, seither nicht mehr; sie seufzt noch zwei Monate lang, lang!

Nun komme ich wieder auf die Hauptperson, das heißt auf mich zurück. Ende August reiste ich mit Adolf und August Stöber nach Weißenburg; Amsler und Held erwarteten uns an der Diligence bis um Mitternacht, wo wir ankamen. Ich mußte bei Held logieren und wurde von der ganzen Familie sehr zuvorkommend und wohl empfangen. Held, Amsler, 2 Stöber und ich gingen die folgenden Tage nach Landau in das Rheinbairische, von dort besuchten wir einige alte Burgen, Dryfels, Madenburg etc., kehrten Dienstagsabend wieder nach Weißenburg zurück. — Mittwoch ging ich mit 2 Stöber nach Woerth, von dort ins Jägerthal, wo wir einige alte Burgen besuchten, und langten gestern glücklich hier an. Heute ist abscheulich Regenwetter. Ich bin allein, denn die beiden Stöber sind in Oberbronn bei ihrer Schwester, und ich hier bei meinem Cousin, welcher aber den ganzen Tag auf dem Bureau ist. Ich sitze also hier in Niederbronn in einem hübschen Kaffeehaus und schreibe an meinen lieben Büchner.

---

[1] Erste Anspielung auf Wilhelmine Jaeglé, die spätere Braut Büchners.

Die Zeit würde mir zu fürchterlich lang werden, wenn sich nicht ein artiges, hübsches Mädchen meiner erbarmte, welche auf einige Zeit hier im Kaffeehaus ist. Sie ist aus Straßburg, klein, gut gebaut etc., doch ein wenig viel Kokette. Gestern schrieb ich an meinen Bruder, heute an Dich: Du siehst also, daß ich über dem Mädchen durchaus Dich nicht [vergesse], vielmehr wäre es mir zehnmal lieber, Dich als die Kokette hier zu haben.

Morgen, wenn es das Wetter erlaubt, ziehen wir nach Bitsch, die famose Festung; dann nach Lützelstein zu Follen, dann zu Baum, endlich nach Barr; heut über acht Tagen bin ich bestimmt wieder in Straßburg, vielleicht auch früher; ich werde dann hauptsächlich Anatomie und Physiologie studieren oder ochsen, dazu noch die Therapie von Hecker.

Lebe wohl, ich erwarte gleich nach meiner Ankunft in Straßburg Briefe von Dir. Ich denke, Du kannst dieses Opfer mir bringen; denn Du weißt, wie mich Deine Briefe erfreuen.

[Am Rande:] Vale und komme je eher je lieber nach Straßburg zurück.   Dein Eug. Boeckel

J.-M. Lambossy (1810—1872), der ebenfalls zum Straßburger Freundeskreis gehörte

Laut den Protokollen der «Eugenia» hat Büchner dort, am 24. Mai 1832, wenige Tage vor dem «Hambacher Fest» einen Vortrag gehalten, und dabei «in etwas zu grellen Farben von der Verderbtheit der deutschen Regierungen und der Roheit der Studenten auf vielen Universitäten, namentlich in Gießen und auch in Heidelberg» hingewiesen.

Man darf mit Recht das Datum dieses Vortrags mit den Hambacher Ereignissen in Verbindung bringen, denn eben rüstete sich eine starke Abordnung aus Straßburg — vierzig Mitglieder der Sektion «Amis du Peuple» — zur Fahrt in die nahe Pfalz, und es ist wenig wahrscheinlich, daß bei einem so lebhaften politischen Interesse die Tätigkeit dieser seinen Gesinnungen so verwandten Organisation Büchner unbekannt geblieben wäre. Schließlich wurde in Hambach nichts anderes getan, als «in etwas zu grellen Farben von der Verderbtheit der deutschen Regierungen» gesprochen.

Als eine der nächsten Wirkungen der Hambacher Versammlung ist der Putsch in Frankfurt, unternommen am 2. April 1833, zu bezeichnen. Ein im übrigen so dilettantisches Vorgehen, daß es notwendig scheitern mußte; es wäre auch dann gescheitert, wenn Verrat nicht im Spiele gewesen wäre. Die Person des Verräters sollte bald und in seltsamer Weise eine Schicksalsrolle in Georg Büchners Leben spielen.

Unter den Rädelsführern und Mitwissern des Frankfurter Putsches befanden sich so viele Persönlichkeiten aus Büchners Freundeskreis, daß man willig daraus geschlossen hat, auch er, der Straßburger Student, habe sich unmittelbar daran beteiligt. Das ist eine Legende. Georg Büchner, allenfalls in das Vorhaben eingeweiht, hielt sich zu dieser Zeit in Straßburg auf, und von allen Gründen, die ihn bewogen haben, sich an dem Aufstand nicht zu beteiligen, gab wohl die Einsicht den Ausschlag, er ihn für vergeblich hielt.

Bezeichnend für die Unruhe und Ungewißheit seiner Eltern ist die Tatsache, daß sie sich beeilten, die Frankfurter Neuigkeiten nach Straßburg zu berichten, um die Meinung des Sohnes zu erfahren. Georg antwortete ihnen sofort:

Straßburg, den 5. April 1833
Heute erhielt ich Euren Brief mit den Erzählungen aus Frankfurt. Meine Meinung ist die: Wenn in unserer Zeit etwas helfen soll, so ist es Gewalt. Wir wissen, was wir von unseren Fürsten zu erwarten haben. Alles, was sie bewilligten, wurde ihnen durch die Notwendigkeit abgezwungen. Und selbst das Bewilligte wurde uns hingeworfen wie eine erbettelte Gnade und ein elendes Kinderspielzeug, um dem ewigen Maulaffen Volk seine zu eng geschnürte Wickelschnur vergessen zu machen. Es ist eine blecherne Flinte und ein hölzerner Säbel, womit nur ein Deutscher die Abgeschmacktheit begehen konnte, Soldatchens zu spielen. Unsere Landstände sind eine Satire auf die gesunde Vernunft, wir können noch ein Säkulum damit herumziehen, und wenn wir die Resultate dann zusammennehmen, so hat das Volk die schönen Reden seiner Vertreter noch immer teurer bezahlt als der römische Kaiser, der seinem Hofpoeten für zwei gebrochene

Verse 20 000 Gulden geben ließ. Man wirft den jungen Leuten den Gebrauch der Gewalt vor. Sind wir denn aber nicht in einem ewigen Gewaltzustand? Weil wir im Kerker geboren und großgezogen sind, merken wir nicht mehr, daß wir im Loch stecken mit angeschmiedeten Händen und Füßen und einem Knebel im Munde. Was nennt Ihr denn gesetzlichen Zustand? Ein Gesetz, das die große Masse der Staatsbürger zum fronenden Vieh macht, um die unnatürlichen Bedürfnisse einer unbedeutenden und verdorbenen Minderzahl zu befriedigen? Und dies Gesetz, unterstützt durch eine rohe Militärgewalt und durch die dumme Pfiffigkeit seiner Agenten, dies Gesetz ist eine ewige, rohe Gewalt, angetan mit dem Recht und der gesunden Vernunft, und ich werde mit Mund und Hand dagegen kämpfen, wo ich kann. Wenn ich an dem, was geschehen, keinen Teil genommen und an dem, was vielleicht geschieht, keinen Teil nehmen werde, so geschieht es weder aus Mißbilligung noch aus Furcht, sondern nur weil ich im gegenwärtigen Zeitpunkt jede revolutionäre Bewegung als eine vergebliche Unternehmung betrachte und nicht die Verblendung derer teile, welche in den Deutschen ein zum Kampf für sein Recht bereites Volk sehen. Diese tolle Meinung führte die Frankfurter Vorfälle herbei, und der Irrtum büßte sich schwer. Irren ist übrigens keine Sünde, und die deutsche Indifferenz ist wirklich von der Art, daß sie alle Berechnung zuschanden macht. Ich bedaure die Unglücklichen von Herzen. Sollte keiner von meinen Freunden in die Sache verwickelt sein?

Dem Vater mag beim Lesen dieses Briefes der Angstschweiß ausgebrochen sein. Das war nicht mehr die Sprache einer unverbindlichen Primaner-Begeisterung, entzündet am Heldentum der Griechen und Römer, und entflammt an Schillers «Diesen Kuß der ganzen Welt», das war die Sprache eines Nüchternen, Wissenden: «... *ich teile nicht die Verblendung derer, welche in den Deutschen ein zum Kampf für sein Recht bereites Volk sehen* ...», aber auch die Sprache eines von seiner Gesinnung Überzeugten: «... *ich werde mit Mund und Hand dagegen kämpfen, wo ich kann* ...» konnte der Vater hier schwarz auf weiß lesen. Da er seinen Sohn kannte, mochte er Gott dafür danken, den Rebellen einstweilen fern vom Schauplatz der beunruhigenden Ereignisse, in der Gesellschaft von altsässische Erinnerungen sammelnden Theologie-Studenten zu wissen. Man versteht, daß der Vater weiterhin vorsichtig-besorgte Briefe schreibt, um herauszufinden, ob der Sohn nicht doch mit den hessischen Radikalen unter einer Decke stecke. Das Gerücht ging, daß in Freiburg im Badischen eine Freiheits-Demonstration geplant sei — ob Georg daran teilnähme? Und die größere Sorge, wie würde sich Georg in Gießen verhalten? Es blieb kein Geheimnis, daß der Frankfurter Putsch von Gießen aus angezettelt worden war. Georgs Straßburger Zeit war abgelaufen, die landesväterlichen Vorschriften riefen ihn zum Abschluß der Studien an die Landesuniversität, ausgerechnet ihn mitten ins Nest der Verschwörer. Die Beunruhigung des Vaters wächst. Zweimal in diesem Sommer muß Georg beschwichtigende Zeilen nach Hause schreiben:

«Wegen mir könnt Ihr ganz ruhig sein; ich werde nicht nach Freiburg gehen und ebensowenig wie im vorigen Jahre an einer Versammlung[1] teilnehmen», lautet die erste Versicherung, die er daraufhin abgibt, und die zweite bezieht sich schon auf die Zukunft, auf Gießen:

«Ich werde zwar immer meinen Grundsätzen gemäß handeln, habe aber in neuerer Zeit gelernt, daß nur das notwendige Bedürfnis der großen Masse Umänderungen herbeiführen kann, daß alles Bewegen und Schreien der einzelnen vergebliches Torenwerk ist. Sie schreiben – man liest sie nicht; sie schreien – man hört sie nicht; sie handeln – man hilft ihnen nicht ... Ihr könnt voraussehen, daß ich mich in die Gießener Winkelpolitik und revolutionären Kinderstreiche nicht einlassen werde.»

Da diese letzte Versicherung gewiß nicht nach politischem Hitzkopf aussah, mochte sich Vater Büchner beruhigen. Schließlich hatte er auch Briefe empfangen, die den Sohn durchaus als einen netten Kerl, einen glücklichen Burschen kennzeichnen, der gut beobachten konnte, vielleicht ein wenig sarkastisch war, wie hier in seinem Bericht über die Christmette:

«Auf Weihnachten (1832) ging ich morgens um vier Uhr in die Frühmette ins Münster. Das düstere Gewölbe mit seinen Säulen, die Rose und die farbigen Scheiben und die kniende Menge waren nur halb vom Lampenschein erleuchtet. Der Gesang des unsichtbaren Chores schien über dem Chor und dem Altare zu schweben und den vollen Tönen der gewaltigen Orgel zu antworten. Ich bin kein Katholik und kümmerte mich wenig um das Schellen und Knien der buntscheckigen Pfaffen, aber der Gesang allein machte mehr Eindruck auf mich als die faden, ewig wiederkehrenden Phrasen unserer meisten Geistlichen, die jahraus, jahrein an jedem Weihnachtstag meist nichts Gescheiteres zu sagen wissen als: der liebe Herrgott sei doch ein gescheiter Mann gewesen, daß er Christus grade um diese Zeit auf die Welt habe kommen lassen.»

Oder auch so unbesorgt und frisch, wie es sich in der Schilderung einer Vogesenwanderung, unternommen im Sommer 1833 in Begleitung der Brüder Stöber, kundtat:

«Bald im Tal, bald auf den Höhen zogen wir durch das liebliche Land. Am zweiten Tage gelangten wir auf einer über 3000 Fuß hohen Fläche zum sogenannten weißen und schwarzen See. Es sind zwei finstere Lachen in tiefer Schlucht, unter etwa 500 Fuß hohen Felswänden. Der weiße See liegt auf dem Gipfel der Höhe. Zu unseren Füßen lag still das dunkle Wasser. Über die nächsten Höhen hinaus sahen wir im Osten die Rheinebene und den Schwarzwald, nach West und Nordwest das Lothringer Hochland; im Süden hingen düstere Wetterwolken, die Luft war still. Plötzlich trieb der Sturm das Gewölke die Rheinebene herauf; zu unserer Linken zuckten die Blitze,

---

[1] Gemeint ist Hambach, wo zu einem Erinnerungstreffen aufgerufen war.

Studentenleben um 1835: Mensur (oben) und Karzer (unten)

und unter dem zerrissenen Gewölk über dem dunklen Jura glänzten die Alpengletscher in der Abendsonne. Der dritte Tag gewährte uns den nämlichen herrlichen Anblick; wir bestiegen nämlich den höchsten Punkt der Vogesen, den an 5000 Fuß hohen Bölgen. Man übersieht den Rhein von Basel bis Straßburg, die Fläche hinter Lothringen bis zu den Bergen der Champagne, den Anfang der ehemaligen

Franche Comté, den Jura und die Schweizer Gebirge vom Rigi bis zu den entferntesten Savoyischen Alpen. Es war gegen Sonnenuntergang, die Alpen wie blasses Abendrot über der dunkel gewordenen Erde. Die Nacht brachten wir in einer geringen Entfernung vom Gipfel in einer Sennerhütte zu. Die Hirten haben hundert Kühe und bei neunzig Farren und Stiere auf der Höhe. Bei Sonnenaufgang war der Himmel etwas dunstig, die Sonne warf einen roten Schein über die Landschaft. Über den Schwarzwald und den Jura schien das Gewölk wie ein schäumender Wasserfall zu stürzen, nur die Alpen standen hell darüber wie eine blitzende Milchstraße. Denkt Euch über der dunklen Kette des Jura und über dem Gewölk im Süden, so weit der Blick reicht, eine ungeheure, schimmernde Eiswand, nur nach oben durch die Zacken und Spitzen der einzelnen Berge unterbrochen. — Vom Bölgen stiegen wir rechts herab in das sogenannte Amarinental, das letzte Hauptal der Vogesen. Wir gingen talaufwärts. Das Tal schließt sich mit einem schönen Wiesengrund im wilden Gebirg. Über die Berge führte uns eine gut erhaltene Bergstraße nach Lothringen zu den Quellen der Mosel. Wir folgten eine Zeitlang dem Laufe des Wassers, wandten uns dann nördlich und kehrten über mehrere interessante Punkte nach Straßburg zurück . . .»

Von seinem größern Glück, der Herzens-Übereinkunft mit Minna Jaegle, konnte und wollte Georg noch nichts schreiben, zählte er doch knapp zwanzig (die Braut allerdings um drei Jahre mehr), zu früh, um damit vor den Vater zu treten . . . Zwischen dem Straßburger Abschied und dem Semesterbeginn in Gießen lagen die langen Sommerferien. Georg verbrachte sie in Darmstadt fleißig, wie immer, und vom Vater in der Praxis angeleitet, denn auch was die Studien betrifft, so sollte sich Georg umstellen. Seine Neigungen gehörten den beobachtenden Naturwissenschaften, in Straßburg durfte er sich ihnen hingeben und die Medizin nur am Rande betreiben, jetzt verlangte der Vater Medizin als Hauptstudium; der sichere Broterwerb zuerst, das Forscher- und Gelehrten-Dasein, wie es Georg vorschwebte, würde sich finden.

Briefe von oder an die Braut sind aus jener Zeit nicht erhalten geblieben, es ist wenig wahrscheinlich, daß die Liebenden nicht einander geschrieben hätten, wenn sie sich auch gezwungen sahen, den offiziellen Postweg zu meiden.

Ein Brief, wie der des Freundes Eugen Boeckel aus Straßburg, mag Georg erst deutlich vor Augen gestellt haben, was er alles mit dem verwünschten Zwange, nach Gießen zu gehen, aufgeben mußte:

Straßburg, den 3. September 1833
Endlich, mein Lieber, ergreife ich die Feder, um Dir zu schreiben. Entschuldigen will ich mich nicht, Du kennst meine Schwachheiten zu gut; ich denke: il vaut mieux tard que jamais.

Deine beiden Briefe erhielt ich richtig und ersehe daraus, daß Du mehr arbeitest als ich. Du weißt, wieviel Zeit mir das Balbieren wegnimmt, so daß ich beinah verzweifeln muß, zu einer ordentlichen wissenschaftlichen Bildung zu gelangen; indessen denke ich auch in dieser Hinsicht: il vaut mieux tard que jamais; und gründliche Studien suche ich soviel als möglich bei meiner Lage und meinem unruhigen Charakter.

Botanique habe ich während dieser Zeit ziemlich betrieben. Du wirst freilich es mir nicht glauben, wenn ich Dir sage, daß ich viele Pflanzen analysiert habe nach den Descriptions de Decandolle . . .; freilich habe ich hauptsächlich den Unterschied der Familien studieren müssen, weil ich diesen noch nicht hinlänglich kannte.

In Conradi hab ich die Blut- und Bauchflüsse studiert und die Frakturen [?] von Astley Cooper, Übersetzung von Froriep. Endlich den Thiers, Histoire de la révolution geendigt. Du weißt, daß ich durch Aufzählung dieser Bücher Dir keineswegs beweisen will, daß ich viel studiert habe.

Stöber, Auguste, ist seit 3 Tagen in Oberbronn . . . Ich denke, ihn in 8 oder 14 Tagen zu besuchen. Adolf Stöber ist seit 8 Tagen hier in Straßburg und wird hier bleiben bis zu Ende des Oktobers. Er ist auf dem Landgute von Herrn R. Reybel in der Ruprechtsau.

Baum arbeitet an seiner Schrift über die Methodisten, eine Preisfrage; die Arbeit muß bis Ende Oktobers abgeliefert werden. Der Preis beträgt 3000 fr.[1] Außer ihm konkurrieren noch Ernst und Becker. Reuss [?] teilte ich Deinen Brief mit sowie auch Lambossy, welcher wirklich in Baden ist. Louis und Mademoiselle sah ich mehrere Male während dieser Zeit.

Wie sehr alle und hauptsächlich wir Eugeniten bedauern, daß Du nicht hier bist, brauche ich Dir nicht zu sagen, besonders da jetzt Adolphe hier sich befindet.

Die These von Lauth wirst Du durch die Buchhandlung erhalten haben. Die von Goupil habe ich selbst nicht, und Lambossy konnte sie mir auch nicht verschaffen. Sein Sujet ist: La contraction musculaire . . .

Lauth wurde oft colliert, hauptsächlich über Fragen, welche auf mécanique und physique Bezug hatten. Goupil wurde von der Jury zum Professor proklamiert, Lauth soll die Anatomie-chaise erhalten und Ehrenmann die Accouchement-chaise nehmen; wenigstens wurde von dem Doyen Cailliot dieses Begehren an das Ministerium gemacht. Was geschehn wird, zeigt sich mit der Zeit. Lauth ist seit 14 Tagen in Paris. Wie sehr es ihn kränkt, den Sieg nicht davongetragen zu haben, kannst Du Dir vorstellen. Alle [Einzelheiten] des Concurs kann ich Dir unmöglich schreiben, es würde zu lange dauern . . .

Volpes [?] ist noch bei Reuss [?], er läßt Dich vielmal grüßen. Apostel Petrus hat seit seiner Abreise noch nicht geschrieben.

Dein Eug. Boeckel

Grüß Gott, lieber Büchner! Ich bin wieder in der Heimat und atme Elsässer Luft. Wie sehr hätte michs gefreut, auch Deine Hand wieder

---

[1] Baum gewann diese Preisarbeit.

zu drücken! Doch gebe ich die Hoffnung nicht auf, Dich auf diesem Erdenrund wiederzusehen: ich hoffe, nach einigen Jahren, von meinem ägyptischen Dienst erlöst, ins gelobte Land der Freiheit heimzukehren; dann will ich Deutschland durchwandern und auch an Deiner Türe anpochen. Doch vielleicht kommst Du selbst noch früher zu mir. Einstweilen bleiben wir uns jedenfalls treu — mit warmem Bruderhandschlag — Gott befohlen! Dein Ad. Stöber

Das Theater in Straßburg

DER LANDBOTE

«*Gießener Winkelpolitik und revolutionäre Kinderstreiche*», gerade an diese Erscheinungen sollte Georg Büchner seinen kühlen Kopf verlieren. Vieles mußte dazu beitragen, aus dem distanzierten Beobachter den leidenschaftlichen Täter zu machen: der Wechsel von Straßburg, frei und heiter, nach Gießen, dumpf und beengt, die Trennung von der Braut, die Unzufriedenheit mit dem Brot-Studium, die lärmende Bier-Geselligkeit der Kommilitonen, die Herbstes-Ödheit der Landschaft, kurz, Gießen bekam unserm Studenten nicht. Nach fünf Wochen, die er «*halb im Dreck, halb im Bett*» verbrachte, befiel ihn eine Hirnhaut-Entzündung, die ihn nötigte, ins Elternhaus zurückzukehren, wo er die Pflege der Mutter und den ärztlichen Beistand des Vaters genießen konnte. Körperliche Krankheit als Ausdruck einer seelischen Krise, wie so oft. Nur waren sich weder Vater noch Sohn des Zusammenhangs bewußt, man hätte vielleicht andere Mittel ergriffen, vorbeugende, ausweichende, als jenes, das am sichersten direkt ins Verhängnis führen mußte: äußerlich geheilt, wurde Georg nach Neujahr 1834 wieder nach Gießen zurückgeschickt. In einem Brief an Freund August Stöber, geschrieben in Darmstadt am 9. Dezember 1833, als «*Rekonvaleszent*» – so bezeichnet er sich selbst – macht Büchner eine vielsagende Bemerkung: «*Die politischen Verhältnisse könnten mich rasend machen. Das arme Volk schleppt geduldig den Karren, worauf die Fürsten und Liberalen ihre Affenkomödie spielen. Ich bete jeden Abend zum Hanf und zu den Laternen.*»

Ein paar Wochen in unmittelbarer Berührung mit den Schikanen des Polizei-Staates hatten genügt, die Distanz, deren er in Straßburg so sicher gewesen war, zu verlieren. Von Frankreich aus war gut reden, war es einfach, den Überlegenen, den Unbeteiligten zu spielen. An Ort und Stelle sahen die Dinge anders aus.

Büchners historisch zutreffende Einsichten und seine politische Vernunft unterlagen hier seinem Temperament, seinen Gefühlen; wenn man will, seinem Mitleid. So stürzt er sich wider besseres Wissen in das lebensgefährdende Abenteuer.

Noch ist es nicht soweit. Während der ersten Gießener Wochen hält er es noch für möglich, daß ihm ein ernsthaftes Studium der Geschichte die Distanz wiederherstellen könnte, die er dahinschwinden fühlte. Auch hielt er eine intensive Beschäftigung mit der Philosophie für fähig, ihn von den Tagesfragen abzulenken. Die Medizin am Tage, Geschichte und Philosophie bei Nacht, da blieb keine Zeit für Bummel und Biertisch, das hieß sich absondern von den Kommilitonen. Da diese ihm seinen Fleiß nicht gut ankreiden konnten, schalten sie ihn bald als hochmütig. Carl Vogt (1817–1895), auch einer von denen, die später ihrer Liberalität wegen ins Exil gehen mußten, gleichzeitig mit Georg Büchner in Gießen Medizin studierend, spielt auf diesen Hochmut an, wenn er in seinen, im Jahre 1895 veröffentlichten Lebenserinnerungen schreibt:

Die Universität in Gießen

«Offen gestanden, dieser Georg Büchner war uns nicht sympathisch. Er trug einen hohen Zylinderhut, der ihm immer tief unten im Nacken saß, machte beständig ein Gesicht wie eine Katze, wenn's donnert, hielt sich gänzlich abseits, verkehrte nur mit einem etwas verlotterten und verlumpten Genie, August Becker, gewöhnlich nur der ‹rote August› genannt. Seine Zurückgezogenheit wurde für Hochmut ausgelegt, und da er offenbar mit politischen Umtrieben zu tun hatte, ein- oder zweimal auch revolutionäre Äußerungen hatte fallenlassen, so geschah es nicht selten, daß man abends, von der Kneipe kommend, vor seiner Wohnung still hielt und ihm ein ironisches Vivat brachte: ‹Der Erhalter des europäischen Gleichgewichts, der Abschaffer des Sklavenhandels, Georg Büchner, er lebe hoch!› — Er tat, als höre er das Gejohle nicht, obgleich seine Lampe brannte und zeigte, daß er zu Hause sei. In Wernekincks Privatissimum war er sehr eifrig, und seine Diskussionen mit dem Professor zeigten uns beiden andern bald, daß er gründliche Kenntnisse besitze, welche uns Respekt einflößten. Zu einer Annäherung kam es aber nicht; sein schroffes, in sich abgeschlossenes Wesen stieß uns immer wieder ab.»

Gerüchte über sein als Verachtung der Anderen ausgelegtes Alleingängertum scheinen bald nach Darmstadt gedrungen zu sein. Offenbar vom Vater (der die Gründe erahnen, aber nicht wahrhaben wollte) darüber zur Rede gestellt, antwortet er:

«Ich verachte niemanden, am wenigsten wegen seines Verstandes oder seiner Bildung, weil es in niemands Gewalt liegt, kein Dummkopf oder kein Verbrecher zu werden — weil wir durch gleiche Umstände wohl alle gleich würden und weil die Umstände außer uns liegen.

Der Marktplatz um 1830

Der Verstand nun gar ist nur eine sehr geringe Seite unsers geistigen Wesens und die Bildung nur eine sehr zufällige Form desselben. Wer mir eine solche Verachtung vorwirft, behauptet, daß ich einen Menschen mit Füßen träte, weil er einen schlechten Rock anhätte. Es heißt dies, eine Roheit, die man einem im Körperlichen nimmer zutrauen würde, ins Geistige übertragen, wo sie noch gemeiner ist. Ich kann jemanden einen Dummkopf nennen, ohne ihn deshalb zu verachten; die Dummheit gehört zu den allgemeinen Eigenschaften der menschlichen Dinge; für ihre Existenz kann ich nichts, es kann mir aber niemand wehren, alles, was existiert, bei seinem Namen zu nennen und dem, was mir unangenehm ist, aus dem Wege zu gehn. Jemanden kränken, ist eine Grausamkeit; ihn aber zu suchen oder zu meiden, bleibt meinem Gutdünken überlassen. Daher erklärt sich mein Betragen gegen alte Bekannte: ich kränkte keinen und sparte mir viel Langeweile; halten sie mich für hochmütig, wenn ich an ihren Vergnügungen oder Beschäftigungen keinen Geschmack finde, so ist es eine Ungerechtigkeit; mir würde es nie einfallen, einem andern aus dem nämlichen Grunde einen ähnlichen Vorwurf zu machen. Man nennt mich einen Spötter. Es ist wahr, ich lache oft; aber ich lache nicht darüber, w i e jemand ein Mensch, sondern nur darüber, d a ß er ein Mensch ist, wofür er ohnehin nichts kann, und lache dabei über mich selbst, der ich sein Schicksal teile. Die Leute nennen das Spott, sie vertragen es nicht, daß man sich als Narr produziert und sie duzt; sie sind Verächter, Spötter und Hochmütige, weil sie die Narrheit nur a u ß e r s i c h suchen. Ich habe freilich noch eine Art von Spott, es ist aber nicht der der Verachtung, sondern der des Hasses.

Der Haß ist so gut erlaubt als die Liebe, und ich hege ihn im vollsten Maße gegen die, welche verachten. Es ist deren eine große Zahl, die, im Besitz einer lächerlichen Äußerlichkeit, die man Bildung, oder eines toten Krams, den man Gelehrsamkeit heißt, die große Masse ihrer Brüder ihrem verachtenden Egoismus opfern. Der Aristokratismus ist die schändlichste Verachtung des Heiligen Geistes im Menschen; gegen ihn kehre ich seine eigenen Waffen: Hochmut gegen Hochmut, Spott gegen Spott.

Ihr würdet Euch besser bei meinem Stiefelputzer nach mir umsehn; mein Hochmut und Verachtung Geistesarmer und Ungelehrter fände dort wohl ihr bestes Objekt. Ich bitte, fragt ihn einmal . . . Die Lächerlichkeit des Herablassens werdet Ihr mir doch wohl nicht zutrauen. Ich hoffe noch immer, daß ich leidenden, gedrückten Gestalten mehr mitleidige Blicke zugeworfen als kalten, vornehmen Herzen bittere Worte gesagt habe.»

Die «*Gießener Winkelpolitik*» ist nicht ohne einen Blick auf die allgemeine deutsche innerpolitische Situation zu verstehen; der große Rahmen, innerhalb dessen sie sich abspielt, ist leicht abgesteckt:

Nach der Niederlage Napoleons streiten sich die beiden größten deutschen Staaten, Österreich und Preußen, um den Führungsanspruch: sie gehören dem «Deutschen Bund» an, der, aus dem Wiener Kongreß hervorgegangen, offiziell als Nachfolge-Staat des Heiligen Römischen Reiches gelten kann. Weltpolitisch gesehen war der Deutsche Bund nichts anderes, als ein Instrument zur Neutralisierung des Machtstrebens der beiden konkurrierenden Staaten. Sitz und Verwaltung dieses Bundes befanden sich in Frankfurt, seine «Präsidialmacht» hieß Österreich und ihr führender Kopf Metternich. Es lag in seiner Konzeption, den Bund zu einer Art «Dritter Kraft» auszubauen: was man gegen ihn auch einwenden mag — und der Leser Georg Büchners hat viel gegen ihn einzuwenden —, der Deutsche Bund vermochte es bis zu seinem Ende, 1866, den Frieden zu bewahren, das heißt Kriege zu verhüten. Innenpolitisch allerdings mußte dieses halbe Jahrhundert des Friedens teuer bezahlt werden. Der Preis war die Kirchhofsruhe der Polizei-Staaten, nur einmal, im März 1848, stürmisch unterbrochen, um dann um so gedemütigter wieder hingenommen werden zu müssen. Der Preis war die Unfreiheit des Staatsbürgers. Der Untertan hielt sich am längsten in Preußen: erst im Jahre 1917, schon im Schatten der Russischen Revolution, wurde dort das Dreiklassen-Wahlrecht abgeschafft, und schon im Jahre 1789 waren die Franzosen für die bürgerlichen Freiheiten, für die politische Gleichberechtigung auf die Barrikaden gegangen!

Natürlich griffen die Ideen aus dem Westen auch in die Köpfe der deutschen Intelligenz über, jeder nahm sich sein Teil von den neuen Parolen, Georg Forster und Friedrich Schiller den menschheitsbeglückenden, Fichte den nationalen, Goethe den nüchtern-politischen. Die Jugend auf den Universitäten wollte alles haben, Freiheit nach außen, das hieß für die Mehrzahl von ihnen Freiheit von dem «Joche Napoleons», und Freiheit nach innen, das hieß für sie alle: Vereini-

*Fürst Klemens
von Metternich
(1773—1859)*

gung ihrer kleinen und kleinsten Vaterländchen zu einem Reiche nach dem Vorbild des Mittelalters. Barbarossa schlief in seiner Gruft noch immer, man brauchte den Kaiser nur zu wecken. Würde der Sehnsuchtsruf der Jugend stark und laut genug sein, ihn zu erreichen?

Zwar hatte auch der Deutsche Bund 1815 nicht gezögert, das Mindestmaß eines Zugeständnisses zu machen: «In allen Bundesstaaten wird eine landständische Verfassung stattfinden» — das war aber nicht mehr als in eine leere Zukunft gesprochen. Man darf sich jene Verfassungen, auch dort, wo sie rasch und freiwillig eingeführt wurden, wie etwa unter Goethes Einfluß im Großherzogtum Weimar, im Katalog ihrer Freiheiten nicht so üppig ausgestattet denken wie etwa ein heutiges Staats-Grundgesetz. Die meisten Landesherren waren noch von ihrem Gottesgnadentum überzeugt und gaben sich in ihrem Denken durchaus absolutistisch. So gingen sie denn mit dem Geschenk der unumgänglichsten Freiheiten recht knauserig um, und ihre Juristen fanden Paragraphen genug, wieder aufzuheben, was wohl oder übel auf dem Papier stehen mußte. Die Verfassung des Großherzogtums Hessen, Büchners zuständigen Staates, darf als ein Muster für solches «leeres Stroh» gelten. Im Jahre 1820 erlassen, schuf sie zwar eine Abgeordneten-Kammer, schränkte den Zugang aber so ein, daß von den rund 700 000 Untertanen nur rund 1000 als Abgeordnete überhaupt wählbar waren. Das Wahlrecht war so beschaffen, daß die Regierung die erste Auslese in der Hand hatte; dafür sorgte ein ausgeklügeltes System, das nur eine mittelbare Wahl über Bevollmächtigte und Wahlmänner zuließ. Als Wahlmann konnte nur derjenige zugelassen werden, der zu den sechzig Höchstbesteuerten seines Bezirkes zählte, als Abgeordneter war nur wählbar, wer jährlich mindestens 100 Gulden direkte Steuern zahlte oder mindestens 1000 Gulden jährlich als Beamtengehalt bezog. Auf diese Weise befanden sich unter 50 hessischen Abgeordneten nicht weniger als 34 höhere Staatsbeamte, und es war nicht anzunehmen, daß diese gegen einen Antrag der Regierung stimmen würden. Die endlich gewählten Abgeordneten hatten zwar das Recht, Steuern zu bewilligen, nicht aber das Recht, Steuern zu verweigern, d. h. also, sie hatten wenig mehr als die Ehre, den ständig stärker werdenden Steuerdruck mit ihrem Namen zu decken.

Im nördlichsten Teil des Großherzogtums, in Oberhessen, in Büchners nächster Umgebung also, waren zudem noch nicht alle Rechte der vormaligen Standesherren abgelöst worden, so daß in bestimmten Gebieten die Bauern noch Frondienste zu leisten hatten, versteht sich, neben den Steuern an die Darmstädter Staatskasse. Die Unzufriedenheit der Bauern gegen diese ungerechte und ungerechtfertigte Doppelbesteuerung äußerte sich gelegentlich in lokalen Aufständen, die aber jeweils rasch vom Militär niedergeschlagen wurden. Im September des Jahres 1830, ermutigt durch die Vorgänge der Juli-Revolution in Frankreich, deren Wogen sehr schnell nach dem deutschen Westen schlugen, kam es zu einem solchen kleinen lokalen Aufstand in Oberhessen, eine Episode, die als «Blutbad von Södel» — es gab bei dem Dorfe Södel zwei Tote — viel Aufregung verursachte.

Beinahe ein halbes Jahrhundert später geht Louise Büchner in dem Geschichtskursus, den sie für Töchter der gebildeten Stände winters in Darmstadt hält, noch einmal auf die Affäre von Södel ein; sie schien ihr wichtig genug und bot im übrigen Gelegenheit, den toten Bruder zu rechtfertigen. Ihre Darstellung des Vorgangs lautet:

«Vornehmlich in den Standesherrschaften war die Erbitterung groß, weil dort noch die Feudallasten neben den Staatslasten auf das geringe Volk drückten. Dies war auch die Veranlassung, warum gerade in Oberhessen, wo sich noch sehr viele Standesherrschaften befinden, die Empörung in eine Art von Bauernkrieg ausartete. Sonst nirgends war dem kleinen Manne die Steuerlast so empfindlich als dort; auf einen Kopf allein konnte man 6 Gulden 12 Kreuzer rechnen. Eine Reise des neuen Regenten, Ludwigs II., die er bei seiner Thronbesteigung durch das Land gemacht, hatte 100 000 Gulden gekostet; vorhergehende Zerwürfnisse mit den Ständen, welche die Forderung eines neuen Schloßbaues für den nunmehrigen Erbprinzen abgelehnt hatten, verbitterten die Stimmung noch mehr, namentlich in Betracht, daß die Schuldenlast des großherzoglichen Hauses bereits eine zu den Kräften des Ländchens unverhältnismäßige Höhe gewonnen hatte. Dieser oberhessische Aufstand war in den Septembertagen 1830 ausgebrochen; unter Trommelschlag, einem steten Anschwellen ihrer Haufen, mit den Rufen: «Freiheit und Gleichheit!» zogen die Bauerntrupps von Ort zu Ort. In Büdingen zwangen sie den Grafen Isenburg, eine Strecke weit mit ihnen zu ziehen, von da wandten sie sich gegen Ortenberg, zerstörten in Nidda das Haus des Landrichters und breiteten sich dann in drei Richtungen nach der Wetterau, dem Vogelsberg und nach Butzbach hin aus. Das traurige Zwischenspiel fand dort ein Ende, während man sich in Darmstadt im Schlosse schon zur Flucht vorbereitete und selbst der Bundestag in Frankfurt gezittert hatte. Der Prinz Emil, ein Bruder des Großherzogs, wurde nach Oberhessen entsendet, und drei Militärkolonnen sollten den Aufstand einschließen, als ein blutiges Zusammentreffen bei dem Dorfe Södel die Sache schnell beendigte, aber eine furchtbare Erbitterung zurückließ. Die Dragoner, die man von Butzbach berufen, hatten ohne weiteres, vor der gesetzlichen Aufforderung an die Leute auseinanderzugehen, in das unbewaffnete Volk eingehauen und dabei Leute verletzt und getötet, die sich gerade bemühten, die Haufen durch vernünftiges Zureden zu zerstreuen. Es war eine große unverantwortliche Brutalität, die dort begangen wurde, ein bedeutungsvolles Zeichen der Animosität, mit der sich bald allerorten Bürger und Soldat feindselig gegenüberstehen sollten. Die Gebildeten hatten keinerlei Anteil an diesen Dingen genommen, aus denen aber eine spätere Reaktion wieder neues Kapital zu schlagen wußte.»

Eine ziemlich objektive Darstellung, die sich durch den Mut auszeichnet festzustellen: «es war eine große, unverantwortliche Brutalität, die dort begangen wurde». Louise Büchners Schlußsätze gehen eindeutig auf die Rolle ihres Bruders, denn Georg war es, der sich bei passender Gelegenheit nicht gescheut hat, Kapital aus dem Vorfall zu schlagen, als er über die fluchwürdigen Zwecke der Soldatenspielerei der Duodezfürsten aufbegehrt: «*Mit ihren Trommeln übertäuben sie (die Soldaten) eure Seufzer, mit ihren Kolben zerschmettern sie euch den Schädel, wenn ihr zu denken wagt, daß ihr freie Menschen seid. Sie sind die gesetzlichen Mörder, welche die gesetzlichen Räuber schützen; denkt an Södel! Eure Brüder, eure Kinder waren dort Bruder- und Vatermörder.*»

Louise Büchner ist auch objektiv im Recht, wenn sie versichert, daß die Gebildeten keinen Anteil an solchen Bauern-Aufständen nahmen, wie sie sich hier in Oberhessen oder dort im Odenwalde ereigneten. Die Gebildeten, das waren zum überwiegenden Teil die festbesoldeten Beamten, die treuen Staatsdiener, die am wenigsten Grund hatten, unzufrieden zu sein. Die eigentliche Not hatte sich bei den Bauern auf dem Lande ausgebreitet. Hier herrschten Verhältnisse, die man «proletarisch» nennen könnte, wäre dies Wort damals bereits erfunden gewesen. Ein Fabrikproletariat gab es damals noch nicht, wenigstens in Hessen noch nicht. Dort waren es die Bauern, welche die Zeche zu zahlen hatten. Nun bedeuteten die Jahre zwischen 1815 und 1830 für das ganze Deutschland Notjahre, Nachkriegsjahre, Krisenjahre, für die Bauern gekennzeichnet durch das ständige Sinken des Getreidepreises, also ihres Bar-Einkommens, und Hungerjahre, verursacht durch eine Reihe von Miß-Ernten. Unter diesem wirtschaftlichen Druck ist es zu verstehen, daß die Zahlen der Auswanderer von Jahr zu Jahr stiegen. Goethe ist in *Wilhelm*

Meisters Wanderjahren darauf eingegangen. Die Höhe der Auswanderungszahlen ist ein Gradmesser der Not, aber die politische Unfreiheit ging so weit, daß selbst noch der Verzweiflungsschritt von der Erlaubnis des Landesherrn abhängig war. Wer die Auswanderungserlaubnis nicht erhielt, war gezwungen, alleruntertänigst weiterzudienen, zog er es nicht vor zu flüchten. Dieses Unternehmen fiel allerdings nicht weiter schwer: grenzte doch das Großherzogtum Hessen an nicht weniger als zehn «ausländische» Staaten, deutsche Länder natürlich, die aber auf ihre Souveränität hielten. Grenzen waren also immer nahe; aber sie kündeten auch von einem neuen Elend, den Zöllen, das kleine Hessen war demnach von nicht weniger als zehn Zollschranken umgeben, von allen eingeführten Waren wurden hohe Abgaben gefordert.

Beim Fehlen jeder Industrie bildeten die Bauern und Handwerker die einzigen produktiven Schichten der Bevölkerung; ihnen standen die Beamten, der Hof und das vom Hof unterhaltene Militär gegenüber, als die aufzehrenden Schichten. Mit welcher Selbstverständlichkeit der Hof — nicht nur in Hessen — sein eigenes Interesse ohne Rücksicht auf die finanziellen Möglichkeiten des Landes in den Vordergrund stellte, zeigt das Beispiel des neuen Großherzogs — Ludwigs II. —, der bei seinem Regierungsantritt 1830 verlangte, daß das Land die Privatschulden übernähme, die er als Erbprinz gemacht hatte, zwei Millionen Gulden.

Das Hin und Her um die Bewilligung dieser Summe durch die Abgeordneten mochte sich von Straßburg aus wirklich nur als «Winkelpolitik» ansehen, jetzt in Gießen nahm Büchner solche Vorkommnisse anders auf. Dort gingen sie unter «Nachrichten», hier unter «Haupt- und Staatsaktionen».

Auch in Gießen fühlte sich Büchner nicht zu den Burschenschaften hingezogen, und es scheint verwunderlich, daß er diesen Hort der Freiheit mied. Die Burschenschaften hatten das Verdienst des Wartburgfestes, Karl Ludwig Sand, der Mörder Kotzebues, dieses verhaßten Vertreters der Reaktion, war einer der Ihren; die Burschenschaften waren in Hambach begeistert dabei, einige von ihnen wollten schon damals einfach «losschlagen», und hier in Gießen zeigten sie die Farben ihrer politischen Hoffnungen, zeigten sie Schwarz-Rot-Gold in aller Öffentlichkeit. Georg Büchner schloß sich ihnen dennoch nicht an. Er war mit ihnen nur einig im Kampf gegen die Unfreiheit, schon von den Mitteln dieses Kampfes hatte er eine andere Vorstellung als sie, und erst recht von dem Ziel, dem Gebrauche der Freiheit. Sahen die Burschenschaften die politische Not, so Büchner die soziale; träumten die Burschenschaften von einem neuen Erbkaisertum, so erwärmte sich Büchner für eine demokratische Republik.

Wenn es für ihn also auch keinen gemeinsamen Weg mit den Burschenschaften geben konnte — Gießen war ein zu enger Ort, als daß seine freiheitliche Gesinnung nicht bald öffentlich geworden wäre —, so teilte er doch das Schicksal seiner schwarz-rot-goldenen Kommilitonen: sie alle durften nicht laut äußern, was ihnen vorschwebte, sie alle wußten sich verfolgt, von Spitzeln umlagert und vom Universitätsrichter voller Mißtrauen beobachtet.

Es gibt vielleicht keine bessere, sicherlich keine knappere Zusammenfassung der innenpolitischen Situation in Hessen um diese Zeit als das Zeugnis von Wilhelm Grimm:

«Die Freiheit war allmählich bis zu einem Grade untergegangen, von dem niemand, der es nicht selbst miterlebt, einen Begriff hat. Jede Unbefangenheit, ich sage nicht einmal Freiheit der Rede, war unterdrückt. Die Polizei, öffentliche und heimliche, angeordnete und freiwillige, durchdrang alle Verhältnisse und vergiftete das Vertrauen des geselligen Lebens. Alle Stützen, auf welchen das Dasein eines Volkes beruht, Religiosität, Gerechtigkeit, Achtung vor der Sitte und dem Gesetz, waren umgestoßen oder gewaltsam erschüttert. Nur eins wurde festgehalten: Jeder Widerspruch gegen den geäußerten Willen (des Landesherrn), direkt oder indirekt ausgesprochen, sei ein Verbrechen.»

Seit Büchners entflammten Freiheitsreden auf dem Darmstädter Gymnasium waren zwei Jahre vergangen. In Straßburg brauchte er sich nicht im Gegensatz zu ihnen zu fühlen, dort stand es ihm frei, ins Leben zu übertragen, was er an Begeisterung in der Schule gehört und gelernt. Dort konnte er, ohne eine Verfolgung zu erwarten, Mitglied eines republikanischen Klubs werden. Nicht so in Gießen. Hier war er Landeskind und Untertan. Hier hatte er zu gehorchen, zu begreifen, daß die Schülerreden nur als Sprach-Übungen gut waren, als schöne Gelegenheiten für schöne Phrasen. Die politische Praxis des Tages aber ging auf Unterwerfung aus, nicht auf Beglückung. Diesen Unterschied in seiner ganzen Tücke konnte Büchner erst jetzt wahrnehmen. Er traf ihn nicht allein, es trafen ihn Hunderte von Mitschülern, Tausende von Studenten. Wieder haben wir ein Zeugnis der klarsehenden Louise Büchner für den unerträglichen Zwiespalt der Lage, in welche sich die Schüler von gestern als Studenten von heute gestellt sahen. In ihrer schon erwähnten Novelle *Ein Dichter* läßt sie einen Gymnasial-Lehrer, der eben von solch einer Schüler-Freiheits-Rede heimkehrt, die folgende Überlegung anstellen:

«... Aber ich kann euch nicht sagen, wie die Burschen mich oft dauern; da werden sie bei uns in den Gymnasien großgezogen mit der Weisheit der Klassiker, ihr Kopf brennt von den Freiheitskriegen der Griechen, und der römische Republikanismus wächst ihnen in Fleisch und Bein. Keiner von ihnen ... der sich nicht in eine wirklich gefühlte Glut von Bürgertugend und Bürgerstolz hineindeklamiert. Mit diesem Himmel in der Brust werden sie dann hineingestoßen in die wirkliche Welt, in unsere kleinlichen, engen Verhältnisse, in denen sich schon eine Schwalbe den Kopf einrennt, geschweige denn ein Adler. Ihre Brust glüht von Freiheitsdrang, und sie müssen Sklaven werden; sie fühlen sich als Cicero und Demosthenes im Dienste der Gerechtigkeit und Vaterlandsliebe zu reden befähigt, aber wo ist die Arena für die Eloquenz, die sie einmal im Leben auf

Karl Ludwig Sand (1795—1820)

August von Kotzebue (1761—1819). Lithographie nach dem Gemälde von F. Deurer, 1818

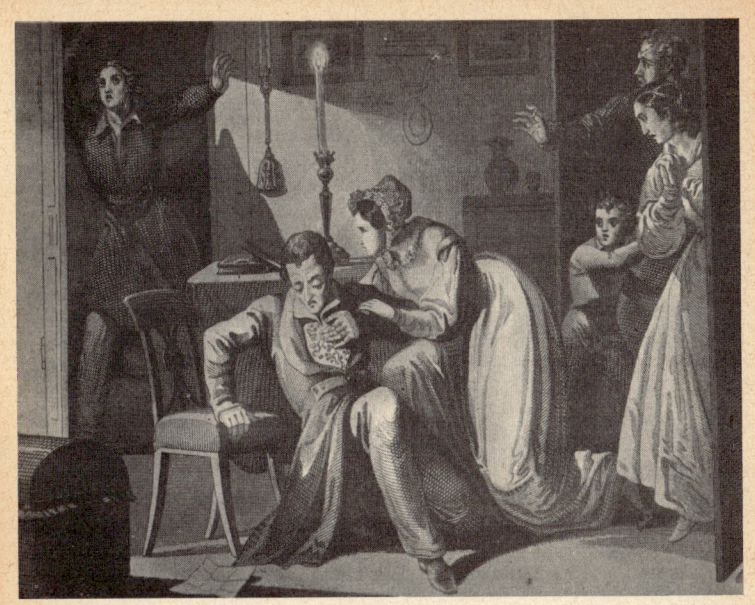

Die Ermordung Kotzebues

Die Hinrichtung Sands am 21. Mai 1820

dem Rede-Aktus des Gymnasiums frei entfalten durften? Schweigt! donnert ihnen überall die Polizei entgegen; schweigt! heißt es in den Gerichtssälen, denn was wissen wir von öffentlichen Gerichten? schweigt! heißt es selbst in den Kammern, wenn ihr nicht Vertrauen zu flöten wißt. Nur auf der Kanzel, da dürfen sie sprechen, aber wie, das wissen wir Lehrer am besten, denen schon tausendmal ein beklommenes Mutterherz zugeflüstert: ‹Meinen Sie nicht auch, Herr Doktor, mein Sohn sollte Theologie studieren, für etwas anderes ist er zu beschränkt?› . . . Zwischen unserer sogenannten klassischen Bildung und Erziehung und unserem wirklichen Staatsleben klafft ein Abgrund, in den sich noch manche edle Jünglingsgestalt opfernd hinabstürzen wird; aber ob es ihm dadurch gelingt, das Vaterland zu retten, ist eine andere Frage . . .»

Die Schlußworte des Lehrers sind rückwärts gewandte Prophetie, mit der «edlen Jünglingsgestalt» ist kein anderer als Georg Büchner gemeint.

Von den harmlos ihr Bier trinkenden Mitstudenten als ungesellig oder hochmütig betrachtet, von den Burschenschaften als unzugänglich, schließt sich Georg Büchner in Gießen einem seltsam auffallenden Individuum näher an, dem «roten Becker». Dieser ist nach seinem Barte so gerufen, einen politischen Sinn hatte die Farbe damals noch nicht, wie es auch als eine Zufälligkeit hingenommen werden muß, daß dieser Biedermeier-Verschwörer mit Vorliebe eine schwarze Russenbluse trug. Ein armer Kerl, Sohn eines frühverstorbenen protestantischen Pfarrers, mußte er sich durch die Schülerjahre hungern, hatte er als Student all die Demütigungen zu ertragen, die mit der Gewährung eines Freitisches verbunden sind. Und damit scheint er eines Tages Schluß gemacht zu haben. Die Theologie war ihm die Freitische nicht mehr wert, und so lebte er, als Büchner auf ihn stieß, polizei-notorisch «ohne eine bestimmte Beschäftigung». Mochte ihn die Stadt als ein besichtigungswürdiges Original betrachten, Büchner erkannte bald die Größe dieses Charakters, welche die Ursache seiner Schwäche war: seine Zuverlässigkeit und die Unbedingtheit seines Denkens, das dieser verkrachte Student in den langen Hungerjahren seiner Jugend geschult hatte. Auch Becker seinerseits fühlte sich zu Büchner hingezogen:

«Dieser Büchner war mein Freund, der mich lange Zeit zum einzigen Vertrauten seiner teuersten Angelegenheiten machte, von welchen er weder seiner Familie noch einem seiner andern Freunde etwas gesagt hatte. Ein solches Vertrauen mußte ihm mein Herz gewinnen; seine liebenswürdige Persönlichkeit, seine ausgezeichneten Fähigkeiten, von welchen ich hier freilich keinen Begriff geben kann, mußten mich unbedingt für ihn einnehmen bis zur Verblendung. Die Grundlage seines Patriotismus war wirklich das reinste Mitleid und ein edler Sinn für alles Schöne und Große. Wenn er sprach und seine Stimme sich erhob, dann glänzte sein Auge — ich glaubte es sonst nicht anders — wie die Wahrheit.»

August Becker vermittelte die Bekanntschaft mit Friedrich Ludwig

Weidig (1791—1837), damals Rektor in dem Städtchen Butzbach, unweit Gießen. Ein «echter Teutscher von 1816», vertrat dieser Schulmann unerschrocken inmitten der Restauration die liberalen Ideen, für welche die Jugend in die Freiheitskriege gezogen war, hielt er am Kaisertraum der deutschen Einigung fest. Das verband ihn mit den Burschenschaften, aber er pflegte auch enge Beziehungen zu jener Frankfurter Gruppe, die den April-Putsch vorbereitet hatte, Beziehungen, die der Polizei bekannt wurden und seine erste Verhaftung zur Folge hatten. Büchner wußte durchaus, wessen Bekanntschaft er da machte, wenn er auch die ganze Wahrheit über den Umfang der politischen Umtriebe, die sich um die Person Weidigs sammelten, nicht ahnen konnte. Möglicherweise wußte er, daß Rektor Weidig der Verfasser einer illegalen Flugschrift war, die, *Leuchter und Beleuchter für Hessen* genannt, soeben weniger die Gemüter des Volkes als die der Polizei erregte. Nicht lange nach ihren ersten Unterredungen, die kurz nach Neujahr 1834 begonnen haben, sah sich Büchner von Rektor Weidig angenommen, erhielt von ihm den Ritterschlag des Verschwörers, obwohl man sich keine größeren Unterschiede in den politischen Zielen dieser Verbündeten denken kann. Weidig, studierter Theologe, bekannte sich als einen überzeugten Christen; in seinem Zukunftsstaate sollte ein strenges Christentum die Normen für alle Gesetze und alles öffentliche Leben abgeben, so radikal, daß Weidig z. B. auch die Emanzipation der Juden wieder rückgängig machen wollte — Büchner dagegen dachte damals als Atheist. Er schlug sich nicht um Zukunfts-Ziele, sondern um die Gegenwart; ihm kam jeder Bundesgenosse ebenso recht wie Weidig, der davon ausging, daß man alle revolutionären Funken im Lande sammeln müsse, um sie einst zur Flamme lodern zu lassen.

Noch ein anderes, technisches Detail mag Büchner den Anschluß an Weidig erleichtert haben: dieser verfügte über eine Druckerpresse. Die Maschine stand im Keller eines abgelegenen Hauses zu Offenbach am Main, und sie wurde des Nachts von Männern bedient, die der Sache Weidigs treu ergeben waren. Der Zugang zu dieser Presse aber war für Büchner vor allem erstrebenswert.

Die deutschen Intellektuellen, soweit sie sich um Politik überhaupt kümmerten, also die Heine, Börne und die Burschenschaften, empfanden die starken Einschränkungen der Rede- und Pressefreiheit, die drückenden Zensur-Bestimmungen und die bürokratische Schwerfälligkeit ihrer Handhabung als die entscheidenden und gewichtigsten Hindernisse auf dem Wege der politischen Mündigwerdung des Volkes. Würde die Masse nur genügend aufgeklärt sein, meinten sie, dann würden sich die Prinzipien der Freiheit und Gleichheit wie von allein durchsetzen. Zwar würde auch dann noch genug Arbeit für die Journalisten, Publizisten und Parlamentarier übrig bleiben, zuerst aber hieß es die Hürden beseitigen. Georg Büchner verwarf solche Gedankengänge. Er hielt nichts von einer Revolution «von oben», genauer gesagt, sie blieb ihm gleichgültig, ehe er nicht die Not der Masse behoben sah. Politisches Tun und Treiben hatte für

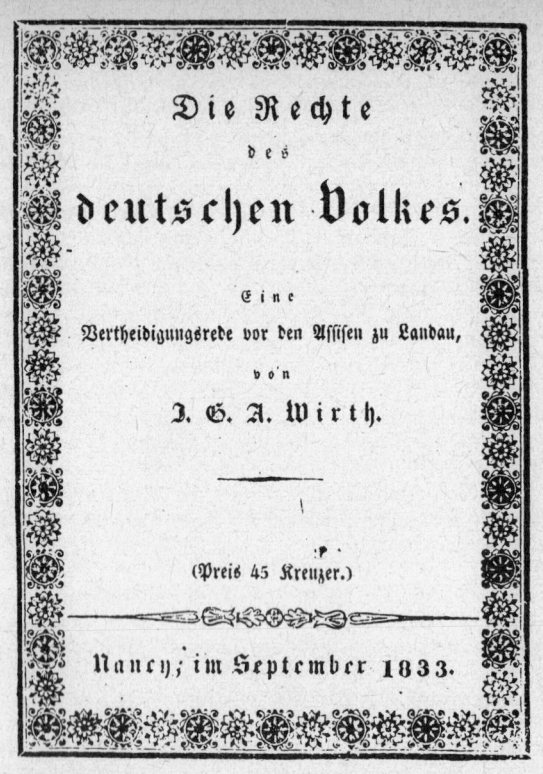

> # Die Rechte
> des
> # deutschen Volkes.
>
> Eine
> Vertheidigungsrede vor den Assisen zu Landau,
> von
> ### J. G. A. Wirth.
>
> ---
>
> (Preis 45 Kreuzer.)
>
> Nancy, im September 1833.

Der liberale Publizist J. G. A. Wirth, einer der Initiatoren des «Hambacher Festes», ließ seine Verteidigungsrede von Nancy aus illegal verbreiten. Die Broschüre, 200 Seiten stark, erlebte bis 1848 mehrere Neuauflagen. Ohne Zweifel machte sie auch im Straßburg Georg Büchners die Runde und trug nicht wenig zur Entschiedenheit seiner politischen Meinungen bei. Ein Jahr später schrieb er den «Hessischen Landboten».

ihn nur einen Sinn, wenn es zunächst und vor allem die materielle Not, die soziale Ungerechtigkeit beseitigte:

«*Der materielle Druck, unter welchem ein großer Teil Deutschlands liegt, ist ebenso traurig und schimpflich als der geistige; und es ist in meinen Augen bei weitem nicht so betrübend, daß dieser oder jener Liberale seine Gedanken nicht drucken lassen darf, als daß viele tausend Familien nicht imstande sind, ihre Kartoffeln zu schmälzen.*»

Dies ist die erste Triebfeder seines Handelns: Mitleid mit den

Hungernden, Mitgefühl für die Unterdrückten, Zorn gegen die Gedankenlosen, Empörung über die bedenkenlosen Machthaber. Er wollte weder ein belletristisch-zensurfreies Deutschland wie Börne, noch ein deutschtümelnd-christliches wie Weidig, er strebte menschenwürdige Verhältnisse in einem menschenwürdigen Vaterlande an. Und er glaubte, daß es angebrachter sei, diese Ideen zu verbreiten, als sich um die tauben Nüsse neuer Paragraphen in den Verfassungs-Artikeln zu schlagen. Als Politiker dachte Büchner mit dem Herzen, nicht mit dem Kopf. Er gab dem Umsturz nur eine Chance, wenn er aus jener Schicht käme, die am wenigsten zu verlieren und am meisten zu gewinnen hatte, aus der Schicht der Handwerker und Bauern. Von den Universitäts- und Professoren-Debatten hielt er um so weniger. Seine Revolution war eine von unten, eine Erhebung der Massen, nicht des Intellekts.

Ein Mittel dazu sieht er in der Verbreitung von Flugschriften in den untersten Kreisen, dort, wo sie zünden mußten, zunächst also bei den Bauern. Weidig besorgt ihm die statistischen Unterlagen für seinen ersten Versuch und gibt der Schrift auch gleich den Namen: *Der hessische Landbote*. Als ihm Büchner im März schon das fertige Manuskript vorlegt, schwankt Weidig zwischen Begeisterung und Ablehnung. Begeistert ist Weidig von dem Ton, der leichten Verständlichkeit der Darstellung, der Überzeugungskraft der Argumente; seine Ablehnung gilt dem Inhalt; was da gesagt und verkündet wird, klingt ihm zu radikal, und vom Christentum ist im übrigen nicht viel die Rede. Weidig gibt seine Zustimmung zum Druck nur unter der Bedingung einer Umarbeitung, die er selber vornehmen will. Büchner muß damit einverstanden sein, soll die ganze Mühe nicht umsonst gewesen sein.

Weidig hat Büchner davon überzeugt, daß man den Bauern mit Bibelsprüchen kommen müsse, wenn man von ihnen begriffen werden will, die Bibel ist das einzige Buch, das sie kennen, und zu deren Wort sie Vertrauen haben. So macht sich also der bibelkundige Theologe Weidig daran, Büchners Ausführungen mit entsprechenden Belegstellen aus der Bibel zu untermauern, ein Unternehmen, das ihm ganz gut gelungen ist, von Büchner gesehen, aber doch eine empfindliche Verfälschung und Verwässerung des klaren Weines darstellte, den er da ausschenken wollte. Und noch eine Veränderung mußte Büchner hinnehmen, eine Kleinigkeit, aber sie traf ihn härter. Rektor Weidig ersetzte überall dort, wo es in Büchners Manuskript hieß «*die Reichen*», diese Worte durch den Ausdruck «*die Vornehmen*». Büchner war vom Gegensatz zwischen arm und reich ausgegangen, er machte begreiflich, daß die Bauern nur arm waren, auf Kosten der Reichen, Reichtum, das war für ihn soviel wie Diebstahl an der Arbeitskraft der Armen. Das klingt schon an die Radikalität der späteren sozialistischen Manifestationen an, und Weidig hatte ein feines Ohr für die Konsequenzen. «*Die Vornehmen*», das war ein weit unverbindlicherer Begriff — nur hatte Büchner sie gar nicht gemeint.

August Becker, der das Manuskript — Büchner schrieb eine ganz unleserliche Hand — ins reine gebracht und Weidig übergeben hatte, war Zeuge über die Wirkung, die Weidigs Überarbeitung bei Büchner hervorrief: «Büchner war außerordentlich aufgebracht. Er wollte die Schrift nicht mehr als die seinige anerkennen und sagte, daß Weidig ihm gerade das, worauf er das meiste Gewicht gelegt habe und wodurch alles andere gleichsam legitimiert werde, durchgestrichen habe.»
Wohl oder übel mußte Büchner ja sagen.
Er hatte noch ein anderes Eisen im Feuer. Spätestens am Beispiel Weidigs, dessen Freunde ja nicht nur für den Druck, sondern auch für die Verbreitung der Flugschriften sorgten, konnte sich Büchner von der nützlichen Praxis der geheimen Gruppenarbeit überzeugen. Und er zögerte nun nicht länger, für sich selbst eine zuverlässige Organisation zu schaffen. Er gründete im gleichen März, da er den *Landboten* schrieb, in Gießen eine «Gesellschaft der Menschenrechte». Er stellte sie sich vor als einen Bund von Gleichgesinnten, die, von ihm unterrichtet und geschult, die Aufklärung unter ihresgleichen betreiben sollten. Ihm ging es nicht darum, demagogisch Unzufriedenheit zu schüren oder künstlich zu entfachen, sondern darum, die bestehende latente Not praktisch zu beseitigen. Hochverrat war das Vorhaben gleichwohl.
Weidig hatte es abgelehnt, sich an Büchners Gründung zu beteiligen, der Monarchist trennte sich von dem Republikaner, versprach ihm aber Protektion und Duldung. Auch die Kreise der Burschenschaften, mit denen Büchner Fühlung aufnahm, verhielten sich abweisend. Die Hürde, welche diese Studenten nicht zu überspringen können glaubten, war Büchners Forderung, daß auch Nicht-Akademiker in den Geheimklub aufgenommen werden sollten. Das ging über den Verstand der meisten. Immerhin schlossen sich ihm einige doch an. Darf man auf Grund seines Vertrauensverhältnisses den roten Becker als das erste Mitglied der Menschenrechtler bezeichnen, so folgten ihm als nächste Karl Minnigerode — er hatte zusammen mit Büchner die Bänke des Darmstädter Gymnasiums gedrückt — Gustav Clemm, Jakob Schütz, Ludwig Becker, sie alle gehörten einer freiheitlichen Verbindung an. Jetzt wurden sie Mitverschworene von einfachen Handwerkern: auf der Liste der späteren Darmstädter Ortsgruppe stehen neben einem Bäckergehilfen ein Metzger und ein Schmiedemeister.
Die Tätigkeit und die Taktik der Straßburger «Gesellschaft für Menschenrechte» hatte Büchner aus nächster Nähe studieren können. Nach diesem Vorbild richtete er sich ein; allerdings bestand da ein Unterschied: obwohl sich die Straßburger Gesellschaft «geheim» nannte, war sie polizeilich angemeldet und konnte ihre Ziele legal verfolgen. Sie war nach der Juli-Revolution von 1830 ins Leben gerufen worden, aus Enttäuschung darüber, daß es nur einen Thronwechsel unter bürgerlichem Vorzeichen gegeben hatte und nicht eine Republik aus dem Geiste Robespierres. Büchner übernahm nicht nur

den Namen der Straßburger Organisation, sondern auch ihre Verfahrensweise, die strenge Aufgliederung, die verbindliche Mitarbeit, die Unterwerfung des einzelnen Mitglieds. Büchners Gesellschaft war eine Verschwörergruppe, kein Debattierklub. Nach der ersten, die er im März 1834 in Gießen ins Leben rief, gründete er während der Osterferien des gleichen Jahres die zweite in Darmstadt. Ein Angehöriger dieser Sektion, der Bäckergehilfe Adam Koch, sagte später über den Geist und die interne Organisation der Gesellschaft vor Gericht aus:

«Die Gesellschaft sollte in Sektionen gegliedert werden, jede zwölf Mitglieder stark, und einer dieser Sektionen sollten die übrigen die Leitung übertragen. Jedes Mitglied sei verpflichtet worden, neue Mitglieder zu werben. Versammelt habe man sich in einem Gartenhaus am großen Woog. Dort sei er selber von Büchner in die Gesellschaft aufgenommen worden, ohne weitere Förmlichkeit als diese, daß ihm die Erklärung der Menschenrechte vorgelesen wurde. Die habe aus dreizehn oder vierzehn Artikeln bestanden, deren letzter lautete: wer sich der Ausführung dieser Rechte widersetze, der übe einen Zwang aus, und diesen Zwang auf alle Art zu beseitigen, sei jedes Mitglied verpflichtet. Völlige Gleichstellung aller sei im übrigen die Hauptforderung gewesen. Es habe auch eine von Büchner selbst verfaßte Konstitution der Gesellschaft gegeben, die noch nach Büchners Flucht für die Schulung der Mitglieder benutzt worden sei. Aber dies Schriftstück habe man verbrannt, als die Gefahr der Entdeckung groß schien. Aus dem gleichen Grunde waren seit Ende Oktober 1834 auch die Versammlungen seltener geworden. Durch Büchners Flucht hatte die Vereinigung ihre Seele verloren, sie löste sich im Sommer 1835 auf...»

Ludwig Büchner ergänzt diese Mitteilungen, wenn er, im Jahre 1850, schreibt: «Die Mitglieder übten sich sehr eifrig in den Waffen und hatten bedeutende Schießvorräte verborgen.» Das heißt doch wohl nichts anderes als die Bekräftigung der Aussage Kochs. Die Mitglieder der «Gesellschaft für Menschenrechte» wurden mit allen Mitteln auf eine Volkserhebung geschult. Diese Behauptung aber war einem anderen Bruder Georgs, dem um einige Jahre jüngeren Wilhelm, etwas zu weit gegangen. Über die Rolle der geheimen Gesellschaften befragt, stellte er diese als rührend harmlos hin. Wilhelm war als Apothekergehilfe nach Butzbach gekommen, wo er als Bruder Georgs mit offenen Armen empfangen wurde. Daß auch dort eine Sektion der Menschenrechtler bestanden hätte, ist nicht nachweisbar. Man sieht, wie aus seinen Erinnerungen, die er 1878 niederschrieb, eindeutig das Bestreben hervorgeht, Georgs Verschwörertätigkeit zu verniedlichen:

«... Allerdings hat Georg die Gesellschaft der Menschenrechte in Darmstadt, ich glaube, auch in Gießen, begründet. Ich selbst habe diesen Versammlungen nie beigewohnt, indem Georg nicht auch mich in diese Gefahren hineinziehen wollte, ich auch in dieser Zeit wenig zu Hause war. Die Persönlichkeiten waren Koch, Minnigerode

— die anderen Namen sind mir entfallen. In Butzbach, wo eine geheime Gesellschaft bestand und wohin ich wenige Zeit vor Georgs Flucht mich in Kondition als Apotheker begab, wurde ich als Bruder Georgs mit offenen Armen empfangen. Nachdem man mich kennen gelernt, sollte ich nun auch in den geheimen Bund aufgenommen werden; ich war mehr neugierig als erregt darüber. An einem bestimmten Abend wurde ich abgeholt, an einem Haus wurde vorsichtig Stellung genommen, beobachtet, ob man keinen Lichtschimmer an einem bestimmten Fenster sähe; darauf ging einer der ‹Verschworenen› ins Haus und kam mit der Nachricht ‹Alles in Ordnung›. Im Dunkeln ging's nun eine steile Treppe vorsichtig hinauf; es brannte im Zimmer ein dampfendes Talglicht. — Nun wurde im Flüsterton gesprochen, Bier gebracht, Pfeifen angezündet und — über Mädchen, aber in anständiger Weise, gesprochen. Als das einige Zeit gedauert hatte, gingen die Verschworenen wieder einzeln mit größter Vorsicht fort, und aus war die ganze Geschichte. Hatte ich nun früher über die verwegenen Butzbacher so viel gehört, so hatte ich wohl das Recht, etwas Besonderes zu erwarten. Ich fand gute Kameraden, derb und bieder; aber um die Welt zu verbessern, dazu konnten sie kein Material abgeben —, und von dem Augenblick an war ich von dem Wahn befreit, als wenn durch Geheimbündelei etwas Gutes zu erzielen sei. Nur als Handlanger konnten die Leute gebraucht werden.»

Die oberhessischen Verschwörer hatten am 3. Juli 1834 eine geheime Zusammenkunft auf der Ruine Badenburg an der Lahn. Hier versuchte Büchner, was er schon vor Weidig getan, noch einmal seinen Standpunkt durchzusetzen, daß es mit loser Tuchfühlung untereinander nicht getan sei, und daß nur eine straffe Organisation nach dem Muster der Franzosen Aussicht auf Erfolg haben könne. Wiederum wurde er überstimmt, wiederum war Weidig der Wortführer seiner Opponenten, diesmal unterstützt von der Marburger Gruppe. Der «rote Becker» berichtet, daß Büchner enttäuscht von der Badenburg zurückgekommen sei; die Marburger, mit denen er zum erstenmal Fühlung hatte, bezeichnete er als *«Leute, welche sich durch die Französische Revolution, wie Kinder durch ein Ammenmärchen, hätten erschrecken lassen, daß sie in jedem Dorf ein Paris mit einer Guillotine zu sehen fürchteten»*. Aber auf der Badenburg wurde noch einmal auf die Wichtigkeit der Verbreitung von Flugschriften fürs Volk hingewiesen, die Gründung einer Zeitung für Intellektuelle wurde diskutiert, und es wurde ein Beschluß gefaßt, die künftigen Flugschriften den Verhältnissen der einzelnen Bezirke anzupassen, für ihre Verbreitung habe die betreffende Bezirksgruppe zu sorgen. Der Badenburger Abmachung getreu, wurde nun versucht, den *Landboten* — die Exemplare waren Ende Juli endlich ausgedruckt (nach wochenlanger Arbeit, denn es standen ja Dilettanten an der Presse) — unters Publikum zu bringen, unter die Bauern, für die er ja geschrieben worden. An dem nicht ungefährlichen Geschäft der Verteilung beteiligten sich die Freunde Weidigs ebenso wie die Mitglieder der

Büchnerschen Organisation. Der *Landbote* trug an seinem Kopf eine für seine Empfänger bestimmte «Gebrauchsanweisung», die der alte Praktiker Weidig verfaßt hatte. Es wurde als Hochverrat geahndet, eine solche Flugschrift im Hause zu haben; wer also eines Morgens ein staatsfeindliches Papier unter seine Haustüre geschoben fand, zögerte meist nicht, es sofort der Polizei zu übergeben. Die Furcht, mit einer Flugschrift ertappt zu werden, wird begreiflich, wenn man das Schicksal bedenkt, das ihren Besitzer erwarten konnte. Darüber heißt es in den Lebenserinnerungen Carl Vogts: «Ich habe Leute gekannt, die von Haus und Hof vertrieben, aus blühenden Geschäften herausgerissen und gezwungen wurden, im Auslande mühsam ihr Brot zu verdienen, nur weil ein Späher unter ihrem Hoftore ein Paket des verhaßten Journals gefunden hatte, welches von einem Unbekannten dorthin geschoben worden war; ich habe andere gekannt, die jahrelang in der bittersten Einzelhaft gehalten wurden, wo ihnen jede Beschäftigung, selbst manueller Art, mit raffinierter Grausamkeit unmöglich gemacht wurde, und die dann aus dieser Untersuchungshaft, die absolut nichts zu Tage gebracht hatte, entlassen und ab instantia absolviert wurden, als innerlich gebrochene Menschen. Einer meiner Vettern, Gladbach, verbrachte in dieser Weise, wenn ich nicht irre, volle acht Jahre.» Büchners Enttäuschung war nicht gering, als er erfuhr, daß die meisten Exemplare des *Landboten* prompt bei der Polizei abgegeben wurden. Soviel Mühe und Gefahr umsonst angewendet!

Aber noch aus einem anderen Grund hat das Unternehmen des *Landboten* seine Wirkung nicht erreichen können: es wurde verraten. Der Denunziant saß in der Nähe Weidigs, es war einer seiner Vertrauensmänner, der Butzbacher Bürger Konrad Kuhl. Vater zahlreicher Kinder, hatte Kuhl seinen Hof heruntergewirtschaftet und befand sich dauernd in Geldnöten. Wie Judas verkaufte er seinen Herrn nicht auf einmal, sondern auf Raten, wobei seine Preise immer stiegen. Da sich seine Informationen immer als zuverlässig erwiesen (kein Wunder), wurden seine Forderungen auch erfüllt. Für den Verrat des Frankfurter Putsches hatte er die hübsche Summe von 4000 Gulden eingesteckt; sein nächstes Geschäft machte er mit dem *Landboten,* ohne daß auch der geringste Verdacht auf ihn gefallen wäre. Büchner und Weidig starben, ohne die Doppelrolle Kuhls auch nur zu ahnen, sie sollte erst 1844 bei der Veröffentlichung der gerichtlichen Protokolle offenbar werden.

Am 31. Juli machte Kuhl die Anzeige, daß Minnigerode und Genossen nach Offenbach gereist wären, um von dort Exemplare des *Landboten* abzuholen; wenige Tage später, gegen neues Geld, nannte er auch den Verfasser der von ihm als «höchst revolutionär» bezeichneten Flugschrift. Büchner war denunziert, doch sein tolldreistes Benehmen hat ihn gerettet. Sofort, als er die Nachricht von der Verhaftung Minnigerodes erfuhr — mit ihm fielen 150 Exemplare des *Landboten* in die Hände der Polizei —, machte sich Büchner auf den Weg nach Butzbach, das Weitere mit Weidig zu besprechen.

Zunächst galt es, die Freunde in Offenbach zu warnen. Büchner übernahm diese Aufgabe. Der Zufall, daß ihm Eugen Boeckel mitgeteilt hatte, sie möchten sich am nächsten Tag in Frankfurt treffen, kam ihm dabei gut zu Hilfe. Boeckels Brief gab ihm den einwandfreien Grund für seine Abreise aus Gießen zu einem so verfänglichen Zeitpunkt. Während Büchners Abwesenheit wurde sein Zimmer — bei Rentamtmann Bott, Seltersweg 46 — polizeilich durchsucht, ohne daß irgendwelche verdächtige Papiere gefunden worden wären; als verdächtig wurden nur die Briefe seiner Braut beschlagnahmt, sie waren französisch geschrieben. Nach seiner Rückkehr setzte Büchner alles auf eine Karte. Er spielte den Unschuldigen, stellte sich freiwillig dem Universitätsrichter und forderte Genugtuung für die ungesetzliche Maßnahme der Haussuchung. Vor so viel Unverfrorenheit wich die Behörde zurück. Schließlich besaß sie kein anderes Material als die Anzeige Kuhls. Minnigerode, das wußte Büchner, schwieg zuverlässig. Dem Universitätsrichter blieb für diesmal nichts anderes übrig, als Büchner mit Entschuldigungen zu entlassen und auf neue Instruktionen aus Darmstadt zu warten.

Büchner hatte in Frankfurt tatsächlich den Straßburger Freund Eugen Boeckel getroffen, vorher aber war er in Offenbach eingekehrt, die Eingeweihten von dem Unglück der Verhaftung Minnigerodes zu benachrichtigen und sie zu warnen. Von Frankfurt aus schreibt er den Eltern ein paar Zeilen, vorsichtshalber, damit sie nicht ganz unvorbereitet vor der Tatsache seiner eventuellen Verhaftung stünden. Es klingt ganz harmlos, wie er den Umstand erklärt, zufällig ohne den nötigen Paß unterwegs zu sein:

Frankfurt, den 3. August 1834
«Ich benutze jeden Vorwand, um mich von meiner Kette loszumachen. Freitag abends ging ich von Gießen weg; ich wählte die Nacht der gewaltigen Hitze wegen, und so wanderte ich in der lieblichsten Kühle unter hellem Sternenhimmel, an dessen fernstem Horizonte ein beständiges Blitzen leuchtete. Teils zu Fuß, teils fahrend mit Postillonen und sonstigem Gesindel, legte ich während der Nacht den größten Teil des Wegs zurück. Ich ruhte mehrmals unterwegs. Gegen Mittag war ich in Offenbach. Den kleinen Umweg machte ich, weil es von dieser Seite leichter ist, in die Stadt zu kommen, ohne angehalten zu werden. Die Zeit erlaubte mir nicht, mich mit den nötigen Papieren zu versehen.»

Und doch: die Reise bei Nacht, ohne Papiere und der Umweg nach dem verdächtigen Offenbach? Gerade von diesem Ort zurückkommend, wurde ja Minnigerode verhaftet. Zwei Tage später erhalten die Eltern die nächste Mitteilung. Der besorgte Sohn kommt allen Gerüchten zuvor, und die Gerüchte überstürzen sich jetzt in Darmstadt. Karl Minnigerode war der Sohn des höchsten juristischen Staatsbeamten im Großherzogtum, Sohn des Herrn Hofgerichtspräsidenten — er verhaftet! Ein gutbürgerlicher Skandal. Man kann

Karls Namen nicht nennen, ohne an des Herrn Hofmedizinalrates Büchners Söhnchen Georg zu denken, steckten die beiden doch seit je unter einer Decke!

«*Ihr könnt unbesorgt sein . . .*», heißt es in diesem Brief, einem Meisterstück diplomatischer Verstellungskunst:

Gießen, den 5. August 1834
«*Ich meine, ich hätte Euch erzählt, daß Minnigerode eine halbe Stunde vor meiner Abreise arretiert wurde; man hat ihn nach Friedberg abgeführt. Ich begreife den Grund seiner Verhaftung nicht. Unserem scharfsinnigen Universitätsrichter fiel es ein, in meiner Reise, wie es scheint, einen Zusammenhang mit der Verhaftung Minnigerodes zu finden. Als ich hier ankam, fand ich meinen Schrank versiegelt, und man sagte mir, meine Papiere seien durchsucht worden. Auf mein Verlangen wurden die Siegel sogleich abgenommen, auch gab man mir meine Papiere (nichts als Briefe von Euch und meinen Freunden) zurück; nur einige französische Briefe wurden zurückbehalten, wahrscheinlich weil die Leute sich erst einen Sprachlehrer müssen kommen lassen, um sie zu lesen. Ich bin empört über ein solches Benehmen; es wird mir übel, wenn ich meine heiligsten Geheimnisse in den Händen dieser schmutzigen Menschen denke. Und das alles — wißt Ihr auch, warum? Weil ich an dem nämlichen Tag abgereist, an dem Minnigerode verhaftet wurde. Auf einen vagen Verdacht hin verletzte man die heiligsten Rechte und verlangte dann weiter nichts, als daß ich mich über meine Reise ausweisen sollte!!! Das konnte ich natürlich mit der größten Leichtigkeit; ich habe Briefe von B[oeckel], die jedes Wort bestätigen, das ich gesprochen, und unter meinen Papieren befindet sich keine Zeile, die mich kompromittieren könnte. Ihr könnt über die Sache ganz unbesorgt sein. Ich bin auf freiem Fuß, und es ist unmöglich, daß man einen Grund zur Verhaftung finde. Nur im tiefsten bin ich über das Verfahren der Gerichte empört, auf den Verdacht eines möglichen Verdachts in die heiligsten Familiengeheimnisse einzubrechen. Man hat mich auf dem Universitätsgericht bloß gefragt, wo ich mich während der drei letzten Tage aufgehalten, und um sich darüber Aufschluß zu verschaffen, erbricht man schon am zweiten Tag in meiner Abwesenheit meinen Pult und bemächtigt sich meiner Papiere! Ich werde mit einigen Rechtskundigen sprechen und sehen, ob die Gesetze für eine solche Verletzung Genugtuung schaffen!*»

Und drei Tage später ein neues Schreiben nach Darmstadt. Diesmal ist der Ton auf Sieg gestellt. Seht, wie unschuldig ich bin, liest man da heraus.

Gießen, den 8. August 1834
«*Ich gehe meinen Beschäftigungen wie gewöhnlich nach, vernommen bin ich nicht weiter geworden. Verdächtiges hat man nicht gefunden, nur die französischen Briefe scheinen noch nicht entziffert zu*

sein; der Herr Universitätsrichter muß sich wohl erst Unterricht im Französischen nehmen. Man hat mir sie noch nicht zurückgegeben...
Übrigens habe ich mich bereits an das Disziplinargericht gewendet und es um Schutz gegen die Willkür des Universitätsrichters gebeten. Ich bin auf die Antwort begierig. Ich kann mich nicht entschließen, auf die mir gebührende Genugtuung zu verzichten. Das Verletzen meiner heiligsten Rechte und das Einbrechen in alle meine Geheimnisse, das Berühren von Papieren, die mir Heiligtümer sind, empörten mich zu tief, als daß ich nicht jedes Mittel ergreifen sollte, um mich an dem Urheber dieser Gewalttat zu rächen. Den Universitätsrichter habe ich mittelst des höflichsten Spottes fast ums Leben gebracht. Wie ich zurückkam, mein Zimmer mir verboten und meinen Pult versiegelt fand, lief ich zu ihm und sagte ihm ganz kaltblütig mit der größten Höflichkeit, in Gegenwart mehrerer Personen: wie ich vernommen, habe er in meiner Abwesenheit mein Zimmer mit seinem Besuche beehrt, ich komme, um ihn um den Grund seines gütigen Besuches zu fragen etc. — Es ist schade, daß ich nicht nach dem Mittagessen gekommen, aber auch so barst er fast und mußte diese beißende Ironie mit der größten Höflichkeit beantworten. Das Gesetz sagt, nur in Fällen sehr dringenden Verdachts, ja nur eines Verdachtes, der statt halben Beweises gelten könne, dürfe eine Haussuchung vorgenommen werden. Ihr seht, wie man das Gesetz auslegt. Verdacht, am wenigsten ein dringender, kann nicht gegen mich vorliegen, sonst müßte ich verhaftet sein; in der Zeit, wo ich hier bin, könnte ich ja jede Untersuchung durch Verabreden gleichlautender Aussagen und dergleichen unmöglich machen. Es geht hieraus hervor, daß ich durch nichts kompromittiert bin und daß die Haussuchung nur vorgenommen worden, weil ich nicht liederlich und nicht sklavisch genug aussehe, um für keinen Demagogen gehalten zu werden. Eine solche Gewalttat stillschweigend ertragen, hieße die Regierung zur Mitschuldigen machen; hieße aussprechen, daß es keine gesetzliche Garantie mehr gäbe; hieße erklären, daß das verletzte Recht keine Genugtuung mehr erhalte. Ich will unserer Regierung diese grobe Beleidigung nicht antun.

Wir wissen nichts von Minnigerode; das Gerücht mit Offenbach ist jedenfalls reine Erfindung; daß ich auch schon dagewesen, kann mich nicht mehr kompromittieren als jeden anderen Reisenden... Sollte man, so wie man ohne die gesetzlich notwendige Ursache meine Papiere durchsuchte, mich auch ohne dieselbe festnehmen, in Gottes Namen! ich kann so wenig darüber hinaus, und es ist dies so wenig meine Schuld, als wenn eine Herde Banditen mich anhielte, plünderte oder mordete. Es ist Gewalt, der man sich fügen muß, wenn man nicht stark genug ist, ihr zu widerstehen; aus der Schwäche kann einem kein Vorwurf gemacht werden.»

Die Familie durfte sich einstweilen beruhigen, Georg blieb auf freiem Fuße, vielleicht war er an der Sache Minnigerode tatsächlich nicht beteiligt? Auf jeden Fall verwendete er viel Energie darauf, von der Behörde, die ihn verdächtigt hatte, eine Genugtuung, eine Erklärung oder Entschuldigung wegen der widergesetzlichen Wohnungsdurchsuchung zu erreichen. Ende August berichtet er über den Stand dieser Dinge:

Gießen, (gegen Ende August 1834)

«*Es sind jetzt fast drei Wochen seit der Haussuchung verflossen, und man hat mir in bezug darauf noch nicht die mindeste Eröffnung gemacht. Die Vernehmung bei dem Universitätsrichter am ersten Tage kann nicht in Anschlag gebracht werden, sie steht damit in keinem gesetzlichen Zusammenhang; der Herr Georgi verlangt nur als Universitätsrichter von mir als Studenten: ich solle mich wegen meiner Reise ausweisen, während er die Haussuchung als Regierungskommissär vornahm. Ihr sehet also, wie weit man es in der gesetzlichen Anarchie gebracht hat. Ich vergaß, wenn ich nicht irre, den wichtigen Umstand anzuführen, daß die Haussuchung sogar ohne die drei, durch das Gesetz vorgeschriebenen Urkundspersonen vorgenommen wurde und so um so mehr den Charakter eines Einbruchs an sich trägt. Das Verletzen unserer Familiengeheimnisse ist ohnehin ein bedeutenderer Diebstahl als das Wegnehmen einiger Geldstücke. Das Einbrechen in meiner Abwesenheit ist ebenfalls ungesetzlich; man war nur berechtigt, meine Türe zu versiegeln, und erst dann in meiner Abwesenheit zur Haussuchung zu schreiten, wenn ich mich auf erfolgte Vorladung nicht gestellt hätte. Es sind also drei Verletzungen des Gesetzes vorgefallen: Haussuchung ohne dringenden Verdacht (ich bin, wie gesagt, noch nicht vernommen worden, und es sind drei Wochen verflossen), Haussuchung ohne Urkundspersonen und endlich Haussuchung am dritten Tage meiner Abwesenheit ohne vorher erfolgte Vorladung.*

Die Vorstellung an das Disziplinargericht war im Grund genommen überflüssig, weil der Universitätsrichter als Regierungskommissär nicht unter ihm steht. Ich tat diesen Schritt nur vorerst, um nicht mit der Türe ins Haus zu fallen; ich stellte mich unter seinen Schutz, ich überließ ihm meine Klage. Seiner Stellung gemäß mußte es meine Sache zu der seinigen machen, aber die Leute sind etwas furchtsamer Natur; ich bin überzeugt, daß sie mich an eine andere Behörde verweisen. Ich erwarte ihre Resolution ... Der Vorfall ist so einfach und liegt so klar am Tage, daß man mir entweder volle Genugtuung schaffen oder öffentlich erklären muß, das Gesetz sei aufgehoben und eine Gewalt an seine Stelle getreten, gegen die es keine Appellation als Sturmglocken und Pflastersteine gebe.»

Das Sommer-Semester ging zu Ende, Georg mußte ohnehin ins Elternhaus zurück. Dort wurde ihm eröffnet, daß er auch den Winter über zu Hause bleiben müsse. Ernst Büchner wollte sichergehen und den vermeintlichen Rebellen unter seiner Aufsicht behalten. Sollte sich der Verdacht als grundlos erweisen, wäre wenigstens Gras über die Geschichte gewachsen. Die Epoche Gießen in Büchners Leben war beendet. Ihr bleibendes Denkmal ist der *Hessische Landbote*.

Man hat dieses Dokument gedreht und gewendet, um es einmal als Vorläufer des kommunistischen Manifestes, ein andermal als eine bloße literarische Spielerei und Stil-Übung auszugeben. Nichts von beiden: der *Landbote* ist eine politische Aufklärungsschrift, auf bestimmte einmalige soziale Verhältnisse nach Maß berechnet und in ihrem Stil auf eine ganz bestimmte Leserschicht abgestimmt. Ein wundervoll geschärftes Schwert zum Dreinhauen, unter unserer an Beispielen nicht eben reichen politisch-polemischen Literatur steht sie in der ersten Reihe. Eine blitzblanke Geisteswaffe, mit dem tragischen Nachteil, daß sie zerschlagen wurde, noch ehe sie sich bewähren konnte. Eine literarische Waffe mit allen Qualitäten des Zolaschen Leitartikels «J'accuse!» geht unter, ohne daß sie Wirkung tun kann.

Ein Echo hatte Büchner nicht. Das lag nicht an der Unzulänglichkeit seiner Worte, ihre Brillanz ist unerreicht, es lag an der Unzulänglichkeit der Zeit. Das soziale Gewissen der Epoche schlief noch, ein Einzelner konnte es nicht wecken, es war ein luftleerer Raum, in welchem Büchner um sich hieb.

Büchners Traum von der Mobilisation der Masse war bald ausgeträumt, seine Hoffnung, daß aus der Unzuträglichkeit der wirtschaftlichen Not der Funke des politischen Aufbegehrens schlagen könnte, zerstob. Die Deutschen vermochten offenbar mehr an Hunger zu ertragen und mehr an Unfreiheit hinzunehmen, als er sich's vorstellen konnte.

Doch, so weit sind seine Erfahrungen noch nicht gemacht, als er mit dem Plan des *Landboten* umgeht. Noch ist er voller Zuversicht, als er den Vertrauten, den «roten Becker», an seinen Überlegungen teilhaben läßt:

«Die Versuche, welche man bis jetzt gemacht hat, um die Verhältnisse Deutschlands umzustoßen, beruhen auf einer durchaus knabenhaften Berechnung, indem man, wenn es wirklich zu einem Kampf, auf den man sich doch gefaßt machen müßte, gekommen wäre, den deutschen Regierungen und ihren zahlreichen Armeen nichts hätte entgegenstellen können als eine Handvoll undisziplinierte Liberale. Soll jemals die Revolution auf eine durchgreifende Art ausgeführt werden, so kann und darf das bloß durch die große Masse des Volkes geschehen, durch deren Überzahl und Gewicht die Soldaten gleichsam erdrückt werden müssen. Es handelt sich also darum, diese große Masse zu gewinnen, was vorderhand nur durch Flugschriften geschehen kann.

Die früheren Flugschriften, welche zu diesem Zweck etwa erschienen sind, entsprachen demselben nicht. Es war darin die Rede vom Wiener Kongreß, Preßfreiheit, Bundestagsordonnanzen u. dgl., lauter Dinge, um welche sich die Bauern nicht kümmern, solange sie noch mit ihrer materiellen Not beschäftigt sind. Denn diese Leute haben aus sehr naheliegenden Ursachen durchaus keinen Sinn für die Ehre und Freiheit ihrer Nation, keinen Begriff von den Rechten des Menschen, sie sind gegen all das gleichgültig, und in dieser Gleichgültig-

> # Der hessische Landbote.
>
> ## Erste Botschaft.
>
> Darmstadt, im Nov. 1834.
>
> **Friede den Hütten! Krieg den Palästen!**
>
> Im Jahr 1834 siehet es aus, als würde die Bibel Lügen gestraft. Es sieht aus, als hätte Gott die Bauern und Handwerker am 5ten Tage, und die Fürsten und Großen am 6ten gemacht, und als hätte der Herr zu diesen gesagt: Herrschet über alles Gethier, das auf Erden kriecht, und hätte die Bauern und Bürger zum Gewürm gezählt. Das Leben der Fürsten ist ein langer Sonntag; das Volk aber liegt vor ihnen wie Dünger auf dem Acker. Der Bauer geht hinter dem Pflug, der Beamte des Fürsten geht aber hinter dem Bauer und treibt ihn mit den Ochsen am Pflug; der Fürst nimmt das Korn und läßt dem Volke die Stoppeln. Das Leben des Bauern ist ein langer Werktag; Fremde verzehren seine Äcker vor seinen Augen, sein Leib ist eine Schwiele, sein Schweiß ist das Salz auf dem Tische des Zwingherrn.
>
> Im Großherzogthum Hessen sind 718,373 Einwohner, die geben an den Staat jährlich an 6,363,364 Gulden, als
>
> | | |
> |---|---|
> | 1) Direkte Steuern | 2,128,131 fl. |
> | 2) Indirekte Steuern | 2,478,264 „ |
> | 3) Domänen | 1,547,394 „ |
> | 4) Regalien | 46,938 „ |
> | 5) Geldstrafen | 98,511 „ |
> | 6) Verschiedene Quellen | 64,198 „ |
> | | 6,363,364 fl. |
>
> Dies Geld ist der Blutzehnte, der von dem Leib des Volks genommen wird. An 700,000 Menschen schwitzen, stöhnen und hungern dafür. Im Namen des Staates wird es erpreßt, die Presser berufen sich auf die Regierung und die Regierung sagt, das sey nöthig, die Ordnung im Staat zu erhalten. Was ist denn nun das für gewaltiges Ding: der Staat? Wohnt eine Anzahl Menschen in einem Land und es sind Verordnungen oder Gesetze vorhanden, nach denen jeder sich richten muß, so sagt man, sie bilden einen Staat. Der Staat also sind Alle; die Ordner im Staate sind die Gesetze, durch welche das Wohl Aller gesichert wird, und die aus dem Wohl Aller hervorgehen sollen. — Seht nun, was man in dem Großherzogthum aus dem Staat gemacht hat, seht was es heißt: die Ordnung im Staate erhalten! 700,000 Menschen bezahlen dafür 6 Millionen, d. h. sie werden zu Ackergäulen und Pflugstieren gemacht, damit sie in Ordnung leben. In Ordnung leben heißt hungern und geschunden werden.
>
> Wer sind denn die, welche diese Ordnung gemacht haben, und die wachen, diese Ordnung zu erhalten? Das ist die Großherzogliche Regierung. Die Regierung wird gebildet von dem Großherzog und seinen obersten Beamten. Die andern Beamten sind Männer, die von der Regierung berufen werden, um jene Ordnung in Kraft zu erhalten. Ihre Anzahl ist Legion: Staatsräthe und Regierungsräthe, Landräthe und Kreisräthe, Geistliche Räthe und Schulräthe, Finanzräthe

Titelblatt des «Hessischen Landboten», 2. Fassung

keit allein beruht ihre angebliche Treue gegen die Fürsten und ihre Teilnahmlosigkeit an dem liberalen Treiben der Zeit. Gleichwohl scheinen sie unzufrieden zu sein, und sie haben Ursache dazu, weil man den dürftigen Gewinn, welchen sie aus ihrer sauren Arbeit ziehen und der ihnen zur Verbesserung ihrer Lage so notwendig wäre, als Steuer von ihnen in Anspruch nimmt. So ist es gekommen, daß man bei aller parteiischen Vorliebe für sie doch sagen muß, daß sie eine ziemlich niederträchtige Gesinnung angenommen haben, und daß sie, es ist traurig genug, fast an keiner Seite mehr zugänglich sind als gerade am Geldsack. Dies muß man benutzen, wenn man sie aus ihrer Erniedrigung hervorziehen will; man muß ihnen zeigen und vorrechnen, daß sie einem Staate angehören, dessen Lasten sie größtenteils tragen müssen, während andere den Vorteil davon beziehen; daß man von ihrem Grundeigentum, das ihnen ohnedem so sauer wird, noch den größten Teil der Steuern erhebt, während die Kapitalisten leer ausgehen; daß die Gesetze, welche über ihr Leben und Eigentum verfügen, in den Händen des Adels, der Reichen und der Staatsdiener sich befinden usw. Dieses Mittel, die Masse des Volkes zu gewinnen, muß man benutzen, solange es noch Zeit ist. Sollte es den Fürsten einfallen, den materiellen Zustand des Volkes zu verbessern, sollten sie ihren Hofstaat, der ihnen fast ohnedem unbequem sein muß, sollten sie die kostspieligen stehenden Heere, die ihnen unter Umständen entbehrlich sein können, vermindern, sollten sie den künstlichen Organismus der Staatsmaschine, deren Unterhaltung so große Summen kostet, auf einfachere Prinzipien zurückführen, dann ist die Sache der Revolution, wenn sich der Himmel nicht erbarmt, in Deutschland auf immer verloren. Seht die Österreicher, sie sind wohlgenährt und zufrieden! Fürst Metternich, der geschickteste unter allen, hat allen revolutionären Geist, der jemals unter ihnen aufkommen könnte, für immer in ihrem eigenen Fett erstickt.»

Realpolitiker, der er ist, geht Büchner auch in der Flugschrift von Tatsachen aus. Er nimmt die Statistik des Großherzogtums zur Hand und baut auf ihren unbezweifelbaren Zahlen das Gerüst seiner Anklage auf. Aber seine Gegenrechnung haucht den dürren Zahlen Leben ein. Jetzt erst weiß der Leser, was sie bedeuten, wo nicht, hilft Büchner nach, und so gering ist kein Verstand, daß ihm diese Sprache nicht eingehen würde:

«Das Leben der Reichen ist ein langer Sonntag: sie wohnen in schönen Häusern, sie tragen zierliche Kleider, sie haben feiste Gesichter und reden eine eigne Sprache; das Volk aber liegt vor ihnen wie Dünger auf dem Acker. Der Bauer geht hinter dem Pflug, der Reiche aber geht hinter ihm und dem Pflug und treibt ihn mit den Ochsen am Pflug, er nimmt das Korn und läßt ihm die Stoppeln. Das Leben des Bauern ist ein langer Werktag; Fremde verzehren seine Äcker vor seinen Augen, sein Leib ist eine Schwiele, sein Schweiß ist das Salz auf dem Tische des Reichen.»

Braucht man dafür noch Beweise? Gut, wer zweifeln möchte, soll sich mit eigenen Augen überzeugen:

«Geht einmal nach Darmstadt und seht, wie die Herren sich für euer Geld dort lustig machen, und erzählt dann euern hungernden

Weibern und Kindern, daß ihr Brot an fremden Bäuchen herrlich angeschlagen sei, erzählt ihnen von den schönen Kleidern, die in ihrem Schweiß gefärbt, und von den zierlichen Bändern, die aus den Schwielen ihrer Hände geschnitten sind, erzählt von den stattlichen Häusern, die aus den Knochen des Volkes gebaut sind; und dann kriecht in eure rauchigen Hütten und bückt euch auf euren steinichten Äckern, damit eure Kinder auch einmal hingehen können, wenn ein Erbprinz mit einer Erbprinzessin für einen andern Erbprinzen Rat schaffen will, und durch die geöffneten Glastüren das Tischtuch sehen, wovon die Herren speisen, und die Lampen riechen, aus denen man mit dem Fett der Bauern illuminiert.»

Diese Sprache ist so deutlich und so genau zutreffend, daß sie für Zweifel überhaupt keinen Platz läßt. Diese Sprache ist klar, eindeutig und unmißverständlich, wie ein Text der Bibel, sie mußte den Bauern eingehen.

Für Büchner-Forscher, die nach Quellen fahnden, sei angemerkt, daß diese Stelle des *Landboten* eine auffallende Parallele bei Jean Paul hat. In dem Roman *Hesperus* (1795) gibt es einen Regierungsrat, der den verzweifelten Vorschlag macht, sein Leben zu opfern, um endlich Gelegenheit zu haben, das Volk aufzurütteln: «Wenn ich sterbe, so müssen sie mich auf dem Richtplatz sagen lassen, was ich will. Da will ich Flammen unter das Volk werfen, die den Thron einäschern sollen ... Sind denn die tausend aufgerissenen Augen um mich alle starblind, die Arme alle gelähmt, daß keiner den langen Blutegel sehen und wegschleudern will, der über euch alle wegkriecht, und dem der Schwanz abgeschnitten ist, damit wieder der Hofstaat und die Collegien daran saugen? Seht, ich war sonst mit dabei, und sah, wie man euch schindet, und die Herren vom Hofe haben eure Häute an. Seht einmal in die Stadt: gehören die Paläste euch, oder die Hundehütten? die langen Gärten, in denen sie zur Lust herumgehen, oder die steinigen Äcker, in denen ihr euch totbücken müsset? Ihr arbeitet wohl, aber ihr habt nichts, ihr seid nichts, ihr werdet nichts!»

Sollte Büchner, der seinen Jean Paul kannte, diese Stelle nicht im Kopf gehabt haben? Die Vermutung drängt sich um so mehr auf, als er auch den Vergleich mit dem Blutegel aufnimmt: Im *Landboten* heißt es:

«Der Fürst ist der Kopf des Blutigels, der über euch hinkriecht, die Minister sind seine Zähne und die Beamten sein Schwanz. Die hungrigen Mägen aller vornehmen Herren, denen er die hohen Stellen verteilt, sind Schröpfköpfe, die er dem Lande setzt. Das L., was unter seinen Verordnungen steht, ist das Malzeichen des Tieres, das die Götzendiener unserer Zeit anbeten. Der Fürstenmantel ist der Teppich, auf dem sich die Herren und Damen vom Adel und Hofe in ihrer Geilheit übereinanderwälzen — mit Orden und Bändern decken sie ihre Geschwüre, und mit kostbaren Gewändern bekleiden sie ihre aussätzigen Leiber. Die Töchter des Volks sind ihre Mägde und Huren, die Söhne des Volks ihre Lakaien und Soldaten.»

Büchner fährt fort, Posten für Posten den Staatsetat zu zerpflükken. Doch untergräbt er nicht nur diese Positionen, er rüttelt an ihrer Berechtigung überhaupt, indem er die Rechtmäßigkeit der Regierung bezweifelt. Er führt den Stoß gegen das Gottesgnadentum mit einem Blick auf ein Ereignis der jüngsten Vergangenheit, auf die Juli-Revolution:

«*In Deutschland und ganz Europa aber war große Freude, als der zehnte Karl vom Thron gestürzt ward, und die unterdrückten deutschen Länder rüsteten sich zum Kampf für die Freiheit. Da ratschlagten die Fürsten, wie sie dem Grimm des Volkes entgehen sollten, und die listigen unter ihnen sagten: Laßt uns einen Teil unserer Gewalt abgeben, daß wir das übrige behalten. Und sie traten vor das Volk und sprachen: Wir wollen euch die Freiheit schenken, um die ihr kämpfen wollt. Und zitternd vor Furcht warfen sie einige Brocken hin und sprachen von ihrer Gnade. Das Volk traute ihnen leider und legte sich zur Ruhe. — Und so ward Deutschland betrogen wie Frankreich.*

Denn was sind diese Verfassungen in Deutschland? Nichts als leeres Stroh, woraus die Fürsten die Körner für sich herausgeklopft haben. Was sind unsere Landtage? Nichts als langsame Fuhrwerke, die man einmal oder zweimal wohl der Raubgier der Fürsten und ihrer Minister in den Weg schieben, woraus man aber nimmermehr eine feste Burg für deutsche Freiheit bauen kann. Was sind unsere Wahlgesetze? Nichts als Verletzungen der Bürger- und Menschenrechte der meisten Deutschen. Denkt an das Wahlgesetz im Großherzogtum, wonach keiner gewählt werden kann, der nicht hochbegütert ist, wie rechtschaffen und gutgesinnt er auch sei, wohl aber der Grolmann[1]*, der euch um die zwei Millionen bestehlen wollte.*

Sehet an das von Gott gezeichnete Scheusal, den König Ludwig von Bayern, den Gotteslästerer, der redliche Männer vor seinem Bilde niederzuknien zwingt und die, welche die Wahrheit bezeugen, durch meineidige Richter zum Kerker verurteilen läßt; das Schwein, das sich in allen Lasterpfützen von Italien wälzt, den Wolf, der sich für seinen Baals-Hofstaat für immer jährlich fünf Millionen durch meineidige Landstände verwilligen läßt, und fragt dann: ‹Ist das eine Obrigkeit von Gott zum Segen verordnet?›

>   *Ha! du wärst Obrigkeit vor Gott?*
>   *Gott spendet Segen aus;*
>   *Du raubst, du schindest, kerkerst ein,*
>   *Du nicht von Gott, Tyrann!*»

Nach diesem drastischen Beispiel liegt die Schlußforderung Büchners auf der Hand:

«*Sechs Millionen bezahlt ihr im Großherzogtum einer Handvoll Leute, deren Willkür euer Leben und Eigentum überlassen ist, und*

---

[1] Abgeordneter, der für die Übernahme der Privatschulden des Erbprinzen eingetreten war.

die anderen in dem zerrissenen Deutschland gleich also. Ihr seid nichts, ihr habt nichts! Ihr seid rechtlos. Ihr müsset geben, was eure unersättlichen Presser fordern, und tragen, was sie euch aufbürden.

Hebt die Augen auf und zählt das Häuflein eurer Presser, die nur stark sind durch das Blut, das sie euch aussaugen, und durch eure Arme, die ihr ihnen willenlos leihet. Ihrer sind vielleicht 10 000 im Großherzogtum und eurer sind es 700 000, und also verhält sich die Zahl des Volkes zu seinen Pressern auch im übrigen Deutschland. Wohl drohen sie mit dem Rüstzeug und den Reisigen der Könige, aber ich sage euch: Wer das Schwert erhebt gegen das Volk, der wird durch das Schwert des Volkes umkommen. Deutschland ist jetzt ein Leichenfeld, bald wird es ein Paradies sein. Das deutsche Volk ist ein Leib, ihr seid ein Glied dieses Leibes. Es ist einerlei, wo die Scheinleiche zu zucken anfängt. Wann der Herr euch seine Zeichen gibt durch die Männer, durch welche er die Völker aus der Dienstbarkeit zur Freiheit führt, dann erhebet euch, und der ganze Leib wird mit euch aufstehen.»

DER DRAMATIKER

Dantons Tod

Es bleibt ein Winter des Mißvergnügens, den Georg Büchner unter der Aufsicht des mißtrauischen Vaters im Elternhaus zubringen muß. Die väterliche Unterweisung sollte ihm das Studium an der Hochschule ersetzen, solange wenigstens, bis die polizeilichen Verwicklungen geklärt waren und Georg nach Gießen zurückkehren könnte.

Nur einen Lichtblick gibt es in dieser Zeit, den Besuch der Braut, die sich in Begleitung einer Tante den zukünftigen Schwiegereltern präsentiert.

In einem seiner Briefe während der Krisenzeit, im März aus Gießen, hatte Georg der Verlobten geschrieben:

«*Der erste helle Augenblick seit acht Tagen. Unaufhörliches Kopfweh und Fieber, die Nacht kaum einige Stunden dürftiger Ruhe. Vor zwei Uhr komme ich in kein Bett, und dann ein beständiges Auffahren aus dem Schlaf und ein Meer von Gedanken, in denen mir die Sinne vergehen. Mein Schweigen quält Dich wie mich, doch vermochte ich nichts über mich. Liebe, liebe Seele, vergibst Du? — Eben komme ich von draußen herein. Ein einziger, forthallender Ton aus tausend Lerchenkehlen schlägt durch die brütende Sommerluft, ein schweres Gewölk wandelt über die Erde, der tiefbrausende Wind klingt wie sein melodischer Schritt. Die Frühlingsluft löste mich aus meinem Starrkrampf. Ich erschrak vor mir selbst. Das Gefühl des Gestorbenseins war immer über mir. Alle Menschen machten mir das hippokratische Gesicht, die Augen verglast, die Wangen wie von Wachs, und wenn dann die ganze Maschinerie zu leiern anfing, die Gelenke zuckten, die Stimme herausknarrte und ich das ewige Orgellied herumtrillern hörte und die Wälzchen und Stiftchen im Orgelkasten hüpfen und drehen sah — ich verfluchte das Konzert, den Kasten, die Melodie und — ach, wir armen schreienden Musikanten! das Stöhnen auf unsrer Folter, wäre es nur da, damit es durch die Wolkenritzen dringend und weiter, weiter klingend wie ein melodischer Hauch in himmlischen Ohren stirbt? Wären wir das Opfer im glühenden Bauch des Perrillusstiers, dessen Todesschrei wie das Aufjauchzen des in den Flammen sich aufzehrenden Gottstiers klingt? Ich lästre nicht. Aber die Menschen lästern. Und doch bin ich gestraft, ich fürchte mich vor meiner Stimme und — vor meinem Spiegel. Ich hätte Herrn Callot-Hoffmann sitzen können, nicht wahr, meine Liebe? Für das Modellieren hätte ich Reisegeld bekommen. Ich spüre, ich fange an, interessant zu werden. — Die Ferien fangen morgen in vierzehn Tagen an; verweigert man die Erlaubnis, so gehe ich heimlich, ich bin mir selbst schuldig, einem unerträglichen Zustand ein Ende zu machen. Meine geistigen Kräfte sind gänzlich zerrüttet. Arbeiten ist mir unmöglich; ein dumpfes Brüten hat sich meiner bemeistert, in dem mir kaum ein Gedanke noch hell wird. Alles ver-*

Darmstadt: Das Haus, in dem Büchner «Dantons Tod» schrieb. Es lag in der Grafenstraße und wurde am 12. September 1944 von Bomben zerstört.

zehrt sich in mir selbst; hätte ich einen Weg für mein Inneres —, aber ich habe keinen Schrei für den Schmerz, kein Jauchzen für die Freude, keine Harmonie für die Seligkeit. Dies Stummsein ist meine Verdammnis. Ich habe Dir's schon tausendmal gesagt: Lies meine Briefe nicht — kalte, träge Worte! Könnte ich nur über Dich einen vollen Ton ausgießen — so schleppe ich Dich in meine wüsten Irrgänge. Du sitzest jetzt im dunkeln Zimmer in Deinen Tränen, allein bald trete ich zu Dir. Seit vierzehn Tagen steht Dein Bild beständig vor mir, ich sehe Dich in jedem Traum. Dein Schatten schwebt immer vor mir, wie das Lichtzittern, wenn man in die Sonne gesehen. Ich lechze nach einer seligen Empfindung; die wird mir bald, bald, bei Dir.»

Auch Minna Jaegle litt unter den Qualen der Trennung, auch sie war krank geworden. Geängstigt über die Maßlosigkeiten dieses Briefes, doch voll Hoffnung, daß Georgs für die Osterferien in Aussicht gestellter Besuch die Wogen seiner Erregung glätten werde, schlägt sie ihm als nächstes «Heilmittel» vor, die stille Verlobung öffentlich zu machen, ihre und seine Familie davon zu unterrichten. Georg antwortet:

Ich wäre untröstlich, mein armes Kind, wüßte ich nicht, was Dich heilte. Ich schreibe jetzt täglich, schon gestern hatte ich einen Brief angefangen. Fast hätte ich Lust, statt nach Darmstadt gleich nach Straßburg zu gehen. Nimmt Dein Unwohlsein eine ernste Wendung — ich bin dann im Augenblick da. Doch was sollen dergleichen Gedanken? Sie sind mir Unbegreiflichkeiten. — Mein Gesicht ist wie ein Osterei, über das die Freude rote Flecken laufen läßt. Doch ich schreibe abscheulich; es greift Deine Augen an, das vermehrt das Fieber. Aber nein, ich glaube nichts, es sind nur die Nachwehen des alten nagenden Schmerzes; die linde Frühlingsluft küßt alte Leute und hektische tot; Dein Schmerz ist alt und abgezehrt, er stirbt, das ist alles, und Du meinst, Dein Leben ginge mit. Siehst Du denn nicht den neuen lichten Tag? Hörst Du meine Tritte nicht, die sich wieder rückwärts zu Dir wenden? Sieh, ich schicke Dir Küsse, Schneeglöckchen, Schlüsselblumen, Veilchen, der Erde erste schüchterne Blicke ins flammende Auge des Sonnenjünglings. Den halben Tag sitze ich eingeschlossen mit Deinem Bild und spreche mit Dir. Gestern morgen versprach ich Dir Blumen; da sind sie. Was gibst Du mir dafür? Wie gefällt Dir mein Bedlam¹? Will ich etwas Ernstes tun, so komme ich mir vor wie Larifari in der Komödie: will er das Schwert ziehen, so ist's ein Hasenschwanz . . .

Ich wollte, ich hätte geschwiegen. Es überfällt mich eine unsägliche Angst. Du schreibst gleich; doch um 's Himmels willen nicht, wenn es Dich Anstrengung kostet. Du sprachst mir von einem Heilmittel; lieb Herz, schon lange schwebte es mir auf der Zunge, ich liebte aber so unser stilles Geheimnis —. Doch sage Deinem Vater alles —, doch zwei Bedingungen: Schweigen, selbst bei den nächsten Verwandten; ich mag nicht hinter jedem Kusse die Kochtöpfe rasseln hören und bei den verschiedenen Tanten das Familienvatersgesicht ziehen. Dann: nicht eher an meine Eltern zu schreiben, als bis ich selbst geschrieben. Ich überlasse Dir alles, tue, was Dich beruhigen kann. Was kann ich sagen, als daß ich Dich liebe; was versprechen, als was in dem Worte Liebe schon liegt, Treue? Aber die sogenannte Versorgung? Student noch zwei Jahre; die gewisse Aussicht auf ein stürmisches Leben, vielleicht bald auf fremdem Boden!»

Zu Ostern war dann Georg tatsächlich nach Straßburg gereist, ein Besuch, der nur zu motivieren war, wenn er sich dort als Bräutigam vorstellte. Und jetzt, im Herbst, zu seinem 21. Geburtstag, machte Wilhelmine den Gegenbesuch als Braut. Man verbringt diese Feier nicht in der rosigsten Stimmung; die Unruhe, die der verlorene Sohn in die Familie gebracht, liegt zu spürbar auf allen Gemütern. Die

---

1 Bedlam = Londoner Irrenhaus; eine Anspielung auf den krausen Inhalt des Briefes?

Zustimmung der Eltern zur Wahl der Braut — Minna gewinnt bald ihr Zutrauen — vermag wenig daran zu ändern.

Und Georg spielt nicht einmal die Rolle des reuig Zurückgekehrten! Noch immer davon überzeugt, daß die Verhaftung Minnigerodes nur auf einem Zufall beruhen könne, hält er sich für sicher und setzt seinen Hochverrat fort. Die Tätigkeit der Darmstädter Sektion der Gesellschaft der Menschenrechte — er hatte sie im April, kurz vor seinem zweiten Aufbruch nach Gießen, ins Leben gerufen — war während seiner Abwesenheit eingeschlafen. Jetzt aktivierte er sie, warb neue Mitglieder, hielt zwei- oder dreimal die Woche die heimlichen nächtlichen Versammlungen ab. Man erinnere sich an das, was Adam Koch, der Bäckergehilfe, vor Gericht über die Rolle Büchners ausgesagt hat, um die Spannung zu begreifen, die im Elternhaus herrschen mußte: konnte dieses Versteckspielen während des Tags, und dieses Ausbleiben während der Nacht, konnten diese merkwürdigen Bekanntschaften unbemerkt bleiben?

Das Neue Jahr ist angebrochen, 1835. Mitte Januar erhält Georg eine Vorladung vor das Kriminalgericht Offenbach. Das bedeutet nichts Gutes. Der Vater sieht sich in seinem Mißtrauen bestärkt, er hält es auch noch aufrecht, als Georg unbehelligt zurückkommt. Man hatte ihn als Zeuge in Sachen des geflohenen Gießener Burschenschafters Jakob Friedrich Schütz vernommen. Schütz war Mitglied der «Gesellschaft der Menschenrechte», und nur dank der rechtzeitigen Warnung Büchners hatte er die Flucht ergreifen können. Aber der Zeuge Büchner hütete sich, davon etwas verlauten zu lassen. Noch war die Erregung über die Vorladung nach Offenbach nicht abgeklungen, als vierzehn Tage später eine neue ins Haus flatterte: diesmal beorderte sie ihn nach Friedberg. Obwohl Georg auch von dort mit der befreienden Nachricht nach Hause kehren konnte, daß man ihn wiederum nur als Zeugen vernommen hatte, erleichterte das seine Lage nicht. Die schlimmsten Ahnungen des Vaters schienen sich zu bestätigen. Zog sich die Schlinge über dem Halse Georgs nicht täglich enger zu? Er war sich darüber im klaren: Georgi, der Universitätsrichter, blieb ihm auf der Fährte, die Polizei beobachtete ihn.

In diese Wochen der Verhöre vor den Untersuchungsrichtern fällt die Niederschrift seines Stückes *Dantons Tod*, «die Polizeidiener von Darmstadt waren seine Musen».

Georg Büchner ist an diesem Stück zum Dichter geworden, die Musen umstanden seinen Schreibtisch, der oft genug der Seziertisch war — trat der Vater hinzu, wurden die Manuskriptbogen rasch mit den großen Tafeln aus Webers anatomischem Lehrwerk zugedeckt. Diese Heimlichkeit im Hause, diese Verschwörer-Versammlungen, diese Ungewißheit über das Gefängnis-Schicksal der Gießener Gefährten, dieses Gefühl in einer Falle zu sitzen, die jederzeit zuschnappen kann: — wer Dichtung aus Erlebnis erklären wollte, hier fände er Gelegenheit, Erlebnis die Fülle. Doch haben nicht Tausende Erlebnisse ähnlich drängender Art gehabt und sie verschlafen, vertrunken, vergessen, wenn's hoch kommt, auch niedergeschrieben, ohne daß einer von ihnen zum Dichter geworden wäre? Auch Büchners bisherige innere Entwicklung verhieß den Dichter nicht. Die paar Jugendverse? Nein, sie zählen nicht. *Der hessische Landbote?* Nein, das war polemisches Geschick, politische Überredungskunst eines Mitleidenden an Unterdrückung und Unfreiheit, angefeuert von einem beteiligten Herzen, Dichtung nicht.

Es ist die Gießener Krisis, die den Keim zum Dichter gelegt hat. Dort, wir erinnern uns, fühlte Büchner die kühle Distanz, die er in Straßburg von den kleinlichen Ereignissen einer kleinlichen deutschen Politik gewonnen hat, Tag für Tag dahinschwinden. Als Gegenmittel verschrieb er sich dem Studium der Geschichte, was ihm gleichbedeutend war mit dem Studium der Geschichte der menschlichen Freiheit, mit dem Studium der französischen Revolution. Und dabei hat ihn, wie ein Blitzschlag, eine Erkenntnis getroffen, die ihn verwandelte. Mehrere Tage lang wandelte er wie benommen umher, es war ihm unmöglich, sich mitzuteilen, so nahe ging ihm die Offenbarung, so schwer, so wuchtig traf sie ihn. Sogar die Braut, die, voller Unruhe, auf Nachrichten wartete, mußte sich gedulden, mußte zurücktreten. Aber dann ist sie die erste, die den Grund der Aufwühlung seiner Seele erfährt:

«*Und ich ließ Dich warten! Schon seit einigen Tagen nehme ich jeden Augenblick die Feder in die Hand, aber es war mir unmöglich, nur ein Wort zu schreiben. Ich studierte die Geschichte der Revolution. Ich fühle mich wie zernichtet unter dem gräßlichen Fatalismus der Geschichte. Ich finde in der Menschennatur eine entsetzliche Gleichheit, in den menschlichen Verhältnissen eine unabwendbare Gewalt, allen und keinem verliehen. Der einzelne nur Schaum auf der Welle, die Größe ein bloßer Zufall, die Herrschaft des Genies ein Puppenspiel, ein lächerliches Ringen gegen ein ehernes Gesetz, es zu erkennen das Höchste, es zu beherrschen unmöglich. Es fällt mir nicht mehr ein, vor den Paradegäulen und Eckstehern der Geschichte mich zu bücken. Ich gewöhnte mein Auge ans Blut. Aber ich bin kein Guillotinenmesser. Das Muß ist eins von den Verdammungsworten, womit der Mensch getauft worden. Der Ausspruch: es muß ja Ärgernis kommen, aber wehe dem, durch den es kommt — ist schauderhaft. Was ist das, was in uns lügt, mordet, stiehlt? Ich mag dem Gedanken nicht weiter nachgehen. Könnte ich aber dies kalte und gemarterte Herz an Deine Brust legen!*»

Büchner nennt die Frucht seiner neuen Erkenntnis: «*Fatalismus der Geschichte*». War er ausgezogen, am großen Vorbild Trost zu finden, gar Erhebung, Stärkung, Mut, so «*zernichtete*» ihn jetzt die nähere Bekanntschaft. Und was die heldischen Vorbilder betrifft, die er zu finden hoffte, so kam ihm nur die erbärmlichste Unzulänglichkeit unter die Augen. Die Begeisterung der Darmstädter Gymnasiums-Reden erhielt ihren tödlichen Stoß. Die Helden? «*Paradegäule und Eckensteher der Weltgeschichte*», und es fällt ihm nicht mehr ein, sich vor ihnen zu bücken.

Dieser Brief, nicht näher datiert, aber mit dem Einleitungssatz:

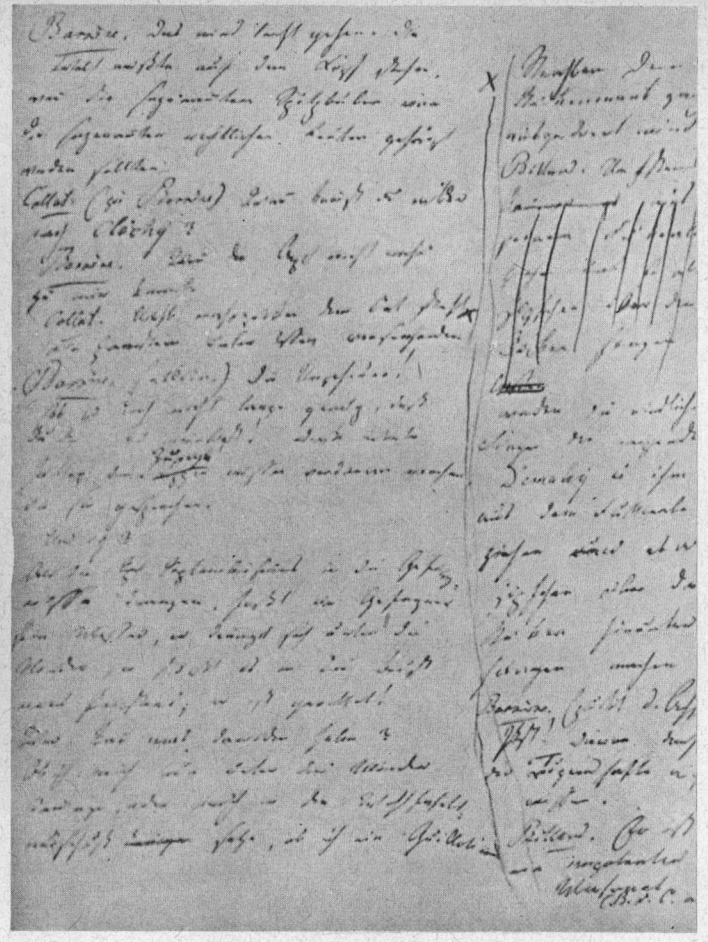

Eine Seite des «Danton»-Manuskriptes

«*Bei uns ist Frühling*» doch unmißverständlich festgelegt, gibt den Schlüssel für das ganze spätere Verhalten Büchners.

In seiner Überzeugung vom «*Fatalismus der Geschichte*» liegt die Absage an den Idealismus, an Schiller, an den Glauben an Helden und Heldenverehrung. Aus dieser Absage folgt das künstlerische Glaubensbekenntnis zum Realismus. (Das Wort dafür ist noch nicht erfunden, doch das Programm dafür wird Büchner noch entwerfen, es steht in der Novelle *Lenz*.)

Folgt Büchner der neugewonnenen Einsicht, dann dient auch er persönlich, nur als ein Werkzeug, und es ist ganz vergeblich, sich dem Willen, der in ihm durchbricht, zu widersetzen. «*Das Muß ist eins von den Verdammungsworten, womit der Mensch getauft worden...*» Diesem «*Muß*» unterzieht er sich jetzt mit aller Konsequenz, es wird zur Grundlage seines neuen Lebensgefühls. Dieses «*Muß*» macht begreiflich, daß er sich in die Verschwörer-Politik stürzt, den *Landboten* schreibt, geheime Gesellschaften gründet, Leben und Zukunft aufs Spiel setzt.

«*Der Fatalismus der Geschichte*» macht ihn auch zum Dichter. Das neue persönliche Lebensgefühl, geschenkt von der neuen Erkenntnis, steigert sich zu einem Hochgefühl des Daseins. Büchner fühlt sich zum ersten Male Herr und Meister seines Lebens. Er hat sich dem Fatalismus geweiht, und, wie zum Dank für seine rücksichtslose Hingabe, empfindet er eine neue Wollust — die des bewußten Daseins, und zum ersten Male auch genießt er die Wonnen der geistigen Schöpferlust. Dem «*Muß*» hingegeben, hörte er Stimmen in seinem Innern, die nach Befreiung im Wort riefen, nach der Verkündigung des Gesetzes, das er unter Schmerzen erfahren, und zu dem er sich freudig bekannt. Das Gesetz, wonach er angetreten...

Der Revolutionär tut das Naheliegende und schreibt ein Revolutionsstück. Aber er gebraucht den Stoff nicht zu seiner oder zu ihrer Verherrlichung, sondern weil er ihm gerade recht kommt, weil er mit ihm am sinnfälligsten das Verhängnis der Geschichte vorweisen kann, ihren «*Fatalismus*». So wählt er unter allen großen Gestalten der Revolution wohl die einzige, die sich mit Sicherheit nicht zu einem Helden eignet — Georges Danton. An dessen Beispiel zeichnet er seinen eigenen, inneren Entwicklungsgang, die Gießener Krisis, nach. Aus diesem inneren Grunde ist *Dantons Tod* autobiographisch, nicht aus dem äußerlichen des Verfolgten-Schicksals, der nur rührend ist.

Als das Stück einsetzt, weiß auch Georges Danton um den Fatalismus der Geschichte, und dies Wissen macht ihn zu müde, um zu handeln. Alles, was in Zukunft geschieht, läßt er mit sich geschehen, anstatt tatkräftig in die Speichen des Rades einzugreifen, das er auf sich zurasen sieht...

Die Revolution auf dem Punkte, ihre eigenen Kinder zu verschlingen, hat nach der Beseitigung der Girondisten frischen Appetit bekommen. Robespierre weckt ihn, indem er der von Danton geführten Gruppe der «Gemäßigten» zweierlei vorwirft: zu große Mäßigung und zu große Unsittlichkeit. Danton weiß, was es heißt, Robespierre zum Gegner zu haben; indes darf er auf Verdienste pochen, die zu groß sind, als daß sie nicht jede spätere Versäumnis, jede spätere Schuld aufwiegen würden: Danton hat das Vaterland gerettet.

Im September 1792, der König saß in den Tuilerien gefangen, die Republik war eben ausgerufen, gelang es den dem König zu Hilfe kommenden verbündeten Österreichern und Preußen, die Festung Verdun einzunehmen. Ihrem weiteren Vormarsch nach Paris schien

*Georges-Jacques Danton (1759—1794).
Lithographie von Bormann*

nichts mehr im Wege zu stehen, die Revolution schien besiegt, überwunden, eine übermütige Episode der Pöbelherrschaft. Goethe, dessen Landesherr Karl August preußischer General war, nahm an dem als Strafexpedition gedachten Feldzug teil (*Kampagne in Frankreich*), und auch er, so gut unterrichtet, war von dem bevorstehenden Einmarsch in Paris so fest überzeugt, daß er seiner Hausfreundin Christiane schon allerlei Mitbringsel aus der modischen Hauptstadt der Welt brieflich versprochen hatte.

Nichts mehr stand den Verbündeten im Wege, nichts, als der Wille eines einzigen Mannes, Dantons.

Danton in Paris predigte Mut, Mut und noch einmal Mut. Um generell abzuschrecken, nicht um individuell zu strafen, ließ er Hunderte von Adligen hinrichten, jeden, dessen Benehmen auch nur den Verdacht eines Verdachtes streifte, daß er mit den einmarschierenden Feinden sympathisieren könnte. Danton hämmerte den Franzosen ein, daß sie gewinnen müßten, weil sie moralisch im Rechte seien und die Verbündeten im Unrecht, daß sie für die Zukunft kämpften und die Verbündeten für die Vergangenheit.

Und das Blatt wendete sich. Dantons erster Erfolg hieß Valmy. Ein kleines, unbedeutendes Gefecht an einer strategisch unwichtigen Mühle. Hier aber wurden die Verbündeten zum erstenmal zurückgedrängt, hier schlug die neue Idee der Volksfreiheit zum ersten Male die alte des Gottesgnadentums. Goethes berühmte Worte: «Von hier und heute geht eine neue Epoche der Weltgeschichte aus . . .» sollte sich bewahrheiten. Die Verbündeten gaben Valmy, dann Verdun, dann Frankreich, schließlich den König und endlich die Monarchie auf. Daß die Revolution siegte, war das Werk Dantons. Er also hatte genug getan, um der Dankbarkeit Frankreichs sicher zu sein. Danton und seine Freunde strebten jetzt, nachdem sich das Blutvergießen des Septembers so glänzend gerechtfertigt hatte, Versöhnung an, innerpolitischen Frieden durch Mäßigung ihrer Forderungen. Darüber geht ihr Gespräch zu Beginn des Stückes:

Am 10. August 1792 er- Schweizergarde nieder. Das Die treibende Kraft des Um-

PHILIPPEAU: *. . . Wie lange sollen wir noch schmutzig und blutig sein wie neugeborene Kinder, Särge zur Wiege haben und mit Köpfen spielen? Wir müssen vorwärts: der Gnadenausschuß muß durchgesetzt, die ausgestoßenen Deputierten müssen wieder aufgenommen werden!*

HÉRAULT: *Die Revolution ist in das Stadium der Reorganisation gelangt. — Die Revolution muß aufhören, und die Republik muß anfangen. — In unsern Staatsgrundsätzen muß das Recht an die Stelle der Pflicht, das Wohlbefinden an die der Tugend und die Notwehr an die der Strafe treten. Jeder muß sich geltend machen und seine Natur durchsetzen können. Er mag nun vernünftig oder unvernünftig, gebildet oder ungebildet, gut oder böse sein, das geht den Staat nichts an. Wir alle sind Narren, es hat keiner das Recht, einem andern seine eigentümliche Narrheit aufzudringen. — Jeder muß in seiner Art genießen können, jedoch so, daß keiner*

stürmte das Volk aus den Pariser Vorstädten die Tuilerien und machte die
Königtum wurde suspendiert, der König mit Familie gefangengesetzt.
sturzes war Danton.

auf Unkosten eines andern genießen oder ihn in seinem eigentümlichen Genuß stören darf.

CAMILLE: Die Staatsform muß ein durchsichtiges Gewand sein, das sich dicht an den Leib des Volkes schmiegt. Jedes Schwellen der Adern, jedes Spannen der Muskeln, jedes Zucken der Sehnen muß sich darin abdrücken. Die Gestalt mag nun schön oder häßlich sein, sie hat einmal das Recht, zu sein, wie sie ist; wir sind nicht berechtigt, ihr ein Röcklein nach Belieben zuzuschneiden. — Wir werden den Leuten, welche über die nackten Schultern der allerliebsten Sünderin Frankreich den Nonnenschleier werfen wollen, auf die Finger schlagen. — Wir wollen nackte Götter, Bacchantinnen, olympische Spiele, und von melodischen Lippen: ach, die gliederlösende, böse Liebe! — Wir wollen den Römern nicht verwehren, sich in die Ecke zu setzen und Rüben zu kochen, aber sie sollen uns keine Gladiatorspiele mehr geben wollen. — Der göttliche Epikur und die Venus mit dem schönen Hintern müssen statt der Heiligen Marat und Chalier die Türsteher der Republik werden. — Danton, du wirst den Angriff im Konvent machen!

Maximilien de Robespierre
(1758—1794)

Gaukeleien einer schöneren Zukunft. Danton hört die Freunde sich ereifern, jedoch anstatt sie anzufeuern, wie damals im September: «Mut, Mut und noch einmal Mut», glaubt er nicht mehr an die schönere Zukunft, weil er nicht mehr an sich selber glauben kann. Schlimmer ist, daß er im Ablauf der Revolution ein Gesetz erkannt hat — den Fatalismus —, das auf menschlichen Willen oder Unwillen keine Rücksicht nimmt. Davon durchdrungen, prophezeit Danton den Freunden: *«Die Statue der Freiheit ist noch nicht gegossen, der Ofen glüht, wir alle können uns noch die Finger dabei verbrennen.»*

Bilder einer schöneren Zukunft. Danton weiß, sie sind ohne Robespierre entworfen, ohne die Zustimmung des großen Unbestechlichen, des Fanatikers der Theorie, des Radikalen. Nicht gerade arglos, doch noch ganz auf das Gewicht seiner Verdienste, auf den Ruhm seines Namens bauend, geht Danton in die Unterredung mit seinem Gegenspieler:

Camille Desmoulins (1760—1794)

ROBESPIERRE: *Ich sage dir, wer mir in den Arm fällt, wenn ich das Schwert ziehe, ist mein Feind — seine Absicht tut nichts zur Sache; wer mich verhindert, mich zu verteidigen, tötet mich so gut, als wenn er mich angriffe.*

DANTON: *Wo die Notwehr aufhört, fängt der Mord an; ich sehe keinen Grund, der uns länger zum Töten zwänge.*

ROBESPIERRE: *Die soziale Revolution ist noch nicht fertig; wer eine Revolution zur Hälfte vollendet, gräbt sich selbst sein Grab. Die gute Gesellschaft ist noch nicht tot, die gesunde Volkskraft muß sich an die Stelle dieser nach allen Richtungen abgekitzelten Klasse setzen. Das Laster muß bestraft werden, die Tugend muß durch den Schrecken herrschen.*

DANTON: *Ich verstehe das Wort Strafe nicht. — Mit deiner Tugend, Robespierre! Du hast kein Geld genommen, du hast keine Schulden gemacht, du hast bei keinem Weibe geschlafen, du hast immer einen*

anständigen Rock getragen und dich nie betrunken. Robespierre, du bist empörend rechtschaffen. Ich würde mich schämen, dreißig Jahre lang mit der nämlichen Moralphysiognomie zwischen Himmel und Erde herumzulaufen bloß um des elenden Vergnügens willen, andre schlechter zu finden als mich. — Ist denn nichts in dir, was dir nicht manchmal ganz leise, heimlich sagte: du lügst, du lügst!?
ROBESPIERRE: *Mein Gewissen ist rein.*
DANTON: *Das Gewissen ist ein Spiegel, vor dem ein Affe sich quält; jeder putzt sich, wie er kann, und geht auf seine eigne Art auf seinen Spaß dabei aus. Das ist der Mühe wert, sich darüber in den Haaren zu liegen! Jeder mag sich wehren, wenn ein andrer ihm den Spaß verdirbt. Hast du das Recht, aus der Guillotine einen Waschzuber für die unreine Wäsche anderer Leute und aus ihren abgeschlagenen Köpfen Fleckkugeln für ihre schmutzigen Kleider zu machen, weil du immer einen sauber gebürsteten Rock trägst? Ja, du kannst dich wehren, wenn sie dir drauf spucken oder Löcher hineinreißen; aber was geht es dich an, solang sie dich in Ruhe lassen? Wenn sie sich nicht genieren, so herumzugehen, hast du deswegen das Recht, sie ins Grabloch zu sperren? Bist du der Polizeisoldat des Himmels? Und kannst du es nicht ebensogut mitansehn als dein lieber Herrgott, so halte dir dein Schnupftuch vor die Augen.*
ROBESPIERRE: *Du leugnest die Tugend?*
DANTON: *Und das Laster. Es gibt nur Epikureer, und zwar grobe und feine, Christus war der feinste; das ist der einzige Unterschied, den ich zwischen den Menschen herausbringen kann. Jeder handelt seiner Natur gemäß, d. h. er tut, was ihm wohltut. — Nicht wahr, Unbestechlicher, es ist grausam, dir die Absätze so von den Schuhen zu treten?*
ROBESPIERRE: *Danton, das Laster ist zu gewissen Zeiten Hochverrat.*
DANTON: *Du darfst es nicht proskribieren, ums Himmels willen nicht, das wäre undankbar; du bist ihm zu viel schuldig, durch den Kontrast nämlich. — Übrigens, um bei deinen Begriffen zu bleiben, unsere Streiche müssen der Republik nützlich sein, man darf die Unschuldigen nicht mit den Schuldigen treffen.*
ROBESPIERRE: *Wer sagt dir denn, daß ein Unschuldiger getroffen worden sei?*

Nach diesem Gespräch weiß Danton, daß er verloren ist. Auch jetzt stemmt er sich nicht dem Schicksal entgegen, er handelt nicht, wehrt sich nicht einmal. Er läßt Robespierre Zeit. Dieser bearbeitet die Volksmeinung gegen den Nationalhelden Danton, und sein Helfershelfer Saint-Just sammelt eifrig Material, die Anklage zu begründen, den Schauprozeß, den man Danton machen wird, zu untermauern.

Die «*Polizeisoldaten des Himmels*» sind am Werk. Die Revolution ist in ihre scheinheiligste Phase getreten, Robespierre mordet im Namen der Tugend. Für Danton/Büchner — hier identifiziert sich der

Revolutionsausschuß in den Jahren 1793—1794

Verfasser mit seinem Geschöpf — ist nichts absurder als der Versuch, den Begriff «Moral» in die Politik einzuführen. Für Danton, den Mann, an dessen Händen das Blut der Septembermorde klebt, braucht dies nicht näher erklärt zu werden. Aber für Büchner? Führt doch dieser Student persönlich das tadelfreieste Leben, er ist der letzte, der leichtfertige Liebschaften hat, wie kommt er dazu, den Einfluß von Tugend und Moral auf den Ablauf der Geschichte zu leugnen? Die Antwort auch auf diese Frage steht in dem Gießener Brief an die Braut: «... was ist das, das in uns lügt, mordet, stiehlt?» Es ist Büchners Überzeugung, daß nicht das Individuum unmoralisch handelt, lügt, mordet, stiehlt, sondern eine Kraft, die außerhalb der Gewalt eines jeden Menschen liegt. Nicht nur die Geschichte, auch der Mensch ist dem «Fatalismus» ausgeliefert. Da bleibt kein Platz für Heroismus, für heldische Selbstgestaltung des Schicksals. Von diesem blinden Verhängnis sieht Büchner alle Menschen ereilt. Keiner kann wider seine Natur. Selbst Christus macht die Ausnahme nicht, er gilt Büchner nur als «*der feinste unter allen Epikureern*».

Und Danton wiederholt beinahe wortwörtlich die Stelle aus dem Gießener Brief Büchners: «... *Wer will der Hand fluchen, auf die der Fluch des Muß gefallen? Wer hat das Muß gesprochen, wer? Was ist das, was in uns hurt, lügt, stiehlt und mordet? Puppen sind wir, von unbekannten Gewalten am Draht gezogen; nichts, nichts, wir selbst ...*»

Um diese seine Meinung noch einmal zu bekräftigen, erfindet der Dramatiker Büchner, so sorgfältig er sich im übrigen an die Quellen

Antoine Quentin Fouquier-Tinville (1747–1795), öffentlicher Ankläger beim Revolutionstribunal

hält, eigens die Szene der Begegnung Dantons mit der Grisette Marion, wobei «Grisette» eine zarte Umschreibung des eigentlichen Gewerbes des Mädchens ist. Marion füllt die Schäferstunde mit der Erzählung ihrer Geschichte aus: «*Meine Natur war einmal so, wer kann darüber hinaus?*» Zum ersten Mal in der deutschen Literatur wird der Dirne vorurteilslos begegnet, wird ihre moralische Ächtung zurückgenommen, wird sie als ein Glied in der unendlichen Kette derer betrachtet, die nicht «wider ihre Natur» können:

MARION: *Nein, laß mich! So zu deinen Füßen. Ich will dir erzählen.*
DANTON: *Du könntest deine Lippen besser gebrauchen.*
MARION: *Nein, laß mich einmal so. — Meine Mutter war eine klu-*

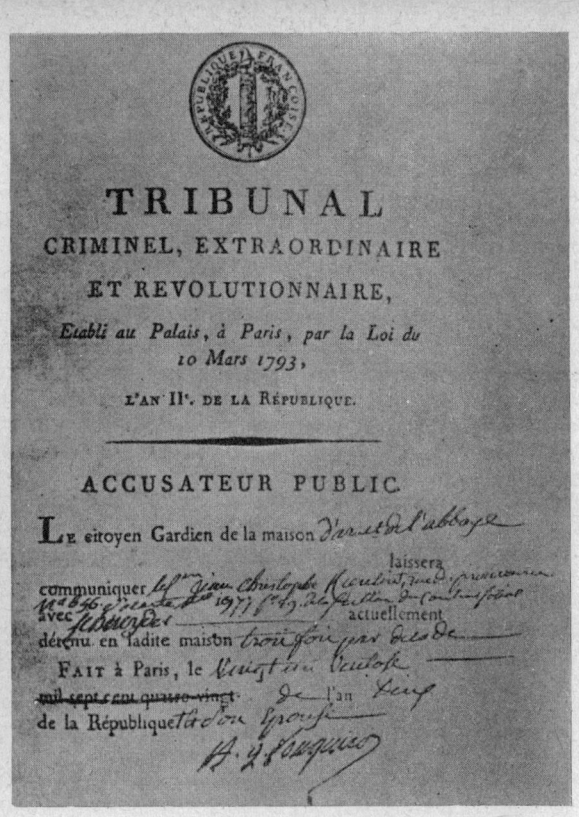

Von Fouquier-Tinville unterzeichnete Order

ge Frau; sie sagte mir immer, die Keuschheit sei eine schöne Tugend. Wenn Leute ins Haus kamen und von manchen Dingen zu sprechen anfingen, hieß sie mich aus dem Zimmer gehn: frug ich, was die Leute gewollt hätten, so sagte sie mir, ich solle mich schämen; gab sie mir ein Buch zu lesen, so mußte ich fast immer einige Seiten überschlagen. Aber die Bibel las ich nach Belieben, da war alles heilig; aber es war etwas darin, was ich nicht begriff. Ich mochte auch niemand fragen, ich brütete über mir selbst. Da kam der Frühling; es ging überall etwas um mich vor, woran ich keinen Teil hatte. Ich geriet in eine eigne Atmosphäre, sie erstickte mich fast. Ich betrachtete meine Glieder; es war mir manchmal, als wäre ich doppelt und verschmölze dann wieder in eins. Ein junger Mensch kam zu der Zeit ins Haus; er war hübsch und sprach oft tolles Zeug; ich wußte nicht recht, was er wollte, aber ich mußte *lachen. Meine Mutter hieß ihn öfters kommen, das war uns beiden recht. Endlich sahen wir nicht ein, warum wir nicht ebensogut zwischen zwei Bettüchern beieinander liegen, als auf zwei Stühlen nebeneinander sitzen durften. Ich fand dabei mehr Vergnügen als bei seiner Unterhaltung und sah nicht ab, warum man mir das geringere gewähren und das größere entziehen wollte. Wir taten's heimlich. Das ging so fort. Aber ich wurde wie ein Meer, was alles verschlang und sich tiefer und tiefer wühlte. Es war für mich nur ein Gegensatz da, alle Männer verschmolzen in einen Leib. Meine Natur war einmal so, wer kann da drüber hinaus? Endlich merkt' er's. Er kam eines Morgens und küßte mich, als wollte er mich ersticken; seine Arme schnürten sich um meinen Hals, ich war in unsäglicher Angst. Da ließ er mich los und lachte und sagte: er hätte fast einen dummen Streich gemacht; ich solle mein Kleid nur behalten und es brauchen, es würde sich schon von selbst abtragen, er wolle mir den Spaß nicht vor der Zeit verderben, es wäre doch das einzige, was ich hätte. Dann ging er; ich wußte wieder nicht, was er wollte. Den Abend saß ich am Fenster; ich bin sehr reizbar und hänge mit allem um mich nur durch eine Empfindung zusammen; ich versank in die Wellen der Abendröte. Da kam ein Haufe die Straße herab, die Kinder liefen voraus, die Weiber sahen aus den Fenstern. Ich sah hinunter: sie trugen ihn in einem Korb vorbei, der Mond schien auf seine bleiche Stirn, seine Locken waren feucht, er hatte sich ersäuft. Ich mußte weinen. — Das war der einzige Bruch in meinem Wesen. Die andern Leute haben Sonn- und Werktage, sie arbeiten sechs Tage und beten am siebenten, sie sind jedes Jahr auf ihren Geburtstag einmal gerührt und denken jedes Jahr auf Neujahr einmal nach. Ich begreife nichts davon: ich kenne keinen Absatz, keine Veränderung. Ich bin immer nur eins; ein ununterbrochnes Sehnen und Fassen, eine Glut, ein Strom. Meine Mutter ist vor Gram gestorben; die Leute weisen mit Fingern auf mich. Das ist dumm. Es läuft auf eins hinaus, an was man seine Freude hat, an Leibern, Christusbildern, Blumen oder Kinderspielsachen; es ist das nämliche Gefühl; wer am meisten genießt, betet am meisten.*

«Wer am meisten genießt, betet am meisten ...» dieser Zynismus, so verrucht, wie er nur aus dem Munde eines von seinen neuen Erkenntnissen schwärmend überfließenden Jünglings kommen kann, überträgt den Gedanken des Fatalismus auf das Individuum, und treibt ihn auf die Spitze. Sich ohne Rückhalt dem hingeben, was «*in uns lügt, mordet, stiehlt*», heißt sein Dasein am vollkommensten erfüllen.

Der Gegensatz zu Schiller kann nicht größer sein; denn aus Büchners Ansicht folgt, daß es nicht das Individuum sein kann, welches die Geschichte gestaltet, der Held, wie ihn der Idealist will, sondern das Fatum. Der Einzelne ist nichts anderes als das zwingende Produkt seiner Umgebung — später wird man sagen, seiner «Klasse».

(Und sogar ein Leitwort des späteren Sozialismus «Eigentum ist Diebstahl» findet sich im *Danton* beinahe wortwörtlich ausgesprochen.) Die Konsequenz der Büchnerschen Auffassung wird in der Verteidigung des Berufs der «Grisette» mit aller Deutlichkeit gezogen:

ERSTER BÜRGER: *Ja, ein Messer, aber nicht für die arme Hure! Was tat sie? Nichts! Ihr Hunger hurt und bettelt. Ein Messer für die Leute, die das Fleisch unserer Weiber und Töchter kaufen! Weh über die, so mit den Töchtern des Volkes huren! Ihr habt Kollern im Leib, und sie haben Magendrücken; ihr habt Löcher in den Jacken, und sie haben warme Röcke; ihr habt Schwielen in den Fäusten, und sie haben Samthände. Ergo, ihr arbeitet, und sie tun nichts; ergo, ihr habt's erworben, und sie haben's gestohlen; ergo, wenn ihr von eurem gestohlnen Eigentum ein paar Heller wiederhaben wollt, müßt ihr huren und betteln; ergo, sie sind Spitzbuben, und man muß sie totschlagen!*

Robespierre hat seine Anklage gegen Danton vor dem Nationalkonvent mit den Worten geschlossen: «*Die Zahl der Schurken ist nicht groß; wir haben nur wenige Köpfe zu treffen, und das Vaterland ist gerettet.*» Sein Jünger Saint-Just unterstützt die Forderung seines Meisters mit einem kurzen Ausflug in das Gebiet der Geschichtsphilosophie, ein Vortrag, der an Menschenverachtung nichts zu wünschen übrigläßt, und es sind Büchners Gedanken, die Saint-Just ausspricht:

ST. JUST: *Es scheint in dieser Versammlung einige empfindliche Ohren zu geben, die das Wort ‹Blut› nicht wohl vertragen können. Einige allgemeine Betrachtungen mögen sie überzeugen, daß wir nicht grausamer sind als die Natur und als die Zeit. Die Natur folgt ruhig und unwiderstehlich ihren Gesetzen; der Mensch wird vernichtet, wo er mit ihnen in Konflikt kommt. Eine Änderung in den Bestandteilen der Luft, ein Auflodern des tellurischen Feuers, ein Schwanken in dem Gleichgewicht einer Wassermasse und eine Seuche, ein vulkanischer Ausbruch, eine Überschwemmung begraben Tausende. Was ist das Resultat? Eine unbedeutende, im großen Ganzen kaum bemerkbare Veränderung der physischen Natur, die fast spurlos vorübergegangen sein würde, wenn nicht Leichen auf ihrem Wege lägen.*
Ich frage nun: soll die geistige Natur in ihren Revolutionen mehr Rücksicht nehmen als die physische? Soll eine Idee nicht ebensogut wie ein Gesetz der Physik vernichten dürfen, was sich ihr widersetzt? Soll überhaupt ein Ereignis, was die ganze Gestaltung der moralischen Natur, das heißt der Menschheit, umändert, nicht durch Blut gehen dürfen? Der Weltgeist bedient sich in der geistigen Sphäre unserer Arme ebenso wie er in der physischen Vulkane und Wasserfluten gebraucht. Was liegt daran, ob sie nun an einer Seuche oder an der Revolution sterben?

Die Schritte der Menschheit sind langsam, man kann sie nur nach Jahrhunderten zählen; hinter jedem erheben sich die Gräber von Generationen. Das Gelangen zu den einfachsten Erfindungen und Grundsätzen hat Millionen das Leben gekostet, die auf dem Wege starben. Ist es denn nicht einfach, daß zu einer Zeit, wo der Gang der Geschichte rascher ist, auch mehr Menschen außer Atem kommen?

Vor das Revolutionstribunal gestellt, verfehlt Danton seine Verteidigung. Ein Angeklagter, der vorbringt: «*Das Nichts wird bald mein Asyl sein, das Leben ist mir zur Last*», hat nichts anderes zu erwarten als den Tod. Danton weiß dies nur zu genau. Doch er weiß auch, daß das Nichts bald auch das Asyl Robespierres sein wird, er weiß um die Vergeblichkeit der ganzen, ungeheuren, riesenhaften Anstrengung der Revolution. So spricht er, mit seinen Freunden die Hinrichtung erwartend, das ungeheuerliche Wort aus: «*Die Welt ist das Chaos. Das Nichts ist der zu gebärende Weltgott*»:

PHILIPPEAU: *Meine Freunde, man braucht gerade nicht hoch über der Erde zu stehen, um von all dem wirren Schwanken und Flimmern nichts mehr zu sehen und die Augen von einigen großen, göttlichen Linien erfüllt zu haben. Es gibt ein Ohr, für welches das Ineinanderschreien und der Zeter, die uns betäuben, ein Strom von Harmonien sind.*

DANTON: *Aber wir sind die armen Musikanten und unsere Körper die Instrumente. Sind denn die häßlichen Töne, welche auf ihnen herausgepfuscht werden, nur da, um höher und höher dringend und endlich leise verhallend wie ein wollüstiger Hauch in himmlischen Ohren zu sterben?*

HÉRAULT: *Sind wir wie Ferkel, die man für fürstliche Tafeln mit Ruten totpeitscht, damit ihr Fleisch schmackhafter werde?*

DANTON: *Sind wir Kinder, die in den glühenden Molochsarmen dieser Welt gebraten und mit Lichtstrahlen gekitzelt werden, damit die Götter sich über ihr Lachen freuen?*

CAMILLE: *Ist denn der Äther mit seinen Goldaugen eine Schüssel mit Goldkarpfen, die am Tisch der seligen Götter steht, und die seligen Götter lachen ewig, und die Fische sterben ewig, und die Götter erfreuen sich ewig am Farbenspiel des Todeskampfes?*

DANTON: *Die Welt ist das Chaos. Das Nichts ist der zu gebärende Weltgott.*

Das Nichts: Danton/Büchners Fatalismus, sein Pessimismus oder, um es moderner zu sagen, sein Nihilismus ist perfekt. Nun stört nur noch die einzige, lästige Tatsache des eigenen Daseins, die nicht wegzuleugnende der eigenen Existenz:

DANTON: *Der verfluchte Satz: etwas kann nicht zu nichts werden! Und ich bin etwas, das ist der Jammer! — Die Schöpfung hat sich so breit gemacht, da ist nichts leer, alles voll Gewimmels, das Nichts hat sich ermordet.*

«Dantons Tod» (Städtische Bühnen, Kiel. Bühnenbild Philipp Blessing)

Dies Bekenntnis nimmt Sartre vorweg: «Tout était plein, tout en acte ... tout même le plus imperceptible sursaut, était fait avec de l'existence ... moi aussi j'étais de trop ...»

Der Tiefpunkt der Lebenskrisis Büchners ist erreicht; sie wird in dem gleichen Maße überwunden, wie sich die Manuskriptblätter zu *Dantons Tod* häufen. Als er erschöpft den Schlußpunkt setzt, ist er geheilt, denn er hat, dem Goethe von *Werthers Leiden* gleich, das Leben mit der Dichtung überwunden.

Die Polizeidiener draußen vor seiner Stube warten auch nicht länger. Hätte ihm *Danton* nicht zu dieser großen, inneren Rechenschaft verholfen, dann hätte er sich, weniger klar sehend, und von dem Idealismus getrieben, die Freunde, die für ihn gefangen saßen, nicht zu verlassen, willig abführen lassen. Der Höhenweg, auf den ihn *Danton* geführt, ließ ihn andere Perspektiven sehen: die Vergeblichkeit dieses ganzen Aufstandes. Gießen sank wieder zur «*Winkelpolitik*» herab. Büchner entschloß sich zur Flucht. Mochte sie als «Verrat» ausgelegt werden, gut, dann nahm er wie Danton seine September-Schuld auf sich: «*Was ist das, was in uns lügt, mordet, stiehlt?*»

Die Polizei, wohlwollend im Hinblick auf die Stellung des Vaters, gibt dem Gehetzten ein paar Stunden Vorsprung. Ohne Paß kommt er, am 9. März 1835, über die Grenze nach Straßburg.

Das Geld zur Flucht hätte *Danton* bringen sollen. Aber Büchner verlor den Wettlauf mit der Zeit. Am 21. Februar schickte er das Manuskript dem Verleger Sauerländer in Frankfurt; obwohl er das Glück hat, sogleich an den richtigen Mann zu geraten, einen Literaten, der das Drama sofort liest, dessen Wert erkennt, es als einmalig preist und den Verleger zur Annahme überredet, der Zeitraum war zu kurz, auch noch das Honorar in Empfang zu nehmen. Materiell hat *Danton* Büchner nichts genutzt, er hat ihn dagegen seelisch gesund gemacht, psychisch ins Gleichgewicht gebracht.

Jener Literat war Karl Gutzkow (1811–1878), der sich eben anschickte, Wortführer der literarischen Gruppe der «Jungdeutschen» zu werden. Nur zwei Jahre älter als Büchner, fungierte er im Augenblick als Redakteur des Literaturblattes von Sauerländers Zeitschrift *Phönix*; von dieser Tätigkeit rührt das Vertrauen her, das Büchner in ihn setzte. Und Gutzkow hat sich ihm würdig gezeigt.

Er erhielt die Sendung an Sauerländer mit folgendem, an ihn gerichteten Brief Büchners:

Darmstadt, den 21. Februar 1835
Mein Herr! Vielleicht hat es Ihnen die Beobachtung, vielleicht, im unglücklicheren Fall, die eigene Erfahrung schon gesagt, daß es einen Grad von Elend gibt, welcher jede Rücksicht vergessen und jedes Gefühl verstummen macht. Es gibt zwar Leute, welche behaupten, man solle sich in einem solchen Falle lieber zur Welt hinaushungern, aber ich könnte die Widerlegung in einem seit kurzem erblindeten Hauptmann von der Gasse aufgreifen, welcher erklärt, er würde sich tot-

*Karl Gutzkow
(1811—1878)*

schießen, wenn er nicht gezwungen sei, seiner Familie durch sein Leben seine Besoldung zu erhalten. Das ist entsetzlich. Sie werden wohl einsehen, daß es ähnliche Verhältnisse geben kann, die einen verhindern, seinen Leib zum Notanker zu machen, um ihn von dem Wrack dieser Welt in das Wasser zu werfen, und werden sich also nicht wundern, wie ich Ihre Türe aufreiße, in Ihr Zimmer trete, Ihnen ein Manuskript auf die Brust setze und ein Almosen abfordere. Ich bitte Sie nämlich, das Manuskript so schnell wie möglich zu durchlesen, es, im Fall Ihnen Ihr Gewissen als Kritiker dies erlauben sollte, dem Herrn Sauerländer zu empfehlen, und sogleich zu antworten.

Über das Werk selbst kann ich Ihnen nichts weiter sagen, als daß unglückliche Verhältnisse mich zwangen, es in höchstens fünf Wochen zu schreiben. Ich sage dies, um Ihr Urteil über den Verfasser, nicht über das Drama an und für sich zu motivieren. Was ich daraus machen soll, weiß ich selbst nicht, nur das weiß ich, daß ich alle Ursache habe, der Geschichte gegenüber rot zu werden; doch tröste ich mich mit dem Gedanken, daß, Shakespeare ausgenommen, alle Dichter vor ihr und der Natur wie Schulknaben dastehen.

Ich wiederhole meine Bitte um schnelle Antwort; im Falle eines günstigen Erfolges können einige Zeilen von Ihrer Hand, wenn sie noch vor nächstem Mittwoch hier eintreffen, einen Unglücklichen vor einer sehr traurigen Lage bewahren.

Sollte Sie vielleicht der Ton dieses Briefes befremden, so bedenken Sie, daß es mir leichter fällt, in Lumpen zu betteln, als im Frack eine Supplik zu überreichen, und fast leichter, die Pistole in der Hand: la bourse ou la vie! zu sagen, als mit bebenden Lippen ein: Gott lohn es! zu flüstern.
G. Büchner

Dieser Brief, eines der erschütterndsten Dokumente der deutschen Literatur überhaupt, bestimmte Gutzkow, das Manuskript sofort zu lesen; später, nach Büchners Tod im Juni 1837, erzählte er seinen Lesern im *Telegraph* von jener denkwürdigen Stunde:

«In den letzten Tagen des Februars 1835, dieses für die Geschichte unserer neueren schönen Literatur so stürmischen Jahres, war es, als ich einen Kreis von älteren und jüngeren Kunstgenossen und Wahrheitsfreunden bei mir sah. Wir wollten einen Autor feiern, der bei seiner Durchreise durch Frankfurt nach Literatenart das Handwerk begrüßte. Kurz vor Versammlung der Erwarteten erhielt ich aus Darmstadt ein Manuskript nebst einem Brief, dessen wunderlicher und ängstlicher Inhalt mich reizte, in ersterem zu blättern. Es war ein Drama: ‹Dantons Tod›. Man sah es der Produktion an, mit welcher Eile sie hingeworfen war. Es war ein zufällig ergriffener Stoff, dessen künstlerische Durchführung der Dichter abgehetzt hatte. Die Szenen, die Worte folgten sich rapid und ungestüm. Es war die ängstliche Sprache eines Verfolgten, der schnell noch etwas abzumachen und dann sein Heil in der Flucht zu suchen hat. Aber diese Hast hinderte den Genius nicht, seine außerordentliche Begabung in kurzen, scharfen Umrissen, schnell, im Fluge an die Wand zu schreiben. Die ersten Szenen, die ich gelesen, sicherten ihm die gefällige, freundliche Teilnahme des Buchhändlers Sauerländer noch an jenem Abend selbst. Die Vorlesung einer Auswahl von Szenen, obschon von diesem oder jenem mit der Bemerkung, dies oder das stände im Thiers[1], unterbrochen, erregte Bewunderung vor dem Talent des jugendlichen Verfassers.»

Gutzkow schrieb an Büchner die folgenden Briefe, eine Antwort erhielt er erst aus Straßburg:

Frankfurt, den 25. Februar 1835

Verehrtester Herr! In aller Eile einige Worte! Ihr Drama gefällt mir sehr, und ich werde es Sauerländer empfehlen: nur sind theatralische Sachen für Verleger keine lockenden Artikel. Deshalb müßten Sie bescheidene Honorarforderungen machen.

Wenn diese vorläufige Anzeige dazu dienen könnte, Ihren Mut wieder etwas aufzurichten, so würde es mich freuen. In einigen Tagen mehr! Ihr ergebenster
K. Gutzkow.

Frankfurt, den 28. Februar 1835

Verehrtester! Sie hätten mir schreiben sollen, was Ihre Forderung in betreff Dantons ist. Viel (am wenigsten aber das, was Ihre Dich-

---

[1] Eine der Quellenschriften Büchners.

tung wert ist) kann Sauerländer nicht geben. Es ist für ihn ein harter Entschluß, das Manuskript zu drucken; denn wie günstig die Kritik urteilen mag, so ist doch mit dem Absatz dramatischer Sachen bei dem gegenwärtigen Publikum die größte Not. Kaum, daß sich das Papier herausschlägt. Ich weiß das. Es sind keine Redensarten.

Rechnen Sie das Notdürftigste, was Sie im Augenblick brauchen, zusammen, resignieren Sie auf jede glänzende Erwartung und suchen Sie sich durch weitere Arbeiten, etwa für den *Phönix*, zu dem ich Sie einlade, sich einige wiederkehrende Einkünfte zu verschaffen.

Ihrer Angabe seh ich also demnächst entgegen. Ihr ergebenster
K. Gutzkow

Frankfurt, den 3. März 1835

Verehrtester! 10 Friedrichsdor will Ihnen Sauerländer geben unter der Bedingung, daß er mehreres aus dem Drama für den Phönix brauchen darf, und daß Sie sich bereitwillig finden lassen, die Quecksilberblumen Ihrer Phantasie, und alles, was zu offenbar in die Frankfurter Brunnengasse und die Berlinische Königsmauer ablenkt, halb und halb zu kastrieren. Mir freilich ist das so ganz recht, wie Sie es gegeben haben; aber Sauerländer ist ein Familienvater, der 7 rechtmäßige Kinder im Ehebett gezeugt hat und dem ich schon mit meinen Zweideutigkeiten ein Alp bin: wieviel mehr Sie mit Ihren ganz grellen und nur auf Eines bezüglichen Eindeutigkeiten! Also dies ist sehr notwendig.

Nun schreibt er aber, als hätten Sie große Eile. Wo wollen Sie hin? Brennt es Ihnen wirklich an den Sohlen? Ich kann alles hören, nur nicht, daß Sie nach Amerika gehen. Sie müßten sich in der Nähe halten (Schweiz, Frankreich), wo Sie Ihre poetischen Gaben in die deutsche Literatur hineinflechten können; denn Ihr Danton verrät einen tiefen Fond, in den viel hineingeht, und viel heraus, und das sollten Sie ernstlich bedenken. Solche versteckten Genies wie Sie wären mir gerade recht; denn ich möchte, daß meine Prophezeiung für die Zukunft nicht ohne Belege bliebe, und Sie haben ganz das Zeug dazu, mitzumachen. Ich hoffe, daß Sie mir hierauf keine Antwort schuldig bleiben.

Wollen Sie Folgendes: Ich komme zu Ihnen hinüber nach Darmstadt, bring Ihnen das Geld und fange mit Ihnen gemeinschaftlich an, aus Ihrem Danton den Venerin herauszutreiben, nicht durch Metall, sondern linde, durch Vegetabilien und etwas sentimentale Tisane. Es ist verflucht, aber es geht nicht anders, und ich vergebe Ihnen nicht, daß Sie mich bei dieser Dolmetscherei und Vermittlerschaft zwingen, die Partie der Prüderie zu führen. Können Sie sich aber noch halten in Darmstadt, so bekommen Sie das Geld und Manuskript durch Heyer, worauf Sie aber letzteres unfehlbar einen Tag später wieder abliefern müssen.
Ihr Gutzkow

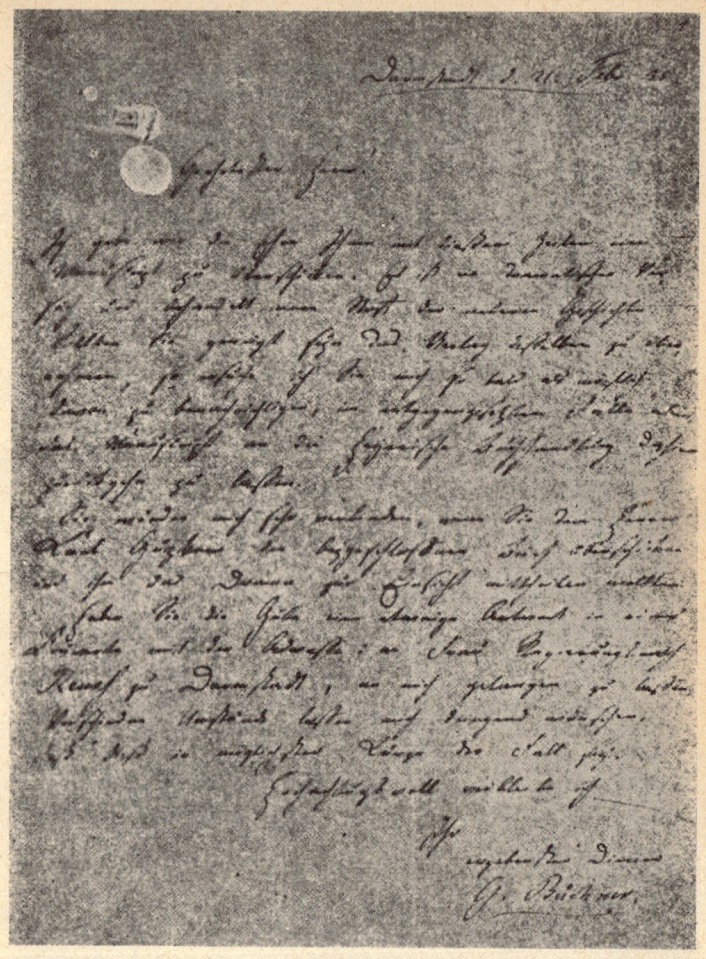

Brief Büchners an den Verleger Sauerländer: er bietet ihm kurz vor seiner Flucht den «Danton» an

Straßburg, (Mitte) März 1835
Verehrtester! Vielleicht haben Sie durch einen Steckbrief[1] im ‹Frankfurter Journal› meine Abreise von Darmstadt erfahren. Seit einigen Tagen bin ich hier; ob ich bleiben werde, weiß ich nicht, das

---

1 Büchners Vermutung ging fehl; der Steckbrief gegen ihn wurde erst im Juni 1835 erlassen.

hängt von verschiedenen Umständen ab. Mein Manuskript wird unter der Hand seinen Kurs durchgemacht haben.

Meine Zukunft ist so problematisch, daß sie mich selbst zu interessieren anfängt, was viel heißen will. Zu dem subtilen Selbstmord durch Arbeit kann ich mich nicht leicht entschließen; ich hoffe, meine Faulheit wenigstens ein Vierteljahr lang fristen zu können, und nehme dann Handgeld entweder von den Jesuiten für den Dienst der Maria oder von den St. Simonisten für die femme libre oder sterbe mit meiner Geliebten. Wir werden sehen. Vielleicht bin ich auch dabei, wenn noch einmal das Münster eine Jakobinermütze aufsetzen sollte. Was sagen Sie dazu? Es ist nur mein Spaß. Aber Sie sollen noch erleben, zu was ein Deutscher nicht fähig ist, wenn er Hunger hat. Ich wollte, es ginge der ganzen Nation wie mir. Wenn es einmal ein Mißjahr gibt, worin nur der Hanf gerät! Das sollte lustig gehen, wir wollten schon eine Boa Constrictor zusammen flechten. Mein Danton ist vorläufig ein seidenes Schnürchen und meine Muse ein verkleideter Samson.

Daß Gutzkow die Kraßheit der Vergleiche und die unverschämte Direktheit der Gassen-Ausdrücke Büchners gemildert sehen wollte, ist begreiflich; doch gehen die Verstümmelungen, die er auf Wunsch Sauerländers (der seinerseits der Zensur zuvorkommen wollte) an dem Manuskript vorgenommen wurden, weniger auf seine Rechnung als auf das Konto der Rücksichtnahme auf die Zensur. Auch darüber berichtet Gutzkow:

«Ich hatte große Mühe mit dem ‹Danton›. Ich hatte vergessen, daß solche Dinge, wie sie Büchner dort hingeworfen, solche Ausdrücke sogar, wie er sich erlaubte, heute nicht gedruckt werden dürfen. Als ich nun, um dem Zensor nicht die Lust des Streichens zu gönnen, selbst den Rotstift ergriff und die wuchernde Demokratie der Dichtung mit der Schere der Vorzensur beschnitt, fühlt' ich wohl, wie gerade der Abfall des Buches, der unseren Sitten und unseren Verhältnissen geopfert werden mußte, der beste, nämlich der individuellste, der eigentümlichste Teil des Ganzen war. Lange, zweideutige Dialoge in den Volksszenen, die von Witz und Gedankenfülle sprudelten, mußten zurückbleiben. Die Spitzen der Wortspiele mußten abgestumpft werden, oder durch aushelfende, dumme Redensarten, die ich hinzusetzte, krummgebogen. Der echte Danton von Büchner ist nicht erschienen. Was davon herauskam, ist ein notdürftiger Rest, die Ruine einer Verwüstung, die mich genug gekostet hat. An dem merkantilistischen Titel jedoch: ‹Dramatische Bilder aus Frankreichs Schreckensherrschaft› bin ich unschuldig.»

Nachdem die von Gutzkow ausgewählten Szenen aus *Danton* in Sauerländers *Phönix, Frühlingszeitung für Deutschland*, veröffentlicht worden waren, erschien das ganze Werk — in der Fassung Gutzkows — schon Ende Juli als selbständige Buchausgabe. Gutzkow veröffentlichte im *Phönix* eine ausführliche Kritik darüber, die erste öffentliche Anerkennung Büchners als Dichter, und zugleich die Verkündung eines neuen Genies:

Danton's Tod.

Dramatische Bilder

aus

Frankreichs Schreckensherrschaft

von

Georg Büchner.

Frankfurt am Main.
Druck und Verlag von J. D. Sauerländer.
1835.

Titel der ersten Buchausgabe von «Dantons Tod», 1835.

— 36 —

Lacroix.

Die Gasse fällt mir ein.

Danton.

Und?

Lacroix.

Auf der Gasse waren Hunde, eine Dogge und ein Bologneser Schooßhündlein, die quälten sich.

Danton.

Was soll das?

Lacroix.

Das fiel mir nun grade so ein, und da mußt' ich lachen. Es sah erbaulich aus! Die Mädel guckten aus den Fenstern; man sollte vorsichtig sein und sie nicht einmal in der Sonne sitzen lassen. Die unmoralischen Mücken erwecken ihnen sonst allerhand erbauliche Gedanken. Legendre und ich sind fast durch alle Zellen gelaufen, mehr als eine apokalyptische Dame hing uns an den Rockschößen und wollte den Segen. Legendre gibt einer die Disciplin, aber er wird einen Monat dafür zu fasten bekommen. Da bringe ich zwei von ihnen.

Marion.

Guten Tag, Demoiselle Adelaide, guten Tag Demoiselle Rosalie.

Büchners Handexemplar des «Danton», mit Korrekturen des Autors.

«Die Kritik ist immer verlegen, wenn sie prüfend an die Werke des Genies herantritt. Sie, die sonst so schnelle und wortreiche Base, blickt hier scheu und wählt ängstlich in ihren Ausdrücken, um das Würdige mit Würde zu empfangen. Die Kritik kann hier nicht mehr sein als der Kammerdiener, der die Tür des Salons öffnet und in die versammelte Menge laut des Eintretenden Namen hineinruft, das übrige wird das Genie selbst vollbringen. Es wird dem matten Gespräche plötzlich eine neue Wendung geben, es wird Ideen aus seinem Haupte schütteln. Das Genie bedarf keiner Empfehlung, das fühlen wir, wenn wir von Georg Büchner reden, und treten auch im folgenden nur abseits in einen Winkel, um die Sache für sich selbst reden zu lassen.»

Nach der Skizzierung des Handlungsablaufes des Stückes fährt Gutzkow fort:

«Man darf sagen, daß in Büchners Drama mehr Leben als Handlung herrscht. Die Handlung selbst ist eine abgeschlossene, schon da, als der Vorhang aufgeht. Der Stoff ist undramatisch, wie Maria Stuart. Schiller wollte eine Tragödie geben und gab die Dramatisierung eines Prozesses. Büchner gibt statt eines Dramas, statt einer Handlung, die sich entwickelt, die anschwillt und fällt, das letzte Zukken und Röcheln, welches dem Tode vorausgeht. Aber die Fülle von Leben, die sich hier vor unsern Augen noch zusammendrängt, läßt den Mangel der Handlung, den Mangel eines Gedankens, der wie eine Intrige aussieht, weniger schmerzlich entbehren. Wir werden hingerissen von diesem Inhalte, welcher mehr aus Begebenheiten als aus Taten besteht, und erstaunen über die Wirkung, welche eine Aufführung dieser Art auf dem Theater machen müßte, eine Aufführung, die unmöglich ist, weil man Haydns Schöpfung nicht auf der Drehorgel leiern kann...»

Die Freude an dieser Anerkennung konnte aber Büchners Ärger, ja Empörung über die Veränderungen und Verfälschungen an seinem Text nicht mindern. Er zählte und fand nicht weniger als 111 Abweichungen von seinem Text. Aus «huren» fand er durchgängig «buhlen» gemacht, aus «Hure» «Metze», gut, das ging noch an. Weshalb mußte aber «Schnaps», wo er vorkam, in den milderen «Wein» umgewandelt werden, weshalb die vielen, beschönigenden Zusätze, die er niemals geschrieben hatte? Verharmlosungen, wohin er sah! In seinem Manuskript lassen die jungen Herren gewissen Damen gegenüber *die Hosen herunter*, im Buche *«erweisen sie sich artig»*!

Am peinlichsten empfand er den Eltern gegenüber die Tatsache, daß das Buch nicht, wie verabredet, anonym erschien, sondern unter seinem vollen Namen. Für die gute Gesellschaft Darmstadts bedeutete dies doch nur einen neuen Skandal, neue Unannehmlichkeiten und Bedrängnisse für die Eltern, kaum daß der erste Skandal, den er verursachte, Hochverrat und Flucht ins Ausland, abgeklungen ist. Deshalb beeilt sich der Sohn mit der Rechtfertigung:

Straßburg, den 28. Juli 1835

«Über mein Drama muß ich einige Worte sagen. Erst muß ich bemerken, daß die Erlaubnis, einige Änderungen machen zu dürfen, allzusehr benutzt worden ist. Fast auf jeder Seite weggelassen, zugesetzt, und fast immer auf die dem Ganzen nachteiligste Weise. Manchmal ist der Sinn ganz entstellt oder ganz und gar weg, und fast platter Unsinn steht an der Stelle. Außerdem wimmelt das Buch von den abscheulichsten Druckfehlern. Man hat mir keinen Korrekturbogen zugeschickt. Der Titel ist abgeschmackt, und mein Name steht darauf, was ich ausdrücklich verboten hatte; er steht außerdem nicht auf dem Titel meines Manuskripts. Außerdem hat mir der Korrektor einige Gemeinheiten in den Mund gelegt, die ich in meinem Leben nicht gesagt haben würde. Gutzkows glänzende Kritiken habe ich gelesen und zu meiner Freude dabei bemerkt, daß ich keine Anlagen zur Eitelkeit habe. Was übrigens die sogenannte Unsittlichkeit meines Buches angeht, so habe ich folgendes zu antworten: Der dramatische Dichter ist in meinen Augen nichts als ein Geschichtsschreiber, steht aber über letzterem dadurch, daß er uns die Geschichte zum zweiten Mal erschafft und uns gleich unmittelbar, statt eine trockne Erzählung zu geben, in das Leben einer Zeit hineinversetzt, uns statt Charakteristiken Charaktere und statt Beschreibungen Gestalten gibt. Seine höchste Aufgabe ist, der Geschichte, wie sie sich wirklich begeben, so nahe als möglich zu kommen. Sein Buch darf weder sittlicher noch unsittlicher sein als die Geschichte selbst; aber die Geschichte ist vom lieben Herrgott nicht zu einer Lektüre für junge Frauenzimmer geschaffen worden, und da ist es mir auch nicht übelzunehmen, wenn mein Drama ebensowenig dazu geeignet ist. Ich kann doch aus einem Danton und den Banditen der Revolution nicht Tugendhelden machen! Wenn ich ihre Liederlichkeit schildern wollte, so mußte ich sie eben liederlich sein, wenn ich ihre Gottlosigkeit zeigen wollte, so mußte ich sie eben wie Atheisten sprechen lassen. Wenn einige unanständige Ausdrücke vorkommen, so denke man an die weltbekannte, obszöne Sprache der damaligen Zeit, wovon das, was ich meine Leute sagen lasse, nur ein schwacher Abriß ist. Man könnte mir nun noch vorwerfen, daß ich einen solchen Stoff gewählt hätte. Aber der Einwurf ist längst widerlegt. Wollte man ihn gelten lassen, so müßten die größten Meisterwerke der Poesie verworfen werden ...»

Und einmal im Zuge, die Eltern um Verständnis zu bitten, nicht um Entschuldigung, legt er an dieser Stelle sein so schwer errungenes, künstlerisches Glaubensbekenntnis ab. Das Leben hat ihm die Dichtung abgenötigt, die Dichtung hat ihn in seinem Leben bestärkt. Hier spricht nicht nur das Kind, das versucht, den Eltern den Auftrag seines Lebens, das Wesen und die Grundsätze seiner irdischen Berufung darzulegen — hier spricht ein Sohn, der älter ist als der Vater, weil er tiefer als er das Walten der Welt versteht. Und älter zu sein als der Vater, ist seit je das Kennzeichen des Genies:

«Der Dichter ist kein Lehrer der Moral, er erfindet und schafft Gestalten, er macht vergangene Zeiten wieder aufleben, und die Leute mögen dann daraus lernen, so gut wie aus dem Studium der Geschichte und der Beobachtung dessen, was im menschlichen Leben um sie herum vorgeht. Wenn man so wollte, dürfte man keine Geschichte studieren, weil sehr viele unmoralische Dinge darin erzählt werden, müßte mit verbundenen Augen über die Gasse gehen, weil man sonst Unanständigkeiten sehen könnte, und müßte über einen Gott Zeter schreien, der eine Welt erschaffen, worauf so viele Liederlichkeiten vorfallen. Wenn man mir übrigens noch sagen wollte, der Dichter müsse die Welt nicht zeigen, wie sie ist, sondern wie sie sein solle, so antworte ich, daß ich es nicht besser machen will als der liebe Gott, der die Welt gewiß gemacht hat, wie sie sein soll. Was noch die sogenannten Idealdichter anbetrifft, so finde ich, daß sie fast nichts als Marionetten mit himmelblauen Nasen und affektiertem Pathos, aber nicht Menschen von Fleisch und Blut gegeben haben, deren Leid und Freude mich mitempfinden macht und deren Tun und Handeln mir Abscheu oder Bewunderung einflößt. Mit einem Wort, ich halte viel auf Goethe oder Shakespeare, aber sehr wenig auf Schiller. Daß übrigens noch die ungünstigsten Kritiken erscheinen werden, versteht sich von selbst: denn die Regierungen müssen doch durch ihre bezahlten Schreiber beweisen lassen, daß ihre Gegner Dummköpfe oder unsittliche Menschen sind. Ich halte übrigens mein Werk keineswegs für vollkommen und werde jede wahrhaft ästhetische Kritik mit Dank annehmen. —»

LEONCE UND LENA

Am 3. Februar 1836 hatte der Verlag Cotta einen Preis für «das beste deutsche Lustspiel» ausgeschrieben, die Einsendefrist lief am 1. Juli des gleichen Jahres ab. Büchner in Straßburg las davon und beschloß, sich zu beteiligen. *Danton* hatte ihm Mut gemacht, und über den Übersetzungen der Stücke Victor Hugos hatte er neue Einblicke in die Technik und Mechanik eines Theaterablaufs gewinnen können. Sein Lustspiel entstand in wenigen Frühlingswochen, doch säumte er mit der Abschrift, das Manuskript traf zwei Tage zu spät bei Cotta ein und wurde ihm deshalb ungeöffnet zurückgegeben. Den Preis erhielt, das sei zum Trost gesagt, die damalige Schwankfirma Gerle und Horn für ein Stück namens *Die Vormundschaft*. Ohne es zu kennen, darf man sicher sein, daß *Die Vormundschaft* an geschickter Bühnenwirksamkeit nichts zu wünschen übrig ließ, das will sagen, daß Büchner auch dann verloren hätte, wenn er pünktlich gewesen wäre.

Er hatte sich bezeichnenderweise ein Lustspiel von Brentano zum Vorbild genommen, es hieß *Ponce de Leon*, und war ein Menschenalter vorher, bei Cotta, ebenfalls bei einem Preisausschreiben, durchgefallen. Vielleicht wollte Büchner mit dieser Wahl diesmal das Glück zwingen.

In Wirklichkeit, das fühlte er, war es für ihn an der Zeit, sich frei zu machen von den Wirkungen einer Lektüre, die er in unbedacht großen Portionen zu sich genommen hatte. Es schwirrten ihm die deutschen Romantiker: Brentano, Tieck, E. T. A. Hoffmann, Chamisso ebenso im Kopf herum wie die französischen Victor Hugo und Alfred de Musset. Der einfachste Weg, sich von ihren Stimmungen und Sehnsüchten zu lösen, ohne daß die eigene Seelen-Substanz Schaden erlitte, war es, sie herauszufordern, sich mit ihnen zu messen. Natürlich war dies nur mit Ironie zu machen, denn er wollte die Romantiker ja nicht nachahmen, sondern überwinden, gegebenenfalls den Romantiker in sich überwinden. Büchner macht aus dem romantischen Experiment etwas Neues, Eigenes, Selbständiges. Die mondbeglänzte Zaubernacht in Ehren und im Hintergrund, dient sie ihm als Kulisse für ein Traumspiel, das nicht nach der blauen Blume geht, sondern nach der Erprobung der Vernunft und der fünf gesunden Sinne inmitten einer zum Genuß der Einsamkeit und zum Auskosten des Weltschmerzes eigens erfundenen Welt. Es ist das Traumspiel, wie es alle Realisten brauchen, von Shakespeare bis zu Strindberg. Für Idealisten oder für Pathetiker ist in seinem Stück ebensowenig Platz wie im *Sommernachtstraum*. Treten sie auf, werden sie aufs eisigste erschreckt.

Büchner beherrscht den romantischen Lustspiel-Apparat souverän; ein Umstand, der nicht glauben machen darf, er hätte deshalb ein romantisches Stück geschrieben. Hatte er doch etwas anderes im Sinne: die Romantik mit ihren eigenen Mitteln zu schlagen, Gelegenheit genug, den Romantiker in sich selber zu entdecken, und zu prüfen, wieweit er träumen dürfe, ohne sich zu verlieren. Eine traumlose Realität wäre für Büchner ein ebenso tiefer Schrecken wie ein Leben ohne Schlaf. So gehört *Leonce und Lena* wie Schlaf und Traum zu Büchners Welt und zu unserer Welt, und ist doch nicht, wie Schlaf und Traum, von dieser Welt. Hebt sich der Vorhang von *Leonce und Lena*, so wird die Wirklichkeit für eine Weile aufgehoben, doch ohne daß man sie vergessen könnte. Das Stück ist keine Märchen-Entführung, sondern Daseins-Verdoppelung, Traum-Erkenntnis.

Das Handlungs-Schema ist schnell erzählt: Prinz Leonce vom Reiche Popo ist aus Gründen der Staatsraison mit der Prinzessin Lena vom Reiche Pipi verlobt. Die beiden haben sich nie von Angesicht zu Angesicht gesehen, also können sie sich auch nicht lieben. So ergreift jedes von ihnen die Flucht vor der Heirat. Leonce in Begleitung Valerios, eines Dieners, Lena in Begleitung ihrer Gouvernante. Einander unbekannt, treffen sie sich am dritten Ort, verlieben und verloben sich. Hier hat Büchner ganz durchsichtig «*Fatalismus der Geschichte*» inszeniert, es hat ihm Freude gemacht, die «*Drahtpuppen, die wir sind*» zu lenken. Entschlossen zur Heirat mit der Unbekannten, kehrt der Prinz in sein Land zurück, und hat den Gedanken, sich und seine Geliebte als «*lebende Automaten*» bei Hofe vorstellen zu lassen. Doch, was vorbestimmt ist, geschieht. Der König, in der Verlegenheit, die Hochzeitsvorbereitungen nicht aufschieben zu können, läßt die vermeintlichen Automaten trauen, Fatalismus der Geschichte mit heiterem Ausgang. Leonce übernimmt die Regierung, und Weisheit und Wohlleben werden in ein Land einziehen, das den geringen Nachteil hat, Popo zu heißen.

Leonce und Lena ist das Satyrspiel nach der Tragödie des *Danton*. Ein Spiel über die Schicksalsspielerei, nach dem Ernst der Schicksalsverhängnung:

VALERIO (stellt mit schnarrendem Ton die Automaten vor): *Sehen Sie hier, meine Herren und Damen, zwei Personen beiderlei Geschlechts, ein Männchen und ein Weibchen, einen Herrn und eine Dame. Nichts als Kunst und Mechanismus, nichts als Pappendeckel und Uhrfedern! Jede hat eine feine, feine Feder von Rubin unter dem Nagel der kleinen Zehe am rechten Fuß, man drückt ein klein wenig, und die Mechanik läuft volle fünfzig Jahre. Diese Personen sind so vollkommen gearbeitet, daß man sie von andern Menschen gar nicht unterscheiden könnte, wenn man nicht wüßte, daß sie bloße Pappdeckel sind; man könnte sie eigentlich zu Mitgliedern der menschlichen Gesellschaft machen. Sie sind sehr edel, denn sie sprechen Hochdeutsch. Sie sind sehr moralisch, denn sie stehn auf den Glockenschlag auf, essen auf den Glockenschlag zu Mittag und gehn auf den Glockenschlag zu Bett; auch haben sie eine gute Verdauung, was beweist, daß sie ein gutes Gewissen haben. Sie haben ein feines sittliches Gefühl, denn die Dame hat gar kein Wort für den Begriff Beinkleider, und dem Herrn ist es rein unmöglich, hinter einem Frauenzimmer eine Treppe hinauf- oder vor ihm hinunterzugehen. Sie sind sehr gebildet, denn die Dame singt alle neuen Opern, und der Herr trägt Manschetten. Geben Sie acht, meine Herren und Damen, sie sind jetzt in einem interessanten Stadium: der Mechanismus der Liebe fängt an, sich zu äußern, der Herr hat der Dame schon einigemal den Schal getragen, die Dame hat schon einigemal die Augen verdreht und gen Himmel geblickt. Beide haben schon mehrmals geflüstert: Glaube, Liebe, Hoffnung! Beide sehen bereits ganz akkordiert aus, es fehlt nur noch das winzige Wörtchen: Amen.*

Das Stück ist aber auch Büchners in Ironie gekleideter Verzicht auf ferneres Eingreifen ins Weltgeschehen, sein Abschied von der Politik. Alles, was er im *Landboten* gesagt, sagt er noch einmal, doch diesmal nicht mit dem Ernst, der ihn beinahe umgebracht hat, sondern mit Witz, der ihn freimachte und erlöste.

Da ist die Anspielung auf die deutsche Kleinstaaterei:

VALERIO: *... Wir sind schon durch ein Dutzend Fürstentümer, durch ein halbes Dutzend Großherzogtümer und durch ein paar Königreiche gelaufen, und das in der größten Übereilung in einem halben Tag ...*

«Leonce und Lena» (Deutsches Schauspielhaus, Hamburg.
Kyra Mladek, Boy Gobert)

Da ist die Parodie auf das Glück, ein Untertan zu sein:
LANDRAT: *Gebt acht, Leute, im Programm steht:* «Sämtliche Untertanen werden von freien Stücken reinlich gekleidet, wohlgenährt und mit zufriedenen Gesichtern sich längs der Landstraße aufstellen.» *Macht uns keine Schande!*

SCHULMEISTER: *Seid standhaft! Kratzt euch nicht hinter den Ohren und schneuzt euch die Nasen nicht, solang das hohe Paar vorbeifährt, und zeigt die gehörige Rührung, oder es werden rührende Mittel gebraucht werden. Erkennt, was man für euch tut: man hat euch grade so gestellt, daß der Wind von der Küche über euch geht und ihr auch einmal in eurem Leben einen Braten riecht. Könnt ihr noch eure Lektion? He? Vi!*
DIE BAUERN: *Vi!*
SCHULMEISTER: *Vat!*
DIE BAUERN: *Vat!*
SCHULMEISTER: *Vivat!*
DIE BAUERN: *Vivat!*
SCHULMEISTER: *So, Herr Landrat. Sie sehen, wie die Intelligenz im Steigen ist. Bedenken Sie, es ist Latein. Wir geben aber auch heut abend einen transparenten Ball mittelst der Löcher in unseren Jakken und Hosen und schlagen uns mit unseren Fäusten Kokarden an die Köpfe.*

Und da ist der König, der sich einen Knoten ins Taschentuch knüpft, um sich seines Volkes zu erinnern. Tödlicher trifft auch bei Shakespeare der Witz nicht. Nebenbei nimmt Büchner die Gelegenheit wahr, die zeitgenössische Schulphilosophie, Hegel, zu verspotten:

    König Peter wird von zwei Kammerdienern angekleidet.
PETER (während er angekleidet wird): *Der Mensch muß denken, und ich muß für meine Untertanen denken; denn sie denken nicht, sie denken nicht. — Die Substanz ist das An-sich, das bin ich.* (Er läuft fast nackt im Zimmer herum.) *Begriffen? An-sich ist an sich, versteht ihr? Jetzt kommen meine Attribute, Modifikationen, Affektionen und Akzidenzien: wo ist mein Hemd, meine Hose? — Halt, pfui! der freie Wille steht davor ganz offen. Wo ist die Moral: wo sind die Manschetten? Die Kategorien sind in der schändlichsten Verwirrung: es sind zwei Knöpfe zuviel zugeknöpft, die Dose steckt in der rechten Tasche; mein ganzes System ist ruiniert. — Ha, was bedeutet der Knopf im Schnupftuch? Kerl, was bedeutet der Knopf, an was wollte ich mich erinnern?*
ERSTER KAMMERDIENER: *Als Eure Majestät diesen Knopf in Ihr Schnupftuch zu knüpfen geruhten, so wollten Sie —*
PETER: *Nun?*
ERSTER KAMMERDIENER: *Sich an etwas erinnern.*
PETER: *Eine verwickelte Antwort! — Ei! Nun, und was meint Er?*
ZWEITER KAMMERDIENER: *Eure Majestät wollten sich an etwas erinnern, als Sie diesen Knopf in Ihr Schnupftuch zu knüpfen geruhten.*
PETER (läuft auf und ab): *Was? Was? die Menschen machen mich konfus, ich bin in der größten Verwirrung. Ich weiß mir nicht mehr zu helfen.*
        (Ein Diener tritt auf.)

DIENER: *Eure Majestät, der Staatsrat ist versammelt.*
PETER (freudig): *Ja, das ist's, das ist's: Ich wollte mich an mein Volk erinnern. — Kommen Sie, meine Herren! Gehen Sie symmetrisch. Ist es nicht sehr heiß? Nehmen Sie doch auch Ihre Schnupftücher und wischen Sie sich das Gesicht. Ich bin immer so in Verlegenheit, wenn ich öffentlich sprechen soll.* (Alle ab.)

Fatalismus oder freier Wille? Hier zieht Büchner einen Vergleich, so gewagt, aber auch so großartig — «*Halt, pfui, der freie Wille steht davorn ganz offen . . .*» —, daß er allein genügt, ihn in die Reihe der großen Satiriker der Weltliteratur zu stellen.

WOYZECK

Nach dem «heiteren Darüberstehen» von *Leonce und Lena* gibt sich Büchner in diesem Fragment wieder der dunklen Daseins-Melodie von *Dantons Tod* hin. Wieder ist sein Held keiner, der stürmisch handelnd vorwärtsdrängt, wieder ist es einer, der sich dem Schicksal beugt, und zwar nicht aus Schwäche, sondern aus der Einsicht der Vergeblichkeit allen Handelns. Mit einem solchen Charakter läßt sich — ebensowenig wie mit Danton — kein Drama nach dem klassischen Schema bauen. Wo der Held die Handlung verschmäht, fällt auch die Voraussetzung der Gegenhandlung fort. Der Akt, als der klassische Raum der Handlung, kann nicht mehr ausgefüllt werden, er zerfällt in Szenen, in Monologe, in die Stationen des Leidensweges des sein Schicksal erduldenden, passiven Helden.

Büchners Dramen kennen deshalb weder die aufsteigende noch die absteigende Linie der Handlung, sie kennen nur Augenblicksbilder, Szenen auf der gleichen Spannungsebene. Künstlerisch muß das Nebeneinander ebenso bewältigt und gestaltet werden wie das Nacheinander.

Die Technik der losen Szenenfolge ist nicht neu, Shakespeare, der von Büchner Bewunderte, macht sie vor (wie er alles vormacht, auch den «passiven» Helden, Hamlet). Lenz übernimmt diese Technik für seine Sturm-und-Drang-Stücke, Goethe im *Götz* führt sie zum entscheidenden Sieg gegen Lessing, wie man sich erinnert.

Auch Woyzeck hat wie Danton ein historisches Vorbild, einen Mörder aus Eifersucht, wie es viele gibt. In diesem Falle jedoch stritten sich die Gerichtsmediziner um die Zurechnungsfähigkeit des Täters. Woyzeck sagte aus, «Stimmen» gehört zu haben, Stimmen, die ihm befohlen hätten: «Stich zu! Stich zu!» Nicht er also hätte getötet, sondern eine Macht außerhalb seines Bewußtseins und außerhalb seiner Gewissens-Zuständigkeit. Das war ganz Büchners Fall. Stellte Woyzeck nicht die Frage Dantons: «*Was ist das, was in uns hurt, lügt, stiehlt und mordet?*»

Der 41jährige Perückenmacher Johann Christian Woyzeck hatte am 3. Juni 1821, gegen halb zehn Uhr abends, die 46jährige Witwe

J. C. Woyzeck (1780—1824) (Stadtgeschichtliches Museum, Leipzig)

eines Chirurgen Woost im Hauseingang ihrer Wohnung auf der Sandgasse zu Leipzig totgestochen. Ein Mord aus Eifersucht. Die Witwe Woost war seine Geliebte. Dem Täter war es bekannt, daß sie noch mit anderen Männern, besonders mit Soldaten, Umgang pflegte. Für jenen Abend hatte sie ihm ein Rendezvous versprochen, war aber mit einem anderen ausgegangen. Dieser Umstand riß ihn zur Tat hin, doch scheidet eine Affekt-Handlung aus, denn am Nachmittag schon hatte Woyzeck sich das Mordinstrument besorgt.

Der Gerichtsdiener Engelhardt, der mit sieben anderen Gerichtsdienern Woyzeck zum Schafott begleitete. (Stadtgeschichtliches Museum, Leipzig)

Gleich bei der Voruntersuchung tauchte die Vermutung auf, daß Woyzeck geistig nicht für normal genommen werden könne. Er neige zu Unberechenbarkeiten. Da die Untersuchung des Gerichtsarztes dafür aber keine Anzeichen fand, wurde Woyzeck zum Tode durch das Schwert verurteilt. Der Tag der Hinrichtung, der 13. November 1823 war festgesetzt, als beim Gericht ein Schreiben einlief, dessen Absender sich erbot, genaue Beweise dafür zu erbringen, daß Woyzecks Verstand zeitweise zerrüttet war. Der Verurteilte selbst hatte dem Gefängnis-Geistlichen etwas von «Stimmen» erzählt, die ihm den Mord befohlen hätten. Nun wurde ein neues gerichtsmedizinisches Gutachten angefordert, die Hinrichtung verschoben. Der Sachverständige, Hofrat Dr. Clarus, kam aber zu keinem neuen Ergebnis. Woyzeck mußte seine Strafe erleiden, er wurde am 27. August 1824 auf dem Marktplatz zu Leipzig öffentlich hingerichtet.

Zu Seite 120/121:
Woyzecks Hinrichtung am 27. August 1824

I. C. Woy
Geht seinnen Tode als reuevoller Christ entgegen,

em Marktplatze zu Leipzig, den 27 August 1824.

Eine Manuskriptseite des «Woyzeck»

Dr. Clarus hatte sein Gutachten nicht nur in einem Fachblatt, in *Henkes Zeitschrift für die Staatsarzneikunde*, veröffentlicht, sondern auch in einem Sonderdruck für das allgemeine Publikum; das Interesse an diesem Fall, verbunden mit der Lustbarkeit einer öffentlichen Hinrichtung, war groß. In der medizinischen Welt kam es im Anschluß an den Bericht des Dr. Clarus zu einer Polemik: «War Woyzeck zurechnungsfähig?», aber Schriften und Gegenschriften konnten ihn nicht mehr lebendig machen.

Büchners Vater hatte *Henkes Zeitschrift* nicht nur abonniert, er war auch ihr Mitarbeiter und veröffentlichte dort merkwürdige Fälle aus seiner Praxis. Die Tat Woyzecks wird also auch in Büchners Familienkreise erörtert worden sein, wenn nicht gar zwischen Vater und Sohn, wenn nicht, ist Georg in *Henkes Zeitschrift* allein darauf gestoßen.

Jetzt in Straßburg erinnert er sich der Affäre Woyzeck. Sein Unterbewußtsein hatte sie ihm aufgespart für den Tag, da er sie verwenden konnte. Um seine Absichten zu verdeutlichen, nimmt er sich die dichterische Freiheit, zu retouchieren. Aus dem etwas haltlosen, zum Trunke neigenden Johann Christian Woyzeck wird der ordentliche Kerl Franz W., aus der angejahrten Witwe Woost wird Maria Zickwolf, ein junges, blühendes Geschöpf, allerdings mit der Woostschen Neigung für Soldaten. Das Eifersuchtsmotiv ist geblieben, wird aber noch verstärkt durch die Tatsache, daß Maria ein uneheliches Kind von Franz hat, einen Jungen, für den er besser sorgt, als man es von einem Vater seinesgleichen erwarten kann. Daß auch der Woyzeck der Dichtung «Stimmen» hört, ist schließlich der Zweck der Büchnerschen Übung:

FREIES FELD

WOYZECK: *Immer zu! immer zu! Still, Musik!* (reckt sich gegen den Boden): *Ha! was, was sagt ihr? Lauter! lauter! Stich, stich die Zickwolfin tot? — stich, stich die — Zickwolfin tot! — Soll ich? muß ich? Hör ich's da auch, sagt's der Wind auch? Hör ich's immer, immerzu: stich tot, tot!*

EIN ZIMMER IN DER KASERNE
Nacht. Andres und Woyzeck in einem Bett.

WOYZECK (schüttelt Andres): *Andres! Andres! ich kann nit schlafen! Wenn ich die Aug zumach, dreht sich's immer, und ich hör die Geigen, immer zu, immer zu. Und dann spricht's aus der Wand. Hörst du nix?*
ANDRES: *Ja — laß sie tanzen! Einer ist müd, und dann Gott behüt uns, Amen.*
WOYZECK: *Es redt immer: stich! stich! und zieht mir zwischen den Augen wie ein Messer —*
ANDRES: *Du mußt Schnaps trinken und Pulver drin, das schneidt das Fieber.*

Woyzeck irrt umher, von Stimmen bedrängt, sie dringen aus dem Erdboden, sie dringen aus der Wand des Zimmers. Das arme Bündel Mensch ist ihnen unausweichlich ausgeliefert. Büchner hätte kein besseres Sinnbild für seine Überzeugung vom «Fatalismus» erfinden können als die Figur dieses Mörders wider Willen, die aus der Wirklichkeit genommen war.

Die Beschäftigung mit der französischen Revolution, die Niederschrift des *Danton* hatte Büchner die Einsicht geschenkt, wie vergeblich es bleiben muß (mit unzulänglichen Mitteln zumal), in den Lauf

*Dekorationsentwurf von Ernst Anton Rufer zum «Woyzeck»
(Landestheater Hannover, 1955)*

der Geschichte einzugreifen. Doch das Ende seiner politischen Aktivität bedeutet nicht das Ende seiner sozialen Gesinnung, die eine seiner Antriebsfedern war. Der Verfasser des *Landboten*, auch wenn er jetzt aufgehört hat, sich nachts mit Verschwörern zu treffen, hat sich nicht gewandelt. Noch immer leidet sein Herz unter der Armut der andern. Zu Neujahr 1836 schreibt er in einem Brief an die Familie:

«Ich komme vom Christkindlsmarkt: überall Haufen zerlumpter, frierender Kinder, die mit aufgerissenen Augen und traurigen Gesichtern vor den Herrlichkeiten aus Wasser und Mehl, Dreck und Goldpapier standen. Der Gedanke, daß für die meisten Menschen auch die armseligsten Genüsse und Freuden unerreichbare Kostbarkeiten sind, machte mich sehr bitter.»

Man geht nicht fehl, wenn man die Bitterkeit seines Herzens als die tiefste Quelle seiner nächsten, dichterischen Pläne bezeichnet. Im gleichen Briefe hatte er den Eltern auch anvertraut, daß er *«auf dem Felde des Dramas»* bleiben wolle:

«Ich zeichne meine Charaktere, wie ich sie der Natur und der Geschichte angemessen halte, und lache über die Leute, welche mich für die Moralität oder Immoralität derselben verantwortlich machen wollen. Ich habe darüber meine eignen Gedanken ...»

Wir kennen diese *«eigenen Gedanken»*, im *Woyzeck* ist es ihm zum letztenmal vergönnt, sie auszudrücken.

Der erste Gedanke, nachdem sich die Anstrengung als vergeblich erwiesen hat, der Geschichte einen Sinn geben zu wollen, der erste Gedanke heißt: «*Warum ist der Mensch?*»

Im *Woyzeck* springt ein angeheiterter Handwerksbursche auf den Tisch, um den Zuschauern im Parkett eine Predigt zu halten, die Wirtshausfassung einer Predigt: «*Warum ist der Mensch?*»

ERSTER HANDWERKSBURSCH (predigt auf dem Tisch): *Jedoch, wenn ein Wandrer, der gelehnt steht an dem Strom der Zeit oder aber sich die göttliche Weisheit beantwortet und sich anredet: Warum ist der Mensch? Warum ist der Mensch? — Aber wahrlich, ich sage euch, von was hätte der Landmann, der Weißbinder, der Schuster, der Arzt leben sollen, wenn Gott den Menschen nicht geschaffen hätte? Von was hätte der Schneider leben sollen, wenn er dem Menschen nicht die Empfindung der Scham eingepflanzt hätte, von*

Albert Steinrück als Woyzeck bei der Uraufführung des Stückes in München, 1913. Zeichnung von Carl Graumann

was der Soldat, wenn er ihn nicht mit dem Bedürfnis, sich totzuschlagen ausgerüstet hätte? Darum zweifelt nicht — ja, ja, es ist lieblich und fein, aber alles Irdische ist übel, selbst das Geld geht in Verwesung über. — Zum Beschluß, meine geliebten Zuhörer, laßt uns noch übers Kreuz pissen, damit ein Jud stirbt!

Büchners nächste Frage: «Warum ist der Mensch arm?» Der von dem Fatalismus der Geschichte Überzeugte hat es aufgegeben, aktiv in den Kampf gegen die soziale Ungerechtigkeit einzugreifen. Als Dichter läßt ihn der Gedanke daran nicht los. Sein Stück spielt im Milieu der armen Leute; kann er das Elend nicht bessern, so kann er es doch zeigen. *Woyzeck* ist wohl das früheste Stück der Weltliteratur, das völlig in der Umgebung des vierten Standes spielt, das erste Arme-Leute-Stück der deutschen Literatur, ein soziales Drama, doch kein sozialistisches: *Woyzeck* ist kein Tendenzstück.

Büchner ist über den Tendenz-Schriftsteller hinausgewachsen. Will er im *Landboten* noch eine Gegenwarts-Situation bessern, so im *Woyzeck* nur noch erschüttern.

Franz Woyzeck ist der Repräsentant einer Gruppe von Menschen, welche dem sozialen Stand, in den sie hineingeboren, ebensowenig entrinnen können wie er selbst seinen «Stimmen». Gleichzeitig mit der Schilderung eines persönlichen Verhängnisses, wider das es kein Aufbäumen gibt, entwirft Büchner das Massenschicksal eines sozialen Standes, wie es als unabänderlich empfunden wird.

Die Armut schafft sich ihre eigenen Gesetze, ihre eigenen Ansichten von Gut und Böse, von Sitte und Moral. Büchner ist der erste, der sie anerkennt, das Zugeständnis seines Herzens. Damit geschieht Revolutionäres genug: es wird die Relativität der bürgerlichen Gesetzes-Vorschriften ausgesprochen. Muß der Arme die Vorschriften von Reichen, zum Schutze des Reichtums aufgestellt, anerkennen? Diese Frage, von Büchner aufgeworfen, wird die Literatur des ganzen, ihm folgenden Jahrhunderts beschäftigen.

Gleich der Eingangsdialog des Stückes — Woyzeck ist mit dem Rasieren des Hauptmanns beschäftigt — setzt den Zuschauer davon ins Bild:

HAUPTMANN: *Er ist ein guter Mensch — aber,* (mit Würde) *Woyzeck, Er hat keine Moral! Moral ist, wenn man moralisch ist, versteht Er. Es ist ein gutes Wort. Er hat ein Kind, ohne den Segen der Kirche, wie unser hochehrwürdiger Herr Garnisonsprediger sagt, ohne den Segen der Kirche, es ist nicht von mir.*
WOYZECK: *Herr Hauptmann, der liebe Gott wird den armen Wurm nicht drum ansehen, ob das Amen drüber gesagt ist, eh er gemacht wurde. Der Herr sprach: Lasset die Kleinen zu mir kommen.*
HAUPTMANN: *Was sagt Er da? Was ist das für eine kuriose Antwort? Er macht mich ganz konfus mit seiner Antwort. Wenn ich sag: Er, so mein' ich ihn, ihn —*
WOYZECK: *Wir arme Leut — Sehn Sie, Herr Hauptmann: Geld, Geld! Wer kein Geld hat — Da setz einmal eines seinesgleichen auf die*

«Woyzeck» (Münchener Kammerspiele.
Marie-Luise Willi, Hans Christian Blech)

Moral in die Welt. Man hat auch sein Fleisch und Blut. Unseins ist doch einmal unselig in der und der andern Welt. Ich glaub, wenn wir in Himmel kämen, so müßten wir donnern helfen.
HAUPTMANN: *Woyzeck, Er hat keine Tugend, Er ist kein tugendhafter Mensch. Fleisch und Blut? Wenn ich am Fenster lieg, wenn's geregnet hat, und den weißen Strümpfen so nachseh, wie sie über die Gassen springen — verdammt, Woyzeck —, da kommt mir die Liebe. Ich hab auch Fleisch und Blut. Aber, Woyzeck, die Tugend, die Tugend! Wie sollte ich dann die Zeit herumbringen? Ich sag*

mir immer: *du bist ein tugendhafter Mensch,* (gerührt) *ein guter Mensch, ein guter Mensch.*
WOYZECK: *Ja, Herr Hauptmann, die Tugend, ich hab's noch nicht so aus. Sehn Sie, wir gemeine Leut, das hat keine Tugend, es kommt einem nur so die Natur; aber wenn ich ein Herr wär und hätt einen Hut und eine Uhr und eine Anglaise und könnt vornehm reden, ich wollt schon tugendhaft sein. Es muß was Schönes sein um die Tugend, Herr Hauptmann. Aber ich bin ein armer Kerl.*
HAUPTMANN: *Gut, Woyzeck. Du bist ein guter Mensch, ein guter Mensch. Aber du denkst zuviel; das zehrt; du siehst immer so verhetzt aus.*

Büchner scheut sich nicht, auch die entwürdigendste Tätigkeit, zu der sich ein Armer gezwungen sehen kann, zu schildern. Woyzeck hat sich einem Doktor gegen drei Groschen täglich für medizinische Experimente zur Verfügung gestellt; eine Szene, die ihresgleichen sucht:

DOKTOR: *Was erleb ich, Woyzeck? Ein Mann von Wort!*
WOYZECK: *Was denn, Herr Doktor?*
DOKTOR: *Ich hab's gesehn, Woyzeck; Er hat auf die Straß gepißt, an die Wand gepißt, wie ein Hund! — Und doch drei Groschen täglich und Kost! Woyzeck, das ist schlecht; die Welt wird schlecht, sehr schlecht!*
WOYZECK: *Aber, Herr Doktor, wenn einem die Natur kommt.*
DOKTOR: *Die Natur kommt, die Natur kommt! Die Natur! Hab ich nicht nachgewiesen, daß der Musculus constrictor vesicae dem Willen unterworfen ist? Die Natur! Woyzeck, der Mensch ist frei, in dem Menschen verklärt sich die Individualität zur Freiheit. — Den Harn nicht halten können!* (Schüttelt den Kopf, legt die Hände auf den Rücken und geht auf und ab.) *Hat Er schon seine Erbsen gegessen, Woyzeck? Nichts als Erbsen, cruciferae, merk' Er sich's! Es gibt eine Revolution in der Wissenschaft, ich sprenge sie in die Luft. Harnstoff 0,10, salzsaures Ammonium, Hyperoxydul — Woyzeck, muß Er nicht wieder pissen? Geh Er einmal hinein und probier Er's!*
WOYZECK: *Ich kann nit, Herr Doktor.*
DOKTOR (mit Affekt): *Aber an die Wand pissen! Ich hab's schriftlich, den Akkord in der Hand! — Ich hab's gesehn, mit diesen Augen gesehn; ich steckt grade die Nase zum Fenster hinaus und ließ die Sonnenstrahlen hineinfallen, um das Niesen zu beobachten.* (Tritt auf ihn los): *Nein, Woyzeck, ich ärgere mich nicht; Ärger ist ungesund, ist unwissenschaftlich. Ich bin ruhig, ganz ruhig; mein Puls hat seine gewöhnlichen 60, und ich sag's Ihm mit der größten Kaltblütigkeit. Behüte, wer wird sich über einen Menschen ärgern, ein' Menschen! Wenn es noch ein Proteus wäre, der einem krepiert! Aber, Woyzeck, Er hätte doch nicht an die Wand pissen sollen —*

Woyzeck: *Sehn Sie, Herr Doktor, manchmal hat einer so 'en Charakter, so 'ne Struktur. — Aber mit der Natur ist's was anders, sehn Sie; mit der Natur (er kracht mit den Fingern), das is so was, wie soll ich doch sagen, zum Beispiel . . .*

Der arme Woyzeck geht seinen Weg, den Weg, den ihn seine «Stimmen» gehen heißen. Ehe er Marie zum Gang an den Teich abholt, wo er sie erstechen wird, läßt er sie, die ungetreue Geliebte, Zuhörerin eines Märchens werden. Eine Großmutter, von Kindern auf der Straße dazu gedrängt, erzählt es, eine ahnungsvolle, schauervolle Vorstimmung für einen Gang in den Tod. Die Weltverneinung Büchners findet in diesem Märchen ihren radikalsten Ausdruck. Bleibt einem Menschen, der dies ersonnen, noch viel vom Leben übrig?

Drittes Kind: *Großmutter, erzähl!*

Grossmutter: *Kommt, ihr kleinen Krabben! — Es war einmal ein arm Kind und hat kein Vater und keine Mutter, war alles tot und war niemand mehr auf der Welt. Alles tot, und es ist hingegangen und hat gesucht Tag und Nacht. Und weil auf der Erde niemand mehr war, wollt's in Himmel gehen, und der Mond guckt es so freundlich an; und wie es endlich zum Mond kam, war's ein Stück faul Holz. Und da ist es zur Sonn gangen, und wie es zur Sonn kam, war's ein verwelkt Sonneblum. Und wie's zu den Sternen kam, waren's kleine goldene Mücken, die waren angesteckt, wie der Neuntöter sie auf die Schlehen steckt. Und wie's wieder auf die Erde wollt, war die Erde ein umgestürzter Hafen. Und es war ganz allein, und da hat sich's hingesetzt und geweint, und da sitzt es noch und ist ganz allein.*

DER REALIST

Lenz

Georg Büchner, dem hingegebenen Leser Shakespeares und Goethes, konnte eine Erscheinung wie die Gestalt des Sturm-und-Drang-Dichters Jakob Michael Reinhold Lenz (1751—1792) nicht lange verborgen bleiben. Ja, man ist geradezu versucht, am Beispiel dieser literarischen Begegnung eine Chronologie der Wahlverwandtschaft zweier Seelen aufzustellen. Wer weiß, vielleicht war es nicht nur die Vorsicht des Vaters, nicht nur die Umsicht der Mutter, die den Sohn nach Straßburg gehen hieß, vielleicht trieb ihn auch der unberuhigte Geist Lenz' dorthin, daß er ihn endlich löse und binde, indem er ihm den Ewigkeitszug der Dichtung gäbe . . .

In der Nacht vom 23. auf den 24. Mai des Jahres 1792 starb auf den Straßen Moskaus ein Mann, der dort zuletzt wohl als Bettler umhergeirrt war. Er hatte sich als Sprachlehrer kümmerlich durchgeschlagen. Das war das Ende eines der genialsten Menschen in der Genie-Epoche des deutschen Geistes. So, als ob es von Reichtum überliefe, konnte es sich das Schicksal erlauben, ihn auf die Gosse zu werfen. Gewiß, dieser Jakob Michael Reinhold Lenz, ein Balte von Geburt, und als Begleiter adeliger junger Herren nach dem Straßburg Goethes und Herders gekommen, gewiß, er besaß nicht den Verstand Herders und nicht den Charakter Goethes, doch an Genie war er ihnen gleich, gleich glücklich an Intuition und im Begreifen der geistigen Situation seiner Zeit. Verweigert war ihm der Fleiß, die Beharrlichkeit, etwas aus seinen Talenten zu machen, verweigert war ihm die Schicksals-Gunst. Durchaus ein «Original-Genie», findet sich in seinem Werk eine Tendenz, die sowohl Herder als auch Goethe fehlt: die gesellschaftskritische. Schon die Empfindlichkeit, sich nicht als «Hofmeister» anreden zu lassen, eine Stellung, die er eine Zeitlang tatsächlich innehatte, spricht für das geschärfte soziale Bewußtsein des Theologie-Studenten. Erhielt er Briefe mit jener Anschrift, so verweigerte er die Annahme. Er empfand es als demütigend für einen freien Geist, die Bedientenrolle zu spielen, und er schrieb ein Diskussions-Stück über die Art solcher Demütigungen, die Komödie *Der Hofmeister, oder Vorteile der Privaterziehung*, und ein nächstes, worin er sich gegen das Eheverbot der Soldaten wendet. Beide Stücke sind Anklagen im Namen der Menschenrechte, Stoffe und Motive ganz nach dem Herzen Büchners. Goethe ließ sie unbeachtet, und mit ihm tat es die ältere klassisch-idealistisch eingestellte Literaturforschung. Erst von den Expressionisten entdeckt, wurden sie am Schluß des Krieges, 1917, zur Einleitung einer deutschen sozialen Revolution von Max Reinhardt gespielt.

Lenz hat die im Straßburger Goethekreis übliche Shakespeare-Verherrlichung nicht nur mitgemacht, er hat den Freunden den wichtigsten theoretischen Beitrag geliefert, indem er ihnen seine neue, an dem Engländer geschulte deutsche Dramaturgie vorlas: *Anmerkungen übers Theater*, zwei Jahre, bevor Goethes *Götz von Berlichingen*, das Stück, welches nach diesen Regeln gebaut ist, niedergeschrieben wurde.

Wie alle Genies, die nicht ausreifen dürfen, hat Lenz alles vorweggenommen, Jugend, die sich auf alles stürzt, um erst später zu wählen und zu entscheiden. So findet man bei ihm Züge der späteren Romantik, des späteren Realismus und des späteren Expressionismus — nur die klassischen findet man begreiflicherweise nicht, und unbegreiflicherweise ist es gerade dieser Umstand, den ihm die Nachwelt so hartnäckig als Fehler angerechnet hat. Mit 27 Jahren fiel der Schatten des Wahnsinns auf Lenzens Seele, erlahmten die Flügel seiner Phantasie für immer. In diesem Alter ist man Rebell, wenn man Genie hat, der Charakter und die Zeit schaffen dann den Dutzend-Poeten oder die Ausnahme.

Lenz, ein Original mit dem Lebensfluch der Nachahmung! Neben Shakespeare kannte er nur einen Gott auf Erden: Goethe. Doch auch dieser Umstand, der für ihn spricht, hat die Nachwelt gegen ihn verwendet, indem sie ihn zum «Affen Goethes» erklärte. Es ist wahr: im Sesenheimer Pfarrhaus bei der verlassenen Friederike, bei Goethes *Mädchen, mein Mädchen ...*, suchte Lenz das Nachfolge-Glück ihrer Liebe (und schrieb ihr Gedichte von einer Glut und Empfindung, die man lange Zeit als von Goethe rührend betrachtete) — es ist wahr, er verehrte, um in Goethes Nähe zu bleiben, dessen Schwester Cornelia, verheiratete Schlosser — es ist wahr, Lenz schrieb Goethes *Werther* einen Brief-Roman nach: *Der Waldbruder* — es ist wahr, Lenz reiste, seinem Abgott etwas naiv vertrauend, nach Weimar nach — es ist wahr, er nistete sich dort bei Frau von Stein ein, und es ist wahr, daß es in Weimar zu einem gesellschaftlichen Skandal kam, dem Goethe nicht anders zu begegnen wußte, als indem er den Freund des Landes verweisen ließ. Und Lenz findet keine andere Entschuldigung für all das als seine übergroße Liebe zu Goethe, er war ihm hörig. Jetzt, nach dem Bruch, geht seine Lebenslinie abwärts. Lenz kehrt an den Oberrhein zurück, wohnt bei Schlossers in Emmendingen. Im Sommer 1777 stirbt Cornelia. Auf Lenz macht dieser frühe Tod einen gemütszerstörenden Eindruck. Seit der Affäre von Weimar ist ein Jahr vergangen. Im Herbst treten die ersten Anzeichen von Wahnsinn bei ihm auf. Im November weilt der kranke Lenz im Hause von Christoph Kaufmann (1753—1795) in Winterthur, einem Freunde Lavaters und Goethes, den er in Weimar kennengelernt hatte. Kaufmann, Apotheker und Arzt, gab sich als berufsmäßiger Menschenfreund. Lavater hielt viel von seinen wundertätigen Gaben und weltverbesserlichenden Vorhaben, Goethe distanzierte sich ironisch, indem er Kaufmann einen «Spürhund Gottes» nannte, mit dem Refrain: «Die Gottes-Spur ist nun vorbei, und nur der Hund ist übrig blieben ...» Die Gastfreundschaft dieser Umgebung war es, die Lenz ein paar Monate lang genoß. Zu Beginn des Winters 1778 drängte es ihn von diesem Orte weg. Kaufmann schickte ihn zu einem Gesinnungsgenossen in Menschenfreundlichkeit, zu dem elsässischen Pfarrer Johann Friedrich Oberlin (1740—1826), welcher in Steintal bei Straßburg mit der kleinen, ihm anvertrauten Gemeinde religiöse und wirtschaftliche Experimente machte, derart, daß ihn die einen einen Heiligen, die anderen einen Narren nannten. In jedem Falle meinte es Oberlin ehrlich, und für eine zerrissene Dichterseele mußte er, der selbst in einem Zustand innerer Entrückung lebte (dafür ist nichts bezeichnender als der Titel einer seiner Abhandlungen: *Berichte eines Visionärs über den Zustand der Seelen nach dem Tode*), das rechte Verständnis haben. Lenz blieb in Oberlins Pfarrhaus, bis die Wahnsinnsanfälle in Selbstmordversuche ausliefen, dann ließ Oberlin den Gefährdeten in sicherere Obhut nach Straßburg bringen. Oberlin hatte sich von der Episode der Beherbergung Lenzens in seinem Hause täglich die genauesten Aufzeichnungen gemacht. Vielleicht wollte er den Weg der Verdüsterung der Seele seines Gastes aus psychologischen Gründen erkunden; vielleicht wollte er ein Dokument in Händen haben, jedem späteren Vorwurf entgegnen zu können, wußte er doch genau, welch auserlesener Geist ihm da anvertraut war.

Lenz gesundete, ohne noch einmal schöpferisch produktiv zu werden. Mit der finanziellen Unterstützung Goethes wurde er 1779 in seine baltische Heimat zurückgebracht, wo er bald in die ihm verhaßteste aller Existenzen schlüpfen und sich als Hofmeister von Familie zu Familie durchschlagen mußte, bereit, auch die letzte Demütigung zu ertragen, einsam als Unbekannter zu leben und verlassen auf der Straße zu sterben. —

Zu welcher Zeit Büchner auf Lenz aufmerksam wurde, ist nicht genau auszumachen. Goethes *Dichtung und Wahrheit* mit der Erwähnung seines Sturm- und Dranggenossen lag seit 1811 vor, eine Art Lenz-Renaissance kann man seit dem Jahre 1828 datieren, als der tätige Ludwig Tieck die zerstreuten Werke des Vergessenen sammelte und die erste Lenz-Gesamtausgabe herausbrachte. Vielleicht war diese den in den Buchenwäldern des Odenwaldes von Shakespeare schwärmenden Darmstädter Gymnasiasten zugänglich. Wenig Zweifel kann aber darüber bestehen, daß Büchner in Straßburg recht bald von Lenz erfuhr. Pfarrer Jaeglé, der schöngeistige Wirt Büchners, hatte insofern eine direkte Beziehung zu dem unglücklichen Dichter, als er, kaum ein paar Jahre zurück, Oberlins Leichenpredigt gehalten hatte, und Büchners Studienfreunde, die Stöbers, besaßen den handschriftlichen Nachlaß Oberlins. Ehrenfried Stöber, der Vater von Büchners Freunden, hatte eben, 1831, eine Biographie Oberlins (*Vie de Frédéric Oberlin*) erscheinen lassen, und im gleichen Jahr hatte August, der ältere seiner Söhne, Lenzens Briefe an Salzmann (den Straßburger Hausvater des Goethekreises) im Stuttgarter *Morgenblatt* veröffentlicht. So wird Büchner wohl durch seine Freunde vom wunderlichen Pfarrer Oberlin und von dessen wunderlichem Gaste, dem Dichter Lenz, erfahren haben. Tatsache ist, daß er, als er nach den ersten Semestern Straßburg verlassen muß, von Gießen aus

Jakob Michael Reinhold Lenz (1751—1792)

seiner Braut jenen langen Heimwehbrief schreibt, welchen er, ohne die Quelle eigens zu nennen, mit zwei Strophen aus einem Gedicht von Lenz *Die Liebe auf dem Lande* beschließt:

>*War nicht umsonst so still und schwach,*
>*Verlass'ne Liebe trug sie nach.*
>*In ihrer kleinen Kammer hoch*
>*Sie stets an der Erinnerung sog;*

*An ihrem Brotschrank an der Wand
Er immer, immer vor ihr stand,
Und wenn ein Schlaf sie übernahm,
Er immer, immer wiederkam.*
. . . .
*Denn immer, immer, immer doch
Schwebt ihr das Bild an Wänden noch
Von einem Menschen, welcher kam
Und ihr als Kind das Herze nahm.
Fast ausgelöscht ist sein Gesicht,
Doch seiner Worte Kraft noch nicht,
Und jener Stunden Seligkeit,
Ach, jener Träume Wirklichkeit,
Die, angeboren jedermann,
Kein Mensch sich wirklich machen kann.*

Die letzte Zeile der ersten Strophe muß übrigens richtig heißen: «Im Traum er immer wiederkam», ein Beweis, daß Büchner aus dem Gedächtnis zitiert hat. Eine Quelle brauchte er nicht zu nennen, er wußte die Empfängerin des Briefes eingeweiht in den Oberlin-Lenz-Kult der Studenten.

Abgesehen von dem Inhalt dieses Gedichtes, der für Büchners Gießener Situation gerade recht kam, ist es der Volkslied-Ton der Gedichte Lenzens insgesamt, der sie ihm so anziehend machen mußte. Büchner spürte, daß Lenz auf die Ursprünge der Poesie zurückgegangen war. Das hatte Herder gelehrt. Und wie einst Goethe durch das Elsaß zog, Volkslieder «aus denen Kehlen der ältesten Müttergens» nachzuschreiben, so streiften die Brüder Stöber durch die Lande, Sagen und Märchen aus ihrer Heimat zu sammeln. Später wird ihnen Büchner helfen, einen Verleger dafür zu finden.

Jedoch, erst während seines zweiten Straßburger Aufenthaltes während des Exils, scheint Büchner auf den besten Schatz aus den hinterlassenen Papieren Oberlins gestoßen zu sein, auf das Tagebuch des Pfarrers über Lenz. Büchner hat jetzt schon den *Danton* geschrieben, er ist aufgefordert, an literarischen Zeitschriften mitzuarbeiten; wer weiß, vielleicht geht seine Zukunft auf die Schriftstellerei. Im Oktober 1835 jedenfalls hat Büchner innere Erfahrung genug, sich und seinen Seelenzustand an Lenz zu messen, die Vision zu bannen. Die Wahlverwandten reichen sich die Hand. Büchner verschafft sich, wie er den Eltern schreibt, *«allerhand interessante Notizen über einen Freund Goethes, einen unglücklichen Poeten namens Lenz, der sich gleichzeitig mit Goethe hier aufhielt und halb verrückt wurde. Ich denke darüber einen Aufsatz in der Deutschen Revue erscheinen zu lassen...»* Aus diesem Vorhaben ist nie etwas geworden. Die *Deutsche Revue* wurde bald darauf verboten, und statt der literarhistorischen Skizze mit pikanten Details aus dem Sesenheimer Pfarrhaus (so etwas Ähnliches erwartete sich der Redakteur der *Revue*, Gutzkow), hinterließ Büchner eine Novelle, genauer gesagt das Bruchstück einer Novelle, *Lenz* überschrieben. Das Manuskript kam aus den Händen der Braut zu Gutzkow, der es als «Probe von Büchners Genie», 1839, im *Telegraph* veröffentlichte.

Lenz ist die einzige Prosa-Dichtung, die Büchner geschrieben hat, und sie ist unvollendet überdies. Büchners Ruhm, das war der Ruhm eines Dramatikers, mit einem Prosa-Bruchstück wußten seine Zeitgenossen wenig anzufangen. Zur Verkennung der Novelle trug nicht wenig der Umstand bei, daß August Stöber, im gleichen Jahre 1839, in der Zeitschrift *Erwinia* Büchners Quelle, Oberlins Tagebuch, veröffentlichte, und daraus war ja die Abhängigkeit Büchners (und «Abhängigkeit» drückt den Tatbestand gelinde aus) deutlich zu ersehen. Solche Vorurteile genügten, einen Edelstein der deutschen Dichtung jahrzehntelang zu übergehen. Erst ein halbes Jahrhundert später hat ihn sich der junge Gerhart Hauptmann entdeckt, indem er, bei *Lenz* in die Schule gehend, seine novellistische Studie *Der Apostel* schrieb. Aber auch nach Hauptmanns begeistertem Hinweis blieb es noch lange still und einsam um die Lenz-Novelle. Auf dem Wege, Vorgänger ihrer Stil-Experimente zu finden, erkannten sich zwar die Expressionisten nicht ungern darin, aber Büchners Prosa steht, wie über jeder literarischen Richtung, so auch über der expressionistischen Partei.

Man erklärt die Wirkungen dieser Dichtung auf den von den Überraschungen der Psychoanalyse verwöhnten Leser von heute nicht einfach damit, daß Büchner sie als Mediziner und umgeben vom ganzen Zubehör eines naturwissenschaftlichen Laboratoriums geschrieben hat. Hier war etwas Tieferes am Werk, die Wahlverwandtschaft.

Lenzens Weg in die Dichtung endete im Wahnsinn. Büchners Entscheidung zwischen Leben und Kunst war noch nicht gefallen. Drohte ihm nicht auch, entschlösse er sich für die Dichtung, Lenzens Opfergang? War dieses Ende es wert, die «glänzende Karriere», die man Büchner versprach («*und ich habe nichts darwider*», antwortete er auf solche Luftschlösser), aufzugeben? Büchner war sich selbst sein bester Seelenarzt. Er verschrieb sich die Kur *Lenz*, um zu sehen, wie weit er ihm folgen könne. Deshalb objektiviert er den Dichter Lenz aufs äußerste, weil er als Subjekt, als Dichter Büchner, aufs äußerste an dem Ausgang beteiligt bleibt.

Dieses Grundwesen ist's, das die Novelle so geheimnisvoll anziehend macht. Über den Ausgang des Experiments läßt sich nichts sagen, Büchners Tod beendete es vorzeitig; bestehen bleibt, daß wir ihm die kühlste und minutiöseste Schilderung der Aufwühlung einer Seele verdanken, die es in der deutschen Literatur gibt.

Georg Büchner erzählt nicht eine Krankengeschichte, er erfindet zu der Vorlage einer Krankengeschichte das neue dichterische Bild, das sie glaubhaft macht, das sie aus dem Alltag in die Kunst hebt.

Unvermittelt beginnt die Novelle, jeder schriftstellerische Schmuck fällt weg, nur die Ereignisse zählen, gleich der erste Satz bestimmt den Chronik-Stil, den Rahmen, und gleich die ersten Absätze lassen das Ungeheuerliche erraten, das sich in solchem bewährten Rahmen seltsam genug ausbreiten wird. Lenz geht durchs Gebirg. Büchner schildert die Kulisse in einem einzigen Satze, überdeutlich, acht von den siebzehn Worten sind Substantiva. Der nächste Absatz, das Wetter, belebt die Kulisse, das Wasser rieselt, springt, der Nebel dampft, streicht, die Tätigkeitswörter überwiegen. Der dritte Absatz gilt dem Wanderer. «*Müdigkeit spürte er keine, nur war es ihm manchmal unangenehm, daß er nicht auf dem Kopf gehen konnte.*» Eben hat der Leser noch nichts von Lenz gewußt, jetzt, mit diesem einzigen Satze, wird sein Gemütszustand enthüllt. Eine Verdichtung der Situation, wie man sie sich genialer nicht vorstellen kann: ‹Es tat ihm leid, daß er nicht auf dem Kopf gehen konnte . . .› Und die Einfühlung in den Kranken geht weiter:

«*Anfangs drängte es ihm in der Brust, wenn das Gestein so wegsprang, der graue Wald sich unter ihm schüttelte und der Nebel die Formen bald verschlang, bald die gewaltigen Glieder halb enthüllte; es drängte in ihm, er suchte nach etwas, wie nach verlornen Träumen, aber er fand nichts. Es war ihm alles so klein, so nahe, so naß; er hätte die Erde hinter den Ofen setzen mögen. Er begriff nicht, daß er so viel Zeit brauchte, um einen Abhang hinunter zu klimmen, einen fernen Punkt zu erreichen; er meinte, er müsse alles mit ein paar Schritten ausmessen können. Nur manchmal, wenn der Sturm das Gewölk in die Täler warf und es den Wald herauf dampfte, und die Stimmen an den Felsen wach wurden, bald wie fern verhallende Donner und dann gewaltig heranbrausten, in Tönen, als wollten sie in ihrem wilden Jubel die Erde besingen, und die Wolken wie wilde, wiehernde Rosse heransprengten, und der Sonnenschein dazwischen durchging und kam und sein blitzendes Schwert an den Schneeflächen zog, so daß ein helles, blendendes Licht über die Gipfel in die Täler schnitt; oder wenn der Sturm das Gewölk abwärts trieb und einen lichtblauen See hineinriß und dann der Wind verhallte und tief unten aus den Schluchten, aus den Wipfeln der Tannen wie ein Wiegenlied und Glockengeläute heraufsummte, und am tiefen Blau ein leises Rot hinaufklomm und kleine Wölkchen auf silbernen Flügeln durchzogen, und alle Berggipfel, scharf und fest, weit über das Land hin glänzten und blitzten — riß es ihm in der Brust, er stand, keuchend, den Leib vorwärts gebogen, Augen und Mund weit offen, er meinte, er müsse den Sturm in sich ziehen, alles in sich fassen, er dehnte sich aus und lag über der Erde, er wühlte sich in das All hinein, es war eine Lust, die ihm wehe tat; oder er stand still und legte das Haupt ins Moos und schloß die Augen halb, und dann zog es weit von ihm, die Erde wich unter ihm, sie wurde klein wie ein wandelnder Stern und tauchte sich in einen brausenden Strom, der seine klare Flut unter ihm zog. Aber es waren nur Augenblicke; und dann erhob er sich nüchtern, fest, ruhig, als wäre ein Schattenspiel vor ihm vorübergezogen — er wußte von nichts mehr.*

Gegen Abend kam er auf die Höhe des Gebirgs, auf das Schnee-

feld, von wo man wieder hinabstieg in die Ebene nach Westen. Er setzte sich oben nieder. Es war gegen Abend ruhiger geworden; das Gewölk lag fest und unbeweglich am Himmel; soweit der Blick reichte, nichts als Gipfel, von denen sich breite Flächen hinabzogen, und alles so still, grau, dämmernd. Es wurde ihm entsetzlich einsam; er war allein, ganz allein. Er wollte mit sich sprechen, aber er konnte nicht, er wagte kaum zu atmen; das Biegen seines Fußes tönte wie Donner unter ihm, er mußte sich niedersetzen. Es faßte ihn eine namenlose Angst in diesem Nichts: er war im Leeren! Er riß sich auf und flog den Abhang hinunter.

Es war finster geworden, Himmel und Erde verschmolzen in eins. Es war, als ginge ihm was nach und als müsse ihn was Entsetzliches erreichen, etwas, das Menschen nicht ertragen können, als jage der Wahnsinn auf Rossen hinter ihm.

Endlich hörte er Stimmen; er sah Lichter, es wurde ihm leichter. Man sagte ihm, er hätte noch eine halbe Stunde nach Waldbach.

Er ging durch das Dorf. Die Lichter schienen durch die Fenster, er sah hinein im Vorbeigehen: Kinder am Tische, alte Weiber, Mädchen, alles ruhige, stille Gesichter. Es war ihm, als müsse das Licht von ihnen ausstrahlen; es ward ihm leicht, er war bald in Waldbach im Pfarrhause.

Man saß am Tische, er hinein; die blonden Locken hingen ihm um das bleiche Gesicht, es zuckte ihm in den Augen und um den Mund, seine Kleider waren zerrissen.

Oberlin hieß ihn willkommen, er hielt ihn für einen Handwerker: ‹Sein Sie mir willkommen, obschon Sie mir unbekannt.› — ‹Ich bin ein Freund von Kaufmann und bringe Ihnen Grüße von ihm.› — ‹Der Name, wenn's beliebt?› — ‹Lenz.› — ‹Ha, ha, ha, ist er nicht gedruckt? Habe ich nicht einige Dramen gelesen, die einem Herrn dieses Namens zugeschrieben werden?› — ‹Ja, aber belieben Sie, mich nicht darnach zu beurteilen.›

Man sprach weiter, er suchte nach Worten und erzählte rasch, aber auf der Folter; nach und nach wurde er ruhig — das heimliche Zimmer und die stillen Gesichter, die aus dem Schatten hervortraten: das helle Kindergesicht, auf dem alles Licht zu ruhen schien und das neugierig, vertraulich aufschaute, bis zur Mutter, die hinten im Schatten engelgleich stille saß. Er fing an zu erzählen, von seiner Heimat; er zeichnete allerhand Trachten, man drängte sich teilnehmend um ihn, er war gleich zu Haus. Sein blasses Kindergesicht, das jetzt lächelte, sein lebendiges Erzählen! Er wurde ruhig; es war ihm, als träten alte Gestalten, vergessene Gesichter wieder aus dem Dunkeln, alte Lieder wachten auf, er war weg, weit weg.»

Büchner bleibt mit der Unerbittlichkeit des an klinischen Beobachtungen geschulten Mediziners den Abwegigkeiten der kranken Seele auf der Spur. Ganz eng hält er sich an Oberlins Bericht, streckenweise übernimmt er ihn wortwörtlich, um dann mit der Einschaltung einiger weniger Sätze den Rahmen der Vorlage zu sprengen.

Die Zutat des Genies sieht man nirgends deutlicher als am folgenden Beispiel. Büchner fügt eine kurze Betrachtung über die Langeweile ein, eine unsterbliche Stelle (man findet sie, kaum variiert, auch in *Leonce und Lena*), und nichts könnte die Daseinsqual der ihrer Richtung, ihres Ziels und ihres Ankers verlustig gegangenen Existenz besser charakterisieren als Lenzens Worte: «*Wenn ich nur unterscheiden könnte, ob ich träume oder wache; sehn Sie, das ist sehr wichtig . . .*»

Hier die Gegenüberstellung von Vorlage und Dichtung:

OBERLIN

Beim Nachtessen war er etwas tiefsinnig. Doch sprachen wir von allerlei. Wir gingen endlich vergnügt voneinander zu Bette. — Um Mitternacht erwachte ich plötzlich; er rannte durch den Hof, rief mit harter, etwas hohler Stimme einige Silben, die ich nicht verstand; seitdem ich aber weiß, daß seine Geliebte Friedericke hieß, kommt es mir vor, als ob es dieser Name gewesen wäre — mit äußerster Schnelle, Verwirrung und Verzweiflung ausgesprochen. Er stürzte sich, wie gewöhnlich in den Brunnentrog, patschte drin, wieder heraus und hinauf in sein Zimmer, wieder hinunter in den Trog, und so einige Mal — endlich wurde er still. Meine Mägde, die in dem Kinderstübchen unter ihm schliefen, sagten, sie hätten oft, insonderheit aber in selbiger Nacht, ein Brummen gehört, das sie mit nichts als mit dem Ton einer Haberpfeife zu vergleichen wüßten. Vielleicht war es sein Winseln mit hohler, fürchterlicher, verzweifelnder Stimme.

BÜCHNER

«*Beim Nachtessen war er wie gewöhnlich etwas tiefsinnig. Doch sprach er von allerlei, aber mit ängstlicher Hast. Um Mitternacht wurde Oberlin durch ein Geräusch geweckt. Lenz rannte durch den Hof, rief mit hohler, harter Stimme den Namen Friederike, mit äußerster Schnelle, Verwirrung und Verzweiflung ausgesprochen; er stürzte sich dann in den Brunnentrog, patschte darin, wieder heraus und herauf in sein Zimmer, wieder herunter in den Trog, und so einigemal — endlich wurde er still. Die Mägde, die in der Kinderstube unter ihm schliefen, sagten, sie hätten oft, insonderheit aber in selbiger Nacht, ein Brummen gehört, das sie mit nichts als mit dem Tone einer Haberpfeife zu vergleichen wüßten. Vielleicht war es sein Winseln, mit hohler, fürchterlicher, verzweifelnder Stimme.*»

«*Am folgenden Morgen kam Lenz lange nicht. Endlich ging Oberlin hinauf in sein Zimmer: er lag im Bett ruhig und unbeweglich. Oberlin mußte lange* fragen, ehe er Antwort bekam; endlich sagte er: ‹Ja, Herr Pfarrer, sehen Sie, die Langeweile! die Langeweile! o, so langweilig! Ich weiß gar nicht mehr, was ich sagen soll; ich habe schon allerlei Figuren an die Wand gezeichnet.› Oberlin sagte ihm, er möge sich zu Gott wenden; da lachte er und sagte: ‹Ja wenn ich so glücklich wäre wie Sie, einen so behaglichen Zeitvertreib aufzufinden, ja man könnte sich die Zeit schon so ausfüllen. Alles aus Müßiggang. Denn die meisten beten aus Langeweile, die andern verlieben sich aus Langeweile, die dritten sind tugendhaft, die vierten lasterhaft, und ich gar nichts, gar nichts, ich mag mich nicht einmal umbringen: es ist zu langweilig!

O Gott! in deines Lichtes Welle,
In deines glühnden Mittags Helle,
Sind meine Augen wund gewacht.
Wird es denn niemals wieder
   Nacht?›

Oberlin blickte ihn unwillig an und wollte gehen. Lenz huschte ihm nach, und indem er ihn mit unheimlichen Augen ansah: ‹Sehn Sie, jetzt kommt mir doch was ein, wenn ich nur unterscheiden könnte, ob ich träume oder wache; sehn Sie, das ist sehr wichtig, wir wollen es untersuchen› — er huschte dann wieder ins Bett.

Den Nachmittag wollte Oberlin in der Nähe einen Besuch machen; seine Frau war schon fort. Er war im Begriff wegzugehen, als es an seine Türe klopfte und Lenz hereintrat mit vorwärtsgebogenem Leib, niederwärts hängendem Haupt, das Gesicht über und über und das Kleid hie und da mit Asche bestreut, mit der

Freitag, den 6., den Tag nach meiner Zurückkunft, hatte ich beschlossen, nach Rothau, zu Herrn Pfarrer Schweighäuser zu reiten. Meine Frau ging mit. Sie war schon fort, und ich im Begriff, auch abzureisen. Aber welch ein Augenblick! Man klopft an meiner Tür, und Herr L... tritt herein, mit vorwärtsgebogenem Leibe, niederwärts hängendem Haupt, das Gesicht über und über und das Kleid hier und da mit Asche verschmiert, mit der

| rechten Hand an dem linken Arm haltend. Er bat mich, ihm den Arm zu ziehen, er hätte ihn verrenkt, er hätte sich vom Fenster heruntergestürzt; weil es aber niemand gesehen, möcht ich's auch niemand sagen ... | *rechten Hand den linken Arm haltend. Er bat Oberlin, ihm den Arm zu ziehen: er hätte ihn verrenkt, er hätte sich zum Fenster heruntergestürzt; weil es aber niemand gesehen, wollte er es auch niemand sagen ...»* |

An einer entscheidenden Stelle der Novelle, da man den Dichter Lenz gerade noch für zurechnungsfähig halten darf, legt ihm Büchner ein künstlerisches Glaubensbekenntnis in den Mund, von dem allerdings bei Oberlin kein Wort steht. Es ist Lenz, der dort, angesichts seiner Freunde, seine Poetik verteidigt, es sind Lenzens Stücke *Der Hofmeister* und *Die Soldaten*, die dort als Muster dienen, und doch meint Büchner damit sich selbst.

Eine erste Rechenschaft über seine Stellung als Künstler hatte er, an die Adresse seiner Eltern, in jenem Brief über *Dantons Tod* gegeben. Diese Gedanken sind jetzt ausgereift. Büchner spricht sie zum erstenmal zusammenhängend und für die Öffentlichkeit bestimmt aus. Man hat diese Stelle das «Dogma des Realismus» genannt, gewiß eine elegante Formel, doch fehlt ihr das Wesentliche: ein Dogma setzt voraus, daß es verkündet und bekannt gemacht wird. Büchners Ausführungen blieben unbekannt, oder doch unbeachtet, keiner der großen deutschen Realisten des 19. Jahrhunderts, weder Raabe noch Fontane, haben von Büchner gewußt, gelernt oder lernen können.

Schließlich vereinfacht die Formel vom Realisten auch den Dichter Büchner zu sehr. Den Idealismus eine *«schmähliche Verachtung der menschlichen Natur»* nennen, heißt noch nicht Realist sein. Gerade die Lenz-Novelle zeigt einen Büchner, der sein Herz leidenschaftlicher entblößt, als es einem Realisten zukommt.

Lenz ist eine Beichte Büchners, mit 22 Jahren abgelegt, eine Bedrängung, die er sich von der Seele schrieb, um gesund zu bleiben.

Über Tisch war Lenz wieder guter Stimmung: man sprach von Literatur, er war auf seinem Gebiete. Die idealistische Periode fing damals an; Kaufmann war ein Anhänger davon, Lenz widersprach heftig. Er sagte: Die Dichter, von denen man sage, sie geben die Wirklichkeit, hätten auch keine Ahnung davon; doch seien sie immer noch erträglicher als die, welche die Wirklichkeit verklären wollten. Er sagte: Der liebe Gott hat die Welt wohl gemacht, wie sie sein soll, und wir können wohl nicht was Besseres klecksen; unser einziges Bestreben soll sein, ihm ein wenig nachzuschaffen. Ich verlange in allem — Leben, Möglichkeit des Daseins, und dann ist's gut; wir haben dann nicht zu fragen, ob es schön, ob es häßlich ist. Das Gefühl, daß, was geschaffen sei, Leben habe, stehe über diesen beiden und sei das einzige Kriterium in Kunstsachen. Übrigens begegne es uns nur selten: in Shakespeare finden wir es, und in den Volksliedern tönt es einem ganz, in Goethe manchmal entgegen; alles übrige kann man ins Feuer werfen. Die Leute können auch keinen Hundsstall zeichnen. Da wollte man idealistische Gestalten, aber alles, was ich davon gesehen, sind Holzpuppen. Dieser Idealismus ist die schmählichste Verachtung der menschlichen Natur. Man versuche es einmal und senke sich in das Leben des Geringsten und gebe es wieder in den Zuckungen, den Andeutungen, dem ganz feinen, kaum bemerkten Mienenspiel; er hätte dergleichen versucht im ‹Hofmeister› und den ‹Soldaten›. Es sind die prosaischsten Menschen unter der Sonne; aber die Gefühlsader ist in fast allen Menschen gleich, nur ist die Hülle mehr oder weniger dicht, durch die sie brechen muß. Man muß nur Aug und Ohren dafür haben. Wie ich gestern neben am Tal hinaufging, sah ich auf einem Steine zwei Mädchen sitzen: die eine band ihre Haare auf, die andre half ihr; und das goldne Haar hing herab, und ein ernstes bleiches Gesicht, und doch so jung, und die schwarze Tracht, und die andre so sorgsam bemüht. Die schönsten, innigsten Bilder der altdeutschen Schule geben kaum eine Ahnung davon. Man möchte manchmal ein Medusenhaupt sein, um so eine Gruppe in Stein verwandeln zu können, und den Leuten zurufen. Sie standen auf, die schöne Gruppe war zerstört; aber wie sie so hinabstiegen, zwischen den Felsen, war es wieder ein anderes Bild.

Die schönsten Bilder, die schwellendsten Töne gruppieren, lösen sich auf. Nur eins bleibt: eine unendliche Schönheit, die aus einer Form in die andre tritt, ewig aufgeblättert, unverändert. Man kann sie aber freilich nicht immer festhalten und in Museen stellen und auf Noten ziehen, und dann alt und jung herbeirufen, und die Buben und Alten darüber radotieren und sich entzücken lassen. Man muß die Menschheit lieben, um in das eigentümliche Wesen jedes einzudringen; es darf einem keiner zu gering, keiner zu häßlich sein, erst dann kann man sie verstehen; das unbedeutendste Gesicht macht einen tiefern Eindruck als die bloße Empfindung des Schönen, und man kann die Gestalten aus sich heraustreten lassen, ohne etwas vom Äußern hinein zu kopieren, wo einem kein Leben, keine Muskeln, kein Puls entgegenschwillt und pocht.

Kaufmann warf ihm vor, daß er in der Wirklichkeit doch keine Typen für einen Apoll von Belvedere oder eine Raffaelische Madonna finden würde. Was liegt daran, versetzte er; ich muß gestehen, ich fühle mich dabei sehr tot. Wenn ich in mir arbeite, kann ich auch wohl was dabei fühlen, aber ich tue das Beste daran. Der Dichter und Bildende ist mir der liebste, der mir die Natur am wirklichsten gibt, so daß ich über seinem Gebild fühle; alles übrige stört mich. Die holländischen Maler sind mir lieber als die italienischen, sie sind auch die einzigen faßlichen. Ich kenne nur zwei Bilder, und zwar von Niederländern, die mir einen Eindruck gemacht hätten, wie das Neue Testament: das eine ist, ich weiß nicht von wem, Christus und die Jünger von Emmaus. Wenn man so liest, wie die Jünger hinausgingen, es liegt gleich die ganze Natur in den paar Worten. Es ist ein trüber, dämmernder Abend, ein einförmiger roter Streifen am Horizont, halbfinster auf der Straße; da kommt ein Unbekannter zu ihnen, sie sprechen, er bricht das Brot; da erkennen sie ihn, in einfachmenschlicher Art, und die göttlich-leidenden Züge reden ihnen deutlich, und sie erschrecken, denn es ist finster geworden, und es tritt sie etwas Unbegreifliches an; aber es ist kein gespenstisches Grauen, es ist, wie wenn einem ein geliebter Toter in der Dämmerung in der alten Art entgegenträte: so ist das Bild mit dem einförmigen, bräunlichen Ton darüber, dem trüben stillen Abend. Dann ein anderes: Eine Frau sitzt in ihrer Kammer, das Gebetbuch in der Hand. Es ist sonntäglich aufgeputzt, der Sand gestreut, so heimlich rein und warm. Die Frau hat nicht zur Kirche gekonnt, und sie verrichtet die Andacht zu Haus; das Fenster ist offen, sie sitzt darnach hingewandt, und es ist, als schwebten zu dem Fenster über die weite ebne Landschaft die Glockentöne von dem Dorfe herein und verhallet der Sang der nahen Gemeinde aus der Kirche her, und die Frau liest den Text nach.

In der Art sprach er weiter; man horchte auf, es traf vieles. Er war rot geworden über dem Reden, und bald lächelnd, bald ernst schüttelte er die blonden Locken. Er hatte sich ganz vergessen.

DER NATURFORSCHER

Der Generalbeichte seines *Danton* folgt der gute Vorsatz auf dem Fuße. Kaum hat Büchner die Sicherheit des französischen Bodens erreicht, als er ihn den Eltern mitteilt:

«*Jetzt habe ich Hände und Kopf frei . . . Es liegt jetzt alles in meiner Hand. Ich werde das Studium der medizinisch-philosophischen Wissenschaften mit der größten Anstrengung betreiben, und auf d em Felde ist noch Raum genug, um etwas Tüchtiges zu leisten, und unsere Zeit ist grade dazu gemacht, dergleichen anzuerkennen. Seit ich über der Grenze bin, habe ich frischen Lebensmut; ich stehe jetzt ganz allein, aber gerade das steigert meine Kräfte. Der beständigen geheimen Angst vor Verhaftung und sonstigen Verfolgungen, die mich in Darmstadt beständig peinigte, enthoben zu sein, ist eine große Wohltat.*»

Dem aufmerksam lesenden Vater ist das Bindestrichwort hinter «*medizinisch*» nicht entgangen. Selbst in Gießen nicht hatte sich sein Sohn mit dem Studium der Medizin als einem Mittel zum Broterwerb begnügt. Georg sah den Beruf, der ihn als Arzt ernähren sollte, niemals als ein in sich abgeschlossenes Gebiet an. Für ihn stellten die Fächer des Arztes, Anatomie, Biologie, Physiologie, stets nur einen Teil des Ganzen der Lebensäußerung dar, und sein Sinn ging auf das Ganze. Die Beschäftigungen mit der Geschichte und mit der Philosophie hatten ihm die wohltätige Kraft neuer Erkenntnisse nicht versagt. Zaghaft hatte er in Gießen die Schwelle des Tempels betreten, die ihn über die Abgrenzungen des Fachwissens hinausführen sollte; jetzt war er entschlossen, die Tür aufzustoßen.

Durch die Flucht hatte er sich aus der Liste der «Landeskinder» gestrichen. Die Aussicht, in Gießen promovieren zu können, sich als Arzt im Gebiete des Großherzogtums niederzulassen oder gar, wie der Vater, als Beamter im Dienste dieses Staates zu stehen, bestand nicht mehr. Mit seiner politischen Gesinnungsfreiheit hatte sich Georg Büchner auch die Berufsfreiheit erkauft. Nicht mehr die Drohung des Daseins eines reglementierten Arztes verdüsterte seine Zukunft, die Lockung der Tätigkeit eines freien Forschers erhellte sie. Nichts anderes hatte er mit dem Bindestrichwort sagen wollen, und der Vater hatte es wohl verstanden, dieses «*philosophisch*»; zu viele Unterhaltungen hatte er darüber mit dem Sohne schon geführt.

Die Natur als ein Ganzes sehen, alle ihre Äußerungen als den Ausdruck des gleichen Lebens- und Schöpferwillens zu begreifen, von der besonderen Erscheinung auf den allgemeinen Typ zu schließen, das waren die fruchtbaren Gedanken, Lehren und Ergebnisse aus Goethes Beschäftigung mit den exakten Naturwissenschaften, der Botanik und der Zoologie vor allem. Von der italienischen Reise hatte er die Idee der «Urpflanze» mitgebracht, seine Entdeckung des Zwischenkieferknochens bestätigte ihm die Theorie der «metamorphosierten» Wirbelknochen, das heißt also, der Ur-Wille der Natur, den Goethe in der Metamorphose der Pflanzen sich bekunden sah, er durfte als lenkende Absicht auch für die Entwicklung der tierischen Lebewesen gelten. Goethe konnte neben die Idee der «Urpflanze» den Gedanken des «Urbildes» der Tiere stellen:

> Zweck seiner selbst ist jegliches Tier, vollkommen entspringt es
> Aus dem Schoß der Natur und zeugt vollkommene Kinder.
> Alle Glieder bilden sich aus nach ew'gen Gesetzen,
> Und die seltenste Form bewahrt im Geheimen das Urbild ...
>   ... denn alle lebendigen Glieder
> Widersprechen sich nie und wirken alle zum Leben.
> Also bestimmt die Gestalt die Lebensweise des Tieres,
> Und die Weise zu leben, sie wirkt auf alle Gestalten
> Mächtig zurück ...

Es ist, als ob Büchner die Aufforderung, mit welcher Goethe dies Gedicht, *Die Metamorphose der Tiere*, beschließt, als eine ihn verpflichtende Aufgabe verstanden hätte:

> Keinen höhern Begriff erringt der sittliche Denker,
> Keinen der tätige Mann, der dichtende Künstler; der Herrscher,
> Der verdient, es zu sein, erfreut nur durch ihn sich der Krone.
> Freue dich, höchstes Geschöpf, der Natur! Du fühlest dich fähig,
> Ihr den höchsten Gedanken, zu dem sie schaffend sich aufschwang,
> Nachzudenken. Hier stehe nun still und wende die Blicke
> Rückwärts, prüfe, vergleiche und nimm vom Munde der Muse,
> Daß du schauest, nicht schwärmst, die liebliche volle Gewißheit.

Prüfen, vergleichen, schauen, nicht schwärmen, diese Grundsätze des exakten Forschers hatte Büchner bereits von seinem Vater übernommen, doch über ein gleichsam blindes Ansammeln von Präparaten hatten sie nicht geführt. Selbst, wenn man in manchem Falle bestimmte Ergebnisse daraus folgern konnte, Rückschlüsse auf die Ursache einer Krankheit oder einer Mißbildung, man war damit nicht eigentlich weitergekommen, nicht fortgeschritten. Man irrte wie in einer Wüste ohne Plan und ohne Richtung umher, einer Wüste, die nicht einmal einen Himmel über sich hatte, denn der Glaube an den Kirchenglauben war längst zerstört.

Goethes Naturphilosophie — um im Bilde zu bleiben — bewässerte jene Wüste, schuf bewohnbares Land, es wurde möglich, sich dort einzurichten, und im Himmel darüber leuchteten als richtungsweisende Sterne die Leitbilder der Metamorphose von Pflanze und Tier.

Büchner wurde zum Schüler Goethes; dies geschah nicht von heute auf morgen und auf mancherlei Umwegen des Denkens und der Begegnungen, aber daß Büchner den Weg zu Goethe fand, inmitten der Befangenheit der zeitgenössischen Wissenschaft, beweist die Verwandtschaft der Genies. Und überzeugt von der «lieblichen vollen Gewißheit», die Goethe einmal so ausdrückt:

Lorenz Oken (1779—1851). Steindruck von Friedrich Oldermann nach einer Zeichnung von Franz Krüger, um 1825

<blockquote>
«Zu erforschen, zu erfahren,
Zum Erstaunen bin ich da . . .»
</blockquote>

macht sich Georg Büchner an die Aufgabe, seinen Teil des Erstaunens zu leisten.

Als Student in Gießen hatte er mit nur zwei anderen Kommilitonen gemeinsam ein Privatissimum über vergleichende Anatomie bei dem Dozenten und späteren Anatomie-Professor Christian Wernekinck besucht; schon dort fiel er durch gründliche Kenntnisse auf diesem Spezialgebiet auf. Behandelt wurden die Wirbeltheorien. Auf diesem Felde war dem Außenseiter Goethe ein großer Rivale entstanden, der Jenaer (und später Züricher) Professor Lorenz Oken, ein alemannischer Bauernsohn, dreißig Jahre jünger als Goethe, wie dieser gleich glücklich in der Gabe der zusammenfassenden Überschau. Oken war unabhängig von Goethe zu den gleichen Ergebnissen — des Schädels als eines metamorphosierten Wirbels — gekommen, ein Umstand, der Goethe veranlaßte, einen Prioritätsstreit zu entfachen, war er doch tatsächlich der erste gewesen, der den entscheidenden Gedanken ausgesprochen hatte. Oken wußte ihn nur noch radikaler auszudrücken: «Der ganze Mensch ist nur ein Wirbelbein».

In Straßburg nun säumt Georg Büchner keine Stunde, von seinen neuen, äußeren und inneren Freiheiten Gebrauch zu machen. Von den Alltagssorgen des politischen Flüchtlings geplagt, überfallen von dichterischen Eingebungen, findet er den Fleiß und die Ausdauer für eine monatelang dauernde naturwissenschaftliche Untersuchung, mit der er sich an Goethe schult. Er wählt ein Thema der vergleichenden Anatomie, wobei er Goethes im Jahre 1820 veröffentlichte Verfahrensweise (*Vorträge über die drei ersten Kapitel des Entwurfs einer allgemeinen Einleitung in die vergleichende Anatomie ausgehend von der Osteologie*) sehr genau befolgt. Sie erforderte viel Arbeit, diese Untersuchung über das Nervensystem der Barben (einer in Straßburg häufigen Fischart) mit Hunderten von Präparaten, die er sich selber mühsam herzustellen hatte, Arbeit mit der Lupe, für den Kurzsichtigen doppelt schwer.

Die Ergebnisse seiner Untersuchung trug Büchner, auf französisch, den Mitgliedern der Gesellschaft des Straßburger Naturhistorischen Museums in drei Sitzungen vor, mit dem schönen Erfolg, daß jene Gesellschaft beschloß, das Werk auf ihre Kosten drucken zu lassen. Ein Jahr nach *Dantons Tod* erschien diese kleine Schrift, Büchners zweites Buch, das letzte, das zu seinen Lebzeiten veröffentlicht werden sollte.

Hier interessieren uns nicht die Details seiner Arbeit, sondern nur die philosophischen Schlüsse, die er daraus zieht. Sie lauten (in der Übersetzung Ludwig Büchners):

«Als Resultat meiner Arbeit glaube ich bewiesen zu haben, daß es sechs ursprüngliche Gehirn-Nerven-Paare gibt, welchen sechs Gehirn-Wirbel entsprechen, und daß die Entwicklung der Gehirn-Massen nach Maßgabe ihrer Entstehung geschieht. Daraus folgt, daß der Kopf das Erzeugnis einer Metamorphose des Rückenmarks und der Wirbel ist, und daß die vor der Wirbelsäule gelegenen Organe des vegetativen Lebens sich vor der Schädelkapsel, wenn auch in einem höheren Entwicklungs-Grad, wiederfinden müssen. Jeder Wirbelkörper besitzt zwei Knochen-Ringe. Der eine obere, welcher durch den Bogen und Dornfortsatz gebildet wird und dem Lichte zugewendet ist, schließt das Rückenmark als Zentralorgan des animalischen Lebens ein; der untere, dem Boden zugewendete, umschließt die Organe des vegetativen Lebens; er wird gebildet durch die Querfortsätze und die Rippen. Wer an der Richtigkeit dieser Vergleichung zweifeln sollte, möge einen der Schwanzwirbel der Fische betrachten, er wird die beiden Ringe, von denen ich soeben gesprochen, wiederfinden. Der obere umschließt das Zentral-Organ des animalen Le-

bens; der andere das Zentral-Organ des vegetativen Lebens oder die große Körper-Pulsader, so daß diese letztere, gerade so wie das Rückenmark, einen förmlichen Wirbelkanal besitzt. Man denke sich nun, daß die Teile, welche diesen Bogen bilden, sich nicht mehr in der Mittellinie vereinigen, und man hat die Rippen! Bei den höheren Tieren ergänzt sich dieser Bogen durch das Brustbein. Die hauptsächlichsten, vor der Wirbelsäule gelegenen und durch den unteren Bogen eingeschlossenen Organe des vegetativen Lebens sind die der Verdauung und der Atmung dienenden Röhren-Systeme. In ähnlicher Weise wiederholt die Mundhöhle mit ihren Speichelorganen das Verdauungs-Rohr mit seinen drüsigen Anhängen, und die Nase das Atmungs-Rohr, indem die Knochen des Gesichtes den unteren Ring oder die Querfortsätze und Rippen der Schädelwirbel vorstellen.

Übrigens sind alle diese Vergleichungen nur annähernder Art. Ich leugne nicht die großen Verschiedenheiten zwischen Kopf und Rumpf, zwischen Gehirn und Rückenmark, zwischen Hirn-Nerven und Rückenmarks-Nerven, und will nur den ursprünglichen Typus zeigen, nach welchem sich diese Teile entwickelt haben. Man kann einen solchen Typus nur verkennen, wenn man hartnäckig Tatsachen aufsucht, welche schwer zu erkennen und scheinbar willkürlich sind. Die Natur ist groß und reich, nicht weil sie in jedem Augenblick willkürlich neue Organe für neue Vorrichtungen schafft, sondern weil sie die höchsten und reinsten Formen nach dem einfachsten Plane hervorbringt.»

Wenn es Büchners geheime Absicht schon seit langem war, mit dieser Untersuchung die Aufmerksamkeit Okens auf sich zu lenken, dann ist sie ihm glänzend gelungen. Oken, der erst kürzlich seinen Lehrstuhl an der neugegründeten Universität Zürich bezogen hatte, gab den Ausschlag dafür, daß Georg Büchner, ohne mündliche Prüfung, allein auf Grund der eingereichten Arbeit *Über die Schädelnerven der Barben* die Doktorwürde verliehen wurde. Das Protokoll der Philosophischen Fakultät ist im September 1836 ausgestellt. Nicht genug damit: Oken stellte dem jungen Wissenschaftler eine Dozentur in Aussicht. Büchner sah einen Lebenswunsch in Erfüllung gehen. Eine Zeitlang schwankte er, ob er für seine Probe-Vorlesung ein rein philosophisches oder ein naturwissenschaftliches Thema nehmen sollte. In seinem Nachlaß haben sich sehr umfangreiche Vorstudien über Spinoza und Cartesius gefunden, welch eine Begabung, so souverän wählen zu können! Er entschied sich für die Naturwissenschaft, wiederum für die entsagungsvolle Arbeit des Präparierens. Das Thema, dem ersten nah verwandt, handelte *Über die Schädelnerven der Fische*. Die Probevorlesung war für Anfang November vorgesehen, am 18. Oktober, einen Tag nach seinem 23. Geburtstag, den er noch mit der Braut in Straßburg verbracht hatte, traf er in Zürich ein. Seine Vorlesung entsprach allen Erwartungen der Fakultät, der große Oken saß unter den Hörern. Noch am gleichen Tage wurde dem «Hohen Erziehungsrate» die Aufnahme Büchners als Privatdozent in die Reihen der Zürcher Universitätslehrer empfohlen.

Der philosophische Ertrag von Büchners exakten Untersuchungen ist diesmal größer. Der Zoologe Jean Strohl urteilt darüber in seinem Buch: Lorenz Oken und Georg Büchner (1936): «Vergleicht man Promotionsarbeit und Probevorlesung miteinander, so erscheint wohl die letztere wie ein Destillat subtilster Essenzen, wie ein unaufhaltsamer Reifeprozeß: aus weichem Baumharz ist helleuchtender Bernstein geworden. Mit neuem Schwung werden die Sätze des Themas wieder aufgenommen, und in der Büchner gefügigeren Muttersprache ergreifend großartig gestaltet. Nun er die Einzeltatsachen klarlegt und das Detailwerk hinter sich hat, tritt der Sinn der ganzen Arbeit in entschieden wärmeren Tönen und mit tiefer, weiserer Kraft hervor ... Nicht nach Zwecken handelt die Natur, sondern sie ist ‹in allen diesen Äußerungen sich unmittelbar selbst genug, alles, was ist, ist um seiner selbst willen da.› Es ist ein Gesetz der Schönheit, der Harmonie, der Ordnung, das nach Büchner dem allem zugrunde liegt.»

Der künftige Privatdozent trug vor:

«Die Natur handelt nicht nach Zwecken, sie reibt sich nicht in einer unendlichen Reihe von Zwecken auf, von denen der eine den anderen bedingt; sondern sie ist in allen ihren Äußerungen sich unmittelbar selbst genug. Alles, was ist, ist um seiner selbst willen da. Das Gesetz dieses Seins zu suchen, ist das Ziel der der teleologischen gegenüberstehenden Ansicht, die ich die philosophische nennen will. Alles, was für jene Zweck ist, wird für diese Wirkung. Wo die teleologische Schule mit ihrer Antwort fertig ist, fängt die Frage für die philosophische an. Diese Frage, die uns auf allen Punkten anredet, kann ihre Antwort nur in einem Grundgesetze für die gesamte Organisation finden, und so wird für die philosophische Methode das ganze körperliche Dasein des Individuums nicht zu seiner eigenen Erhaltung aufgebracht, sondern es wird die Manifestation eines Urgesetzes, eines Gesetzes der Schönheit, das nach den einfachsten Rissen und Linien die höchsten und reinsten Formen hervorbringt. Alles, Form und Stoff, ist für sie an dies Gesetz gebunden. Alle Funktionen sind Wirkungen desselben; sie werden durch keine äußeren Zwecke bestimmt, und ihr sogenanntes zweckmäßiges Aufeinander- und Zusammenwirken ist nichts weiter als die notwendige Harmonie in den Äußerungen eines und desselben Gesetzes, dessen Wirkungen sich natürlich nicht gegenseitig zerstören ...»

Georg Büchner nahm seine Vorlesungen sogleich auf. Er kündigte sein Kolleg über vergleichende Anatomie der Fische und Amphibien als «zoologische Demonstrationen» an. Unter den wenigen Hörern, die er hatte, befand sich ein deutscher Flüchtling, August Lüning, der wegen seiner burschenschaftlichen Gesinnung das Asyl der Schweiz aufsuchte, in Zürich Medizin studierte und es später im Dienste der Schweiz zum Kantonal-Stabsarzt brachte. Auf Wunsch des ersten Herausgebers von Büchners Gesammelten Werken, Karl Emil Franzos, stellte Lüning, vierzig Jahre später, die folgenden Erinnerungen zur Verfügung:

«Der Vortrag Büchners war nicht geradezu glänzend, aber fließend, klar und bündig, rhetorischen Schmuck schien er fast ängstlich, als nicht zur Sache gehörig, zu vermeiden; was aber diesen Vorlesungen vor allem ihren Wert verlieh und was dieselben für die Zuhörer so fesselnd machte, das waren die fortwährenden Beziehungen auf die Bedeutung der einzelnen Teile der Organe und auf die Vergleichung derselben mit denen der höheren Tierklassen, wobei sich Büchner aber von den damaligen Übertreibungen der sogenannten naturphilosophischen Schule (Oken, Carus usw.) weislich fernzuhalten wußte; das waren ferner die ungemein sachlichen, anschaulichen Demonstrationen an frischen Präparaten, die Büchner, bei dem völligen Mangel daran an der noch so jungen Universität, sich größtenteils selbst beschaffen mußte. So präparierte er z. B. das gesamte Kopfnervensystem der Fische und der Batrachier auf das sorgfältigste an frischen Exemplaren, um diese Präparate jedesmal zu den Vorlesungen verwenden zu können. Diese beiden Momente, die beständige Hinweisung auf die Bedeutung der Teile und die anschaulichen Demonstrationen an den frischen Präparaten, hatten denn auch wirklich das lebendigste Interesse bei allen Zuhörern zur Folge. Ich habe während meines achtjährigen (juristischen und medizinischen) Studiums manches Kollegium gehört, aber ich wüßte keines, von dem mir eine so lebendige Erinnerung geblieben wäre als von diesem Torso von Büchners Vorlesungen über die vergleichende Anatomie der Fische und Amphibien.»

Es bleibt müßig, sich in Spekulationen darüber zu ergehen, was Büchner für die Wissenschaft bedeutet hätte, wäre seine Laufbahn nicht so jäh abgebrochen. Ludwig Büchner gefiel sich in der Vorstellung, seinem Bruder diejenige Rolle anzuweisen, die später Darwin spielen sollte. Sicher ist, daß der Dichter des Fatalismus der Geschichte in den Gesetzmäßigkeiten der Natur jene höheren Absichten erkannte, die er in seinen Dichtungen noch leugnete. Goethe hat ihn diesem Weltgeheimnis nähergebracht. Büchners «Erstaunen»: vielleicht hätte es das naturwissenschaftliche Denken des 19. Jahrhunderts in ganz andere Bahnen gelenkt, als Darwin es getan hat.

DER EMIGRANT

Büchner war ohne Paß nach Straßburg gekommen, ein mittelloser politischer Flüchtling, ein Emigrant. Dank der Protektion seiner Lehrer und seiner Freunde erhielt er die Vergünstigung einer polizeilichen Aufenthaltsgenehmigung; der offizielle Verlobte einer angesehenen Familie bot der Polizei Bürgschaft genug. Nun, aus Gründen des Wohlanstandes konnte er jetzt nicht mehr im Hause der Braut wohnen, er fand ein Zimmer in der Rue de la Douane Nr. 18. Seinen Unterhalt mußte er zunächst selber bestreiten, aus den Honoraren der literarischen Brotarbeiten, die er für Sauerländer machte, den Übersetzungen Victor Hugos. Später sorgten regelmäßige Zuwendungen seines Vaters dafür, daß er nicht gerade hungerte. Doch als ihm Gutzkow regelmäßige literarische Mitarbeit an seinen Zeitschriften nahelegte, wich Büchner aus. Als guter Haushalter seiner Zeit legte er sich nicht fest, seine Studien durften nicht unter einer literarischen Fronarbeit leiden.

Es sind weniger die materiellen Sorgen, die ihm seinen Tag schwer machen, als die Beunruhigungen ohne Zahl, denen jeder ausgesetzt ist, der auf das Wohlwollen der Fremdenpolizei angewiesen ist. Hinter Büchner war ein Steckbrief her. Die Gefahr bestand, daß die Darmstädter Regierung sich an die französische wegen Auslieferung des Gesuchten wendete. Derartige Gerüchte tauchten immer wieder auf. Obwohl sich Büchner, seinem Vorsatz getreu, von jeder politischen Betätigung fernhielt, konnte er sich den direkten oder indirekten Folgen seiner vorausgegangenen Aktivität nicht völlig entziehen. Er kümmerte sich nicht nur um das Schicksal der gefangenen Freunde, besonders Minnigerodes, sondern betrachtete es als seine Pflicht, die Leidensgenossen, die später als er in Frankreich Asyl suchten — der «Rote Becker» gehörte auch zu ihnen —, zu beraten und zu unterstützen.

Über diese Art von Sorgen hier ein paar Stellen aus den Briefen an seine Familie, die sich immer noch als sehr beunruhigt zeigte. Büchners Vater übrigens schwieg zu allem. Georgs Verhalten hatte ihn zu tief getroffen, als daß er ihm die Hand zur Versöhnung reichen konnte. Dennoch wußte der Sohn, daß es eigentlich die Besorgnisse des Vaters waren, die aus den Briefworten der Mutter klangen. Seine Antworten gelten deshalb vor allem dem Vater, er läßt in seinen Bemühungen nicht nach, von ihm verstanden zu werden.

Ende Mai 1835 schreibt er:

«Was Ihr mir von dem in Darmstadt verbreiteten Gerüchte hinsichtlich einer in Straßburg bestehenden Verbindung sagt, beunruhigt mich sehr. Es sind höchstens acht bis neun deutsche Flüchtlinge hier; ich komme fast in keine Berührung mit ihnen, und an eine politische Verbindung ist nicht zu denken. Sie sehen so gut wie ich ein, daß unter den jetzigen Umständen dergleichen im ganzen unnütz und dem, der daran teilnimmt, höchst verderblich ist. Sie haben nur einen Zweck, nämlich durch Arbeiten, Fleiß und gute Sitten das sehr

2493. **Steckbrief.**

Der hierunter signalisirte Georg Büchner, Student der Medizin aus Darmstadt, hat sich der gerichtlichen Untersuchung seiner indicirten Theilnahme an staatsverrätherischen Handlungen durch die Entfernung aus dem Vaterlande entzogen. Man ersucht deßhalb die öffentlichen Behörden des In- und Auslandes, denselben im Betretungsfalle festnehmen und wohlverwahrt an die unterzeichnete Stelle abliefern zu lassen.

Darmstadt, den 13. Juni 1835.

Der von Großh. Hess. Hofgericht der Provinz Oberhessen bestellte Untersuchungs-Richter, Hofgerichtsrath

    Georgi.

Personal-Beschreibung.

Alter: 21 Jahre,
Größe: 6 Schuh, 9 Zoll neuen Hessischen Maases,
Haare: blond,
Stirne: sehr gewölbt,
Augenbraunen: blond,
Augen: grau,
Nase: stark,
Mund: klein,
Bart: blond,
Kinn: rund,
Angesicht: oval,
Gesichtsfarbe: frisch,
Statur: kräftig, schlank,
Besondere Kennzeichen: Kurzsichtigkeit.

Der Steckbrief

gesunkene Ansehn der deutschen Flüchtlinge wieder zu heben, und ich finde das sehr lobenswert. Straßburg schien übrigens unserer Regierung höchst verdächtig und sehr gefährlich; es wundern mich daher die umgehenden Gerüchte nicht im geringsten, nur macht es mich besorgt, daß unsere Regierung die Ausweisung der Schuldigen verlangen will. Wir stehen hier unter keinem gesetzlichen Schutz, halten uns eigentlich gegen das Gesetz hier auf, sind nur geduldet und somit ganz der Willkür des Präfekten überlassen. Sollte ein derartiges Verlangen von unserer Regierung gestellt werden, so würde man nicht fragen: existiert eine solche Verbindung oder nicht?, sondern man würde ausweisen, was da ist. Ich kann zwar auf Protektion genug zählen, um mich hier halten zu können; aber das geht nur so lange, als die hessische Regierung nicht besonders meine Ausweisung verlangt, denn in diesem Falle spricht das Gesetz zu deutlich, als daß die Behörde ihm nicht nachkommen müßte. Doch hoffe ich, das alles ist übertrieben. Uns berührt auch folgende Tatsache: Dr. Schulz[1] hat nämlich vor einigen Tagen den Befehl erhalten, Straßburg zu verlassen; er hatte hier ganz zurückgezogen gelebt, sich ganz ruhig verhalten — und dennoch! Ich hoffe, daß unsere Regierung mich für zu unbedeutend hält, um auch gegen mich ähnliche Maßregeln zu ergreifen, und daß ich somit ungestört bleiben werde. Sagt, ich sei in die Schweiz gegangen. — Auch sind in der letzten Zeit wieder fünf Flüchtlinge aus Darmstadt und Gießen hier eingetroffen und bereits in die Schweiz weitergereist.»

Am 16. Juli schreibt Büchner:

«Ich lebe hier ganz unangefochten; es ist zwar vor einiger Zeit ein Reskript von Gießen gekommen, die Polizei scheint aber keine Notiz davon genommen zu haben ... Es liegt schwer auf mir, wenn ich mir Darmstadt vorstelle; ich sehe unser Haus und den Garten und dann unwillkürlich das abscheuliche Arresthaus. Die Unglücklichen! Wie wird das enden? Wohl wie in Frankfurt, wo einer nach dem andern stirbt und in der Stille begraben wird. Ein Todesurteil, ein Schafott, was ist das? Man stirbt für seine Sache. Aber so im Gefängnis auf eine langsame Weise aufgerieben zu werden! Das ist entsetzlich! Könntet Ihr mir nicht sagen, wer in Darmstadt sitzt?»

Anfang August bittet er um einen Geburtsschein:

«Vor allem muß ich Euch sagen, daß man mir auf besondere Verwendung eine Sicherheitskarte versprochen hat, im Fall ich einen Geburts-(nicht Heimats-)schein vorweisen könnte. Es ist dies nur als eine vom Gesetze vorgeschriebene Förmlichkeit zu betrachten; ich muß ein Papier vorweisen können, so unbedeutend es auch sei ... Doch lebe ich ganz unangefochten; es ist nur eine prophylaktische

---

[1] Ein Darmstädter Landsmann, ein Offizier, der wegen seiner politischen Gesinnung pensioniert wurde. Als Verfasser einer Flugschrift 1834 zu 5 Jahren Festung verurteilt, gelang es ihm, nach Straßburg zu entkommen. Er ging nach Zürich, wo er an der Universität juristische Vorlesungen hielt. Er schrieb Büchners Nachruf.

Maßregel, die ich für die Zukunft nehme. Sprengt übrigens immerhin aus, ich sei nach Zürich gegangen; da Ihr seit längerer Zeit keine Briefe von mir durch die Post erhalten habt, so kann die Polizei unmöglich mit Bestimmtheit wissen, wo ich mich aufhalte, zumal da ich meinen Freunden geschrieben, ich sei nach Zürich gegangen.

Es sind wieder einige Flüchtlinge hier angekommen, ein Sohn des Professor Vogt ist darunter. Sie bringen die Nachricht von neuen Verhaftungen dreier Familienväter! Der eine in Rödelheim, der andere in Frankfurt, der dritte in Offenbach. Auch ist eine Schwester des unglücklichen Neuhof, ein schönes und liebenswürdiges Mädchen, wie man sagt, verhaftet worden. Daß ein Frauenzimmer aus Gießen in das Darmstädter Arresthaus gebracht wurde, ist gewiß; man behauptet, sie sei die . . . Die Regierung muß die Sache sehr geheim halten, denn Ihr scheint in Darmstadt sehr schlecht unterrichtet zu sein. Wir erfahren alles durch die Flüchtlinge, welche es am besten wissen, da sie meistens zuvor in die Untersuchung verwickelt waren. Daß Minnigerode in Friedberg eine Zeitlang Ketten an den Händen hatte, weiß ich gewiß; ich weiß es von einem, der mit ihm saß. Er soll tödlich krank sein; wolle der Himmel, daß seine Leiden ein Ende hätten! Daß die Gefangenen die Gefangenkost bekommen und weder Licht noch Bücher erhalten, ist ausgemacht. Ich danke dem Himmel, daß ich voraussah, was kommen würde; ich wäre in so einem Loch verrückt geworden . . .»

Am 17. August wieder eine Versicherung:

«Von Umtrieben weiß ich nichts. Ich und meine Freunde sind sämtlich der Meinung, daß man für jetzt alles der Zeit überlassen muß; übrigens kann der Mißbrauch, welchen die Fürsten mit ihrer wiedererlangten Gewalt treiben, nur zu unserem Vorteil gereichen. Ihr müßt Euch durch die verschiedenen Gerüchte nicht irremachen lassen; so soll sogar ein Mensch Euch besucht haben, der sich für einen meiner Freunde ausgab. Ich erinnere mich gar nicht, den Menschen je gesehen zu haben; wie mir die anderen jedoch erzählten, ist er ein ausgemachter Schurke, der wahrscheinlich auch das Gerücht von einer hier bestehenden Verbindung ausgesprengt hat. Die Gegenwart des Prinzen Emil [1], der eben hier ist, könnte vielleicht nachteilige Folgen für uns haben, im Fall er von dem Präfekten unsere Ausweisung begehrte; doch halten wir uns für zu unbedeutend, als daß Seine Hoheit sich mit uns beschäftigen sollte. Übrigens sind fast sämtliche Flüchtlinge in die Schweiz und in das Innere abgereist, und in wenigen Tagen gehen noch mehrere, so daß höchstens fünf bis sechs hierbleiben werden.»

Am 20. September die Nachricht eines Lichtblicks:

«Mir hat sich eine Quelle geöffnet; es handelt sich um ein großes Literaturblatt, ‹Deutsche Revue› betitelt, das mit Anfang des neuen Jahres in Wochenheften erscheinen soll. Gutzkow und Wienbarg

---

[1] Bruder des Großherzogs Ludwig I. von Hessen-Darmstadt, Onkel des regierenden Großherzogs.

werden das Unternehmen leiten; man hat mich zu monatlichen Beiträgen aufgefordert. Ob das gleich eine Gelegenheit gewesen wäre, mir vielleicht ein regelmäßiges Einkommen zu sichern, so habe ich doch meiner Studien halber die Verpflichtung zu regelmäßigen Beiträgen abgelehnt. Vielleicht, daß Ende des Jahres noch etwas von mir erscheint.»

Am 2. November wendet er sich gegen Gerüchte aus Darmstadt und macht zum erstenmal die Andeutung seiner Züricher Pläne:

«Ich weiß bestimmt, daß man mir in Darmstadt die abenteuerlichsten Dinge nachsagt; man hat mich bereits dreimal an der Grenze verhaften lassen. Ich finde es natürlich; die außerordentliche Anzahl von Verhaftungen und Steckbriefen muß Aufsehen machen, und da das Publikum jedenfalls nicht weiß, um was es sich eigentlich handelt, so macht es wunderliche Hypothesen.

Aus der Schweiz habe ich die besten Nachrichten. Es wäre möglich, daß ich noch vor Neujahr von der Züricher Fakultät den Doktorhut erhielte, in welchem Fall ich alsdann nächste Ostern anfangen würde, dort zu dozieren. In einem Alter von zweiundzwanzig Jahren wäre das alles, was man fordern kann ...

Neulich hat mein Name in der ‹Allgemeinen Zeitung› paradiert. Es handelte sich um eine große literarische Zeitschrift, Deutsche Revue, für die ich Artikel zu liefern versprochen habe. Dies Blatt ist schon vor seinem Erscheinen angegriffen worden, worauf es denn hieß, daß man nur die Herren Heine, Börne, Mundt, Schulz, Büchner usw. zu nennen brauche, um einen Begriff von dem Erfolge zu haben, den diese Zeitschrift haben würde ...

Über die Art, wie Minnigerode mißhandelt wird, ist im ‹Temps› ein Artikel erschienen. Er scheint mir von Darmstadt aus geschrieben; man muß wahrhaftig weit gehen, um einmal klagen zu dürfen. Meine unglücklichen Freunde!»

Zu Beginn des Jahres 1836 hatte Eugen Boeckel eine Studien-Reise an deutsche Universitäten, Heidelberg, Göttingen, Berlin, angetreten. In Darmstadt hatte er Station gemacht und Büchners Eltern besucht. Aus Göttingen schrieb er darüber dem Freunde, eine der wenigen privaten Nachrichten, die der Sohn im Exil von Zuhause erhielt:

«Es war mir auf jeden Fall angenehm und interessant, die Familie meines lieben Freundes kennenzulernen. Deine Mutter ist übrigens eine der angenehmsten und unterhaltendsten Personen, welche ich jemalen gesehn habe; ich werde mich sehr freuen, Deine Mutter und Deine Schwester in Straßburg nächsten Ostern zu sehn, wenn es möglich wäre. — Dein Vater ist billig, aber mit Recht etwas ungehalten über Dich. — Deine Großmutter ist besonders gut konserviert, Dein kleiner Bruder Louis gleicht Dir außerordentlich. Du kannst leicht denken, daß wir sehr viel von Dir und Demoiselle Wilhelmine sprachen.»

Der hier angekündigte Besuch der Mutter Büchners in Straßburg ist tatsächlich ausgeführt worden. Wenn auch nicht zu Ostern, so traf Büchners Mutter doch im Sommer 1836 in Begleitung seiner

Schwester Mathilde in Straßburg ein, ein Besuch bei der Verwandtschaft und ein Gegenbesuch bei der Familie der Braut des Sohnes, das letzte Wiedersehn.

Da Büchner keinen Paß besaß, war schließlich das Züricher Projekt in Gefahr, zerschlagen zu werden. In dieser Not wandte er sich an den Züricher Bürgermeister Hess mit einem Gesuch, das er mit einem tadellosen polizeilichen Führungszeugnis unterstützen konnte:

22. September 1836

«*Die politischen Verhältnisse Deutschlands zwangen mich, mein Vaterland vor etwa anderthalb Jahren zu verlassen. Ich hatte mich der akademischen Laufbahn bestimmt. Ein Ziel aufzugeben, auf dessen Erreichung bisher alle meine Kräfte gerichtet waren, konnte ich mich nicht entschließen, und so setzte ich in Straßburg meine Studien fort, in der Hoffnung, in der Schweiz meine Wünsche realisieren zu können. Wirklich hatte ich vor kurzem die Ehre, von der philos. Fakultät zu Zürich einmütig zum Doctor creiert zu werden. Nach einem so günstigen Urteil über meine wissenschaftliche Befähigung konnte ich wohl hoffen, auch als Privatdozent von der Züricher Universität angenommen zu werden und im günstigen Falle im nächsten Semester meine Vorlesungen beginnen zu können. Ich suchte daher bei der hiesigen Behörde um einen Paß nach. Diese erklärte mir jedoch, es sei ihnen durch das Ministerium des Innern auf Ansuchen der Schweiz untersagt, einem Flüchtling einen Paß auszustellen, der nicht von einer Schweizerbehörde eine schriftliche Autorisation zum Aufenthalt in ihrem Bezirke vorweisen könne. In dieser Verlegenheit nun wende ich mich an Sie, hochgeehrter Herr, als die oberste Magistratsperson Zürichs, mit der Bitte um die von der hiesigen Behörde verlangte Autorisation. Das beiliegende Zeugnis kann beweisen, daß ich seit der Entfernung aus meinem Vaterlande allen politischen Umtrieben fremd geblieben bin und somit nicht unter die Kategorie derjenigen Flüchtlinge gehöre, gegen welche die Schweiz und Frankreich neuerdings die bekannten Maßregeln ergriffen haben. Ich glaube daher auf die Erfüllung meiner Bitte zählen zu dürfen, deren Verweigerung die Vernichtung meines ganzen Lebensplanes zur Folge haben würde . . .*»

Das Zeugnis der Straßburger Polizei lautete:

«Il est certifié que:

Monsieur George Buchner, Docteur en Philosophie, agé de 23 ans, natif de Darmstadt, est inscrit sur nos registres rue de la Douane No 18 comme demeurant en cette ville depuis dixhuit mois jusqu' à ce jour et sans interruption et que pendant ce laps de temps sa conduite, sous le rapport politique que moral, n'a donné lieu à aucune plainte.»

Dem Gesuch wurde stattgegeben; die Befürchtung des Vaters, daß man Georg eher ausweisen würde als ihm einen Paß ausstellen, bewahrheitete sich nicht. Auf Georgs Nachricht, daß er in Zürich eingetroffen sei, erhielt er den aufatmenden Brief der Mutter:

Darmstadt, den 30. Oktober

«Lieber Georg! Welche Freude, als Dein Brief vom 28. Oktober, das Postzeichen Zürich darauf, ankam. Ich jubelte laut; denn obgleich wir uns gegenseitig nichts sagten, so hatten wir alle große Angst, und wir glaubten kaum, daß Du glücklich über die Grenze kommen würdest. Die Sache hat mir vielen heimlichen Kummer gemacht — nun gottlob, auch dies ging glücklich vorüber. —

Wir waren die Zeit sehr beschäftigt, mittwochs legte ich große Wäsche ein, und montags zuvor kamen Beckers aus Frankfurt und blieben bis Donnerstag; sie erkundigten sich sehr nach Dir und freuten sich recht über Deine guten Aussichten — wir hatten einige sehr vergnügte Tage. Auf Deinem Geburtstag tranken wir alle zusammen Deine Gesundheit. —

Wie Dein Brief ankam den 27., biegelte ich gerade das letzte Stück, Vater war im Theater; ich kann Dir gar nicht sagen, wie sehr er sich freute, als er nach Hauße kam. Er stimmt ganz mit Becker überein und ermahnt Dich dringend, ja über vergleichende Anatomie Vorlesungen zu halten; er glaubt sicher, daß Du darin am ersten einen festen Fuß fassen und Dich am ehrenvollsten emporhelfen könntest . . .»

Und dann, zu Weihnachten, nachdem er seinen Sohn mit 23 Jahren Doktor der Philosophie und Privatdozent an einer Universität weiß, hält auch der Vater mit seinem Herzen nicht mehr zurück. Zum erstenmal seit der Flucht aus dem Elternhaus redet er den Sohn unmittelbar an:

Darmstadt, den 18. Dezember 1836

«Lieber Georg! Es ist schon lange her, daß ich nicht persönlich an Dich geschrieben habe. Um Dich einigermaßen dafür zu entschädigen, soll Dir das Christkindlein diese Zeilen bescheren, und ich zweifele nicht daran, daß sie Dir eine angenehme Erscheinung sein werden. Meine Besorgnis um Dein künftiges Wohl war bisher noch zu groß, und mein Gemüt war noch zu tief erschüttert durch die Unannehmlichkeiten alle, welche Du uns durch Dein unvorsichtiges Verhalten bereitet und gar viele trübe Stunden verursacht hast, als daß ich mich hätte entschließen können, in herzliche Relation mit Dir zu treten; wobei ich jedoch nicht ermangelt habe, Dir pünktlich die nötigen Geldmittel, bis zu der Dir bekannten Summe, welche ich zu Deiner Ausbildung für hinreichend erachtete, zufließen zu lassen. —

Nachdem Du nun aber mir den Beweis geliefert, daß Du diese Mittel nicht mutwillig oder leichtsinnig vergeudet, sondern wirklich zu Deinem wahren Besten angewendet und ein gewisses Ziel erreicht hast, von welchem Standpunkte aus Du weiter vorwärtsschreiten wirst, und ich mit Dir über Dein ferneres Gedeihen der Zukunft beruhigt entgegensehen darf, sollst Du auch sogleich wieder den gütiten und besorgten Vater um das Glück seiner Kinder in mir erkennen . . .»

DAS ENDE

Das Züricher Ziel war erreicht. Georg Büchner stand am Beginn seiner wissenschaftlichen Karriere. Das bittere Gefühl der Trennung von der Braut wurde zunächst übertäubt von der Arbeit und dann erträglicher gemacht durch die Befreiung in der Dichtung. In diesem Winter entstanden die *Woyzeck*-Szenen, und, wenn man der Überlieferung glauben darf, ein Stück, das die Figur Aretinos zum Helden hatte, jenes käuflichen, bestechlichen italienischen Publizisten und Wühlers in Klatschgeschichten. Büchner spricht Anfang Januar 1837 davon, daß er *Leonce und Lena* mit noch zwei anderen Dramen in Druck geben wolle. Das *Aretino*-Manuskript ist verschollen. Mit dem andern wird er *Woyzeck* gemeint haben. *Woyzeck* muß also noch in einem druckfertigen Zustand vorgelegen haben. In den Wochenbriefen an die Braut, die er mit Pünktlichkeit schreibt, schiebt sich der Gedanke an das Wiedersehen zu Ostern immer mehr in den Vordergrund:

Zürich, den 13. Januar 1837

«Mein lieb Kind! . . . Ich zähle die Wochen bis zu Ostern an den Fingern. Es wird immer öder. So im Anfange ging's: neue Umgebungen, Menschen, Verhältnisse, Beschäftigungen — aber jetzt, da ich an alles gewöhnt bin, alles mit Regelmäßigkeit vor sich geht, man vergißt sich nicht mehr. Das beste ist, meine Phantasie ist tätig, und die mechanische Beschäftigung des Präparierens läßt ihr Raum. Ich sehe Dich immer so halbdurch zwischen Fischschwänzen, Froschzehen etc. Ist das nicht rührender als die Geschichte von Abälard, wie sich ihm Héloïse immer zwischen die Lippen und das Gebet drängt? Oh, ich werde jeden Tag poetischer, alle meine Gedanken schwimmen in Spiritus. Gott sei Dank, ich träume wieder viel nachts, mein Schlaf ist nicht mehr so schwer.»

Zürich, den 20. Januar 1837

«Ich habe mich verkältet und im Bett gelegen. Aber jetzt ist's besser. Wenn man so ein wenig unwohl ist, hat man ein so groß Gelüsten nach Faulheit; aber das Mühlrad dreht sich als fort ohne Rast und Ruh . . . Heute und gestern gönne ich mir jedoch ein wenig Ruhe und lese nicht; morgen geht's wieder im alten Trab, Du glaubst nicht, wie regelmäßig und ordentlich. Ich gehe fast so richtig wie eine Schwarzwälder Uhr. Doch ist's gut: auf all das aufgeregte geistige Leben Ruhe, und dabei die Freude am Schaffen meiner poetischen Produkte. Der arme Shakespeare war Schreiber den Tag über und mußte nachts dichten, und ich, der ich nicht wert bin, ihm die Schuhriemen zu lösen, hab's weit besser . . .

Lernst Du bis Ostern die Volkslieder singen, wenn's Dich nicht angreift? Man hört hier keine Stimme; das Volk singt nicht, und Du weißt, wie ich die Frauenzimmer lieb habe, die in einer Soiree oder einem Konzerte einige Töne totschreien oder winseln. Ich komme dem Volk und dem Mittelalter immer näher, jeden Tag wird

Georg Büchners Grab und Gedenkstein bei Zürich, um 1875

mir's heller — und gelt, Du singst die Lieder? Ich bekomme halb das Heimweh, wenn ich mir eine Melodie summe...

Jeden Abend sitz ich eine oder zwei Stunden im Kasino; Du kennst meine Vorliebe für schöne Säle, Lichter und Menschen um mich.»

Und dann der letzte Brief. Liest man ihn nachträglich, mit dem Wissen um das Ende, ist es ein Brief mit seltsam ahnungsvollen Stellen: «... ich habe keine Lust zum Sterben, und ich bin gesund wie je...» und das allerletzte Wort ist ein «Adieu»:

Zürich, den 27. Januar 1837

«Mein lieb Kind, Du bist voll zärtlicher Besorgnis und willst krank werden vor Angst; ich glaube gar, Du stirbst — aber ich habe keine Lust zum Sterben und bin gesund wie je. Ich glaube, die Furcht vor der Pflege hier hat mich gesund gemacht; in Straßburg wäre es ganz angenehm gewesen, und ich hätte mich mit dem größten Behagen ins Bett gelegt, vierzehn Tage lang, Rue St. Guillaume Nr. 66, links eine Treppe hoch, in einem etwas überzwergen Zimmer, mit grüner Tapete! Hätte ich dort umsonst geklingelt?

Es ist mir heut einigermaßen innerlich wohl, ich zehre noch von gestern, die Sonne war groß und warm im reinsten Himmel — und dazu hab ich meine Laterne gelöscht und einen edlen Menschen an die Brust gedrückt, nämlich einen kleinen Wirt, der aussieht wie ein betrunkenes Kaninchen und mir in seinem prächtigen Hause vor der Stadt ein großes elegantes Zimmer vermietet hat. Edler Mensch! Das Haus steht nicht weit vom See, vor meinen Fenstern die Wasserfläche und von allen Seiten die Alpen wie sonnenglänzendes Gewölk. —

Der Gedenkstein heute

Du kommst bald? Mit dem Jugendmut ist's fort, ich bekomme sonst graue Haare; ich muß mich bald wieder an Deiner inneren Glückseligkeit stärken und Deiner göttlichen Unbefangenheit und

Deinem lieben Leichtsinn und all Deinen bösen Eigenschaften, böses Mädchen. Addio, piccola mia! —»

Am Abend des 2. Februar klagte Büchner, daß es ihm «fieberisch zumute» sei. Man nahm die Krankheit für eine Erkältung. Dann traten Symptome auf, die die Ärzte bedenklicher stimmten. Am 15. wurden alle Anzeichen des «Faulfiebers» erkannt, die Gefahr als «sehr groß» bezeichnet. Die Pflege des Kranken hatte Caroline Schulz übernommen, die Frau des Universitätskollegen und Darmstädter Landsmannes, Dr. Schulz. Caroline schrieb zum zweitenmal nach Straßburg. Ihrer ersten Benachrichtigung hatte die Kranke noch die Worte zugefügt: *Adieu mein Kind!* Schon am 17. traf Minna in Zürich ein. Die Braut hatte «die schmerzliche Freude», daß der Kranke sie noch erkennen konnte, im übrigen war sein Zustand vom Tode gekennzeichnet.

Hier ist Minna Jaegles eigener Bericht, ein Brief an Eugen Boeckel, geschrieben vierzehn Tage nach Büchners Tod:

«Werter Freund! Sie versagen mir wohl den Trost nicht, mich Ihnen, dem treuen Freund meines geliebten George, schriftlich zu nähern? Es ist mir Erleichterung, auch glaube ich ganz im Sinne meines teueren Heimgegangenen zu handeln, wenn ich Ihnen von seiner letzten Lebenszeit spreche, da Sie ja gewiß unbekannt sind mit den genauen Umständen seines Todes. Sonntag, den 12., erhielt ich einen Brief von fremder Hand, man meldet mir, daß George ein gastrisches Fieber habe. Bloß fünf Worte, von ihm selbst geschrieben, sagen mir, daß er lebt, sonst hätte ich gleich das Schrecklichste geahnet. Übrigens ließ er mich beruhigen, da er wieder auf dem Wege der Besserung sei. Ich war auf der Folter, ich wollte fort, hin zu ihm eilen, seine Pflege übernehmen; man ließ mich nicht gehen: Montag, Dienstag ohne Nachricht. Dienstag packte ich zusammen mit dem Bedeuten, daß ich mich jetzt nicht mehr halten ließe. Ich war dem Wahnsinne nahe. Da mußte man sich nach einer Begleiterin umsehen, weil man meinen Bruder, der sich losgemacht hatte, nicht für hinreichend fand, mich zu beschützen! O armselige Rücksichten. Endlich trat ich Mittwoch abend mit dem Kehler Eilwagen meine Reise an, und kam erst Freitag morgens gegen 11 Uhr in Zürich an. Ich mußte den Ausspruch von Dr. Schönlein, der zwischen 12–1 Uhr kam, abwarten. Es hieß, für den Kranken könne mein Anblick nicht schädlich wirken, denn er würde mich ja doch nicht erkennen — aber mir dürfe man nicht gestatten, das entstellte Antlitz zu schauen. Sie können denken, daß, sobald nur mein Ich in Betracht kam, man mir den Eingang ins Krankenzimmer nicht mehr wehren durfte. Dr. Zehnder führte mich hinein, noch vor der Türe sagte er mir: Fassen Sie sich, er wird Sie nicht kennen. Nein, er wird mich kennen, war meine Antwort. Und er hat mich erkannt, er fühlte meine Nähe, und ich habe Ruhe über ihn gebracht. Er ist sanft eingeschlummert, ich habe ihm die Augen zugeküßt, Sonntag, den 19. Februar, um halb 4.

Der Jammer der Eltern ist grenzenlos. Über meine übrigen Lebenstage ist ein schwarzer Schleier geworfen. Der Himmel möge sich meiner erbarmen und mich nur noch so lange leben lassen als meinen alten Vater. Leben Sie wohl. Sein Freund ist auch der meinige.
W. Jaegle.»

Jetzt erinnerten sich Mutter und Schwester, daß ihnen Georg, den sie bei ihrem Besuch im Sommer des vergangenen Jahres zwar gesund aber überarbeitet angetroffen hatten, des öfteren gesagt hatte: «*Ich werde nicht alt werden.*» Und Caroline Schulz berichtet ein anderes, für Büchner merkwürdiges Wort. Am 16. Februar, als die Ärzte jede Hoffnung aufgegeben hatten, hätte der Kranke, nachdem ein heftiger Sturm von Phantasien vorüber war, «mit ruhiger, erhobener, feierlicher Stimme» die Worte gesprochen:

«*Wir haben der Schmerzen nicht zu viel, wir haben ihrer zu wenig, denn durch den Schmerz gehen wir zu Gott ein! Wir sind Tod, Staub, Asche, wie dürften wir klagen?*»

ZEITTAFEL

1813	17. Oktober. Georg Büchner kommt in Goddelau (Hessen-Darmstadt) zur Welt.
1816	Übersiedlung der Familie nach Darmstadt, wohin der Vater als Bezirksarzt versetzt wird.
1821	Beginn des Elementar-Unterrichts Georgs bei seiner Mutter.
1822	Eintritt Georgs in die Privatschule des Dr. Carl Weitershausen.
1823	25. März: Erstes öffentliches Hervortreten bei einer Schulfeier mit einer Rezitation in lateinischer Sprache: *Vorsicht bei dem Genusse des Obstes!*
1825	26. März: Eintritt in die II. Klasse zweiter Ordnung des Darmstädter Gymnasiums.
1827	Weihnachten. Gedicht für den Vater.
1828	Weihnachten. Gedichte an die Eltern.
1830	29. September. *Rede über Cato* (Verteidigung des Selbstmordes) bei einer öffentlichen Schulfeier des Gymnasiums.
1831	30. März. Rede in lateinischer Sprache («G. Büchner mahnt im Namen des Menenius Agrippa das auf dem heiligen Berg gelagerte Volk zur Rückkehr nach Rom»), gehalten bei der Schlußfeier des Gymnasiums.
	9. November. Einschreibung Büchners bei der medizinischen Fakultät der Universität Straßburg. — Wohnung: Rue St. Guillaume Nr. 66, links, eine Treppe hoch.
	4. Dezember. Empfang einer Abordnung polnischer Freiheitskämpfer in Straßburg.
1832	24. Mai. Vortrag in der Studentenverbindung «Eugenia» über politische Verhältnisse in Deutschland.
	August/Oktober. Semesterferien in Darmstadt.
1833	2. April. Frankfurter Putsch.
	Juni. Brief an die Eltern: «*Ihr könnt voraussehen, daß ich mich in die Gießener Winkelpolitik nicht einlassen werde.*»
	Juli. Wanderung durch die Vogesen.
	Abschied von Straßburg. Stille Verlobung mit Wilhelmine (Minna) Jaeglé.
	31. Oktober. Einschreibung an der Universität Gießen als Student der Medizin. — Wohnung: Seltersweg 46 bei Rentamtmann Bott.
	November. Erkrankung. Rückkehr ins Elternhaus.
1834	Anfang Januar. Wieder in Gießen. Bekanntschaft mit Rektor Weidig.
	März. Gründung der (Gießener) «Gesellschaft der Menschenrechte».
	Ende März. Niederschrift des *Hessischen Landboten*.
	April. Gründung der Darmstädter Sektion der «Gesellschaft der Menschenrechte».
	Frühjahr. Reise nach Straßburg zum Besuch der Braut.
	Juli. Druck des *Landboten* abgeschlossen. — Zusammenkunft der oberhessischen Verschwörer auf der Badenburg.
	August. Verhaftung Karl v. Minnigerodes mit 150 Exempl. des *Landboten*. — Reise Büchners von Gießen nach Offenbach/Frankfurt, die Freunde zu warnen.

Semesterferien in Darmstadt.
Oktober. Besuch der Braut bei den Eltern Büchners.
Die Rückkehr Georgs nach Gießen wird aufgeschoben.

1835 Januar. Verhöre vor den Untersuchungsrichtern in Offenbach und in Friedberg.
Ende Januar. Beginn der Niederschrift von *Dantons Tod*.
Ende Februar. *Dantons Tod* fertiggestellt.
9. März. Flucht über die französische Grenze nach Straßburg. — Wohnung: Rue de la Douane Nr. 18.
13. Juni. Steckbrief gegen Georg Büchner erlassen.
Ende Juli. *Dantons Tod* erscheint.
Sommer/Herbst. Übersetzung zweier Dramen Victor Hugos: *Lucretia Borgia* und *Maria Tudor*.
Herbst. Beschäftigung mit der Novelle *Lenz*.
Winter. Untersuchung über das Nervensystem der Fische (Barben).

1836 13. April, 20. April, 4. Mai. Vorlesung der Untersuchung über das Nervensystem der Fische in drei Sitzungen der Gesellschaft für Naturwissenschaft in Straßburg.
Frühsommer. Niederschrift von *Leonce und Lena*.
Sommer. Besuch der Mutter Büchners und seiner Schwester Mathilde in Straßburg.
September. Auf Grund seiner Untersuchung *Über das Nervensystem der Fische* wird Georg Büchner zum Dr. phil. der Universität Zürich promoviert.
18. Oktober. Übersiedlung nach Zürich. — Wohnung Spiegelgasse 12.
Anfang November. Probevorlesung in Zürich: *Über Schädelnerven*.
Winter. Niederschrift von *Woyzeck*.

1837 2. Februar. Beginn der tödlichen Krankheit.
19. Februar. Tod.
21. Februar. Begräbnis auf dem Züricher Friedhof «Krautgarten».

1895 Mai. Auf Veranlassung von Max Halbe spielen Münchener Schriftsteller und Literaturfreunde unter der Regie Ernst von Wolzogens zum erstenmal *Leonce und Lena*.

1902 Erste Aufführung von *Dantons Tod* durch die «Freie Volksbühne», Berlin.

1913 8. November. Erste Aufführung von *Woyzeck* im Münchner Residenztheater.

ZEUGNISSE

KARL GUTZKOW

Wer so sehr an der Fähigkeit der Deutschen, sich mit Geist, Grazie, kurz mit Stil auszudrücken, verzweifeln muß, wie der Herausgeber einer kritischen Revue der täglich aufwuchernden literarischen Erscheinungen, muß bei der Beurteilung eines Buches, wie *Dantons Tod* von Büchner ist, eine Freude empfinden, die viel zu nuanciert und zusammengesetzt ist, als daß ich sie hier ganz wiedergeben könnte. In Bildern und Antithesen blitzt hier alles von Witz, Geist und Eleganz. Keine verrenkten Gedanken strecken ihre lange Gestalt gen Himmel und schlottern wie gespenstische Vogelscheuchen am Winde hin und her. Keine neugebornen Embryone stehen in Spiritusgläsern um uns herum und beleidigen das Auge durch ihre Unschönheit, sie mögen auf noch so tiefe Entdeckungen zu deuten scheinen. Es ist alles ganz, fertig, abgerundet. Staub und Schutt, das Atelier des Geistes sieht man nicht. Ich wüßte nicht, worin anders das Kennzeichen eines literarischen Genies besteht. Als ein solches muß man Georg Büchner mit seiner Ideenfülle, seiner erhabenen Auffassung, mit seinem Witz und Humor begrüßen. Was ist Immermanns monotone Jambenklassizität, was ist Grabbes wahnwitzige Mischung des Trivialen mit dem Regellosen gegen diesen jugendlichen Genius!

Ich bin stolz darauf, der Erste gewesen zu sein, der im literarischen Verkehr und Gespräch den Namen Georg Büchners genannt hat.

Über Dantons Tod. In: Phönix, 11. 7. 1835

FRIEDRICH HEBBEL

Büchners *Danton*, von dem ich eben Proben im *Phönix* lese, ist herrlich. Warum schreib ich solch einen Gemeinplatz hin? Um meinem Gefühl genug zu tun. —

Büchners *Danton* ist freilich ein Produkt der Revolutions-Idee, aber nur so, wie wir alle Produkte Gottes sind oder, wie alle Pflanzen und Bäume, trotz ihrer Verschiedenheit, von der Sonne zeugen. — Grabbe und Büchner: der eine hat den Riß zur Schöpfung, der andere die Kraft. *Tagebuch, 28. 10. 1839*

GEORG HERWEGH

> Mein Büchner tot! Ihr habt mein Herz begraben!
> Mein Büchner tot, als seine Hand schon offen,
> Und als ein Volk schon harrete der Gaben,
> Da wird der Fürst von jähem Schlag getroffen!
> Der Jugend fehlt ein Führer in der Schlacht,
> Um einen Frühling ist die Welt gebracht;

Die Glocke, die im Sturm so rein geklungen,
Ist, da sie Frieden läuten wollt, zersprungen.

Ein unvollendet Lied sinkt er ins Grab,
Der Verse schönste nimmt er mit hinab.
Zum Andenken an Georg Büchner. 1841

KARL EMIL FRANZOS

Büchners ausgesprochene Hinneigung zum Natürlichen, seine Meinung, daß die Kunst nur der Geschichte und der Natur dienen, sie aber nicht meistern solle, sein Haß gegen den Idealismus sind die Ursache und Erklärung für manches in seinen literarischen Erzeugnissen, was sich vielleicht weiter als zulässig von dem idealen Standpunkte der Kunst entfernt. Seine Ansichten waren die richtigen; nur trieben ihn die Verkehrtheit und Fadheit der extrem-idealistischen Richtung manchmal etwas zu sehr auf die entgegengesetzte Seite ...

Was seinen politischen Charakter anlangt, so war Büchner noch mehr Socialist als Republikaner; sein tiefes Mitgefühl für die Leiden des Volkes und sein richtiger Scharfblick hatten ihn damals schon erkennen lassen, daß es sich bei den Stürmen der Zukunft weniger um eine Reform der Gesetze als um eine solche der Gesellschaft handle. Während er die moralische Verderbtheit der höheren Klassen völlig durchblickte, erkannte er zugleich vorurteilslos die Schwäche der geheimen revolutionären Kräfte und beurteilte damals schon völlig richtig die Unfähigkeit und den Doctrinärismus derjenigen Partei, die sich die «liberale» nennen ließ.
Einleitung zur ersten Gesamt-Ausgabe. 1879

GOTTFRIED KELLER

Hast Du den Band *Werke von Georg Büchner* schon angesehen? Dieser germanische Idealjüngling, der übrigens in Frieden ruhen möge, weist denn doch in dem sogenannten Trauerspielfragment *Wozzek* eine Art von Realistik auf, die den Zola und seine Nana *jedenfalls* überbietet, nicht zu reden von dem nun vollständig erschienenen Danton, der von Unmöglichkeiten strotzt. Und dennoch ist vielleicht diese Frechheit das einzig sichere Symptom von der Genialität des so jung Verstorbenen, denn das Übrige ist ja fast alles nur Reminiszenz oder Nachahmung; keine Spur von der Neuartigkeit und Selbständigkeit eines Götz oder der Räuber, als sie zu ihrer Zeit entstanden.
An Paul Heyse, 29. 3. 1880

Gerhart Hauptmann

Georg Büchners Werke, über die ich im Verein ‹Durch!› einen Vortrag gehalten habe, hatten mir gewaltigen Eindruck gemacht. Das unvergleichliche Denkmal, das er nach nur dreiundzwanzig Lebensjahren hinterlassen hat, die Novelle *Lenz*, das *Woyzeck*-Fragment hatten für mich die Bedeutung von großen Entdeckungen. Bei dem Kultus, den ich in Hamburg sowohl wie in Erkner mit Büchner trieb, kam in meine Reise nach Zürich im Sommer 1888 etwas von der sakralen Vergeistigung einer Pilgerfahrt. Hier hatte Büchner gewirkt, und hier war er begraben.

Ich kannte die Abbildung seiner Grabstätte. Sie befand sich in freier Natur, nicht auf einem Kirchhofe, am Zürichberg. Bald nach der Ankunft hatte ich den Epikurischen Garten in meinen Kultus eingeweiht, und wir waren an Büchners Grab gezogen. Der meine war wohl seit Jahren der erste Kranz, den jemand hier niederlegte.

Georg Büchners Geist lebte nun mit uns, in uns, unter uns. Und wer ihn kennt, diesen wie glühende Lava aus chthonischen Tiefen emporgeschleuderten Dichtergeist, der darf sich vorstellen, daß er, bei allem Abstand seiner Einmaligkeit, ein Verwandter von uns gewesen ist. Er ward zum Heros unseres Heroons erhoben. Das Grab Georg Büchners wurde für unseren Kreis, die werdenden Forscher und werdenden Dichter, ein ständiger Wallfahrtsort.

Das Abenteuer meiner Jugend

Moritz Heimann

Daß dieser Dichter so wenig bekannt ist, gehört zu den Unbegreiflichkeiten, ach nein: zu den Begreiflichkeiten im deutschen Geistesleben. Tot ist er nie gewesen; sein unmittelbarer Einfluß auf dichterische Temperamente begegnet uns bis in die jüngste Zeit ... Daß Hauptmann Büchner schon in seiner frühesten Zeit kannte und höchstlich verehrte, weiß ich; ich selbst erfuhr vor vielen Jahren Hauptmanns Belehrung über den Landschaftsstil im *Lenz*. Irre ich nicht, so war Hauptmann auch derjenige, dem Wedekind den Hinweis auf Büchner verdankte, was ihm geholfen haben könnte, zu seiner Form in *Frühlings Erwachen* durchzubrechen.

Aber außer solchen direkten Beziehungen zwischen den Geistern gibt es andre, die nicht mehr von der literarischen Sphäre begrenzt sind. In die Beschwichtigung des sozialen Menschen, Beschwichtigung trotz Not und Wille, dunkel stürmisch und kalt immer wieder die Frage an das Schicksal hinein. Büchners Menschen stehen in einem Geheimnis — dem sie verbunden sind, aus dem sie sich für Augenblicke entringen, und von dem sie wieder hinsinkend eingeschlungen werden ... Sie sprechen aneinander vorbei. Es herrscht keine Feindschaft zwischen ihnen, sondern Fremdheit. Schwermut ist ihr Element ... Das Fatum war im Grunde von Büchners Seele. Und so wäre denn, bei aller seiner Kraft, der frühe Tod vielleicht doch von Anfang an in seiner Kraft gewesen? *Georg Büchner. 1910*

Rainer Maria Rilke

... der *Wozzek* Georg Büchners ... Eine ungeheure Sache, vor mehr als achtzig Jahren geschrieben ... nichts als das Schicksal eines gemeinen Soldaten (um 1848 etwa), der seine ungetreue Geliebte ersticht, aber gewaltig darstellend, wie um die mindeste Existenz, für die selbst die Uniform eines gewöhnlichen Infanteristen zu weit und zu betont erscheint, wie selbst um den Rekruten Wozzek, alle Größe des Daseins steht, wie ers nicht hindern kann, daß bald da, bald dort, vor, hinter, zu Seiten seiner dumpfen Seele die Horizonte ins Gewaltige, ins Ungeheure, ins Unendliche aufreißen, ein Schauspiel ohnegleichen, wie dieser mißbrauchte Mensch in seiner Stalljacke im Weltall steht, malgré lui, im unendlichen Bezug der Sterne. Das ist Theater, so könnte Theater sein.

An Maria von Thurn und Taxis, 9. 7. 1915

Wilhelm Hausenstein

Büchner ist alles in allem ein einziger Kontrast. Nüchternheit und Pathos, Pathos und Zote, bitterer Realismus und märchenhafte Phantasie, sublimierte erotische und soziale Dixhuitième-Dialoge und der elementare Ton des Wozzeck, dieses Mannes, der ein Volk ist, jede Maßlosigkeit und jede Bändigung, jeder barocke Exzeß und jede klassische Gelassenheit, die radikalste praktische Politik und die größte politische Unbefangenheit, ja darüber hinaus die Kunst — dies alles war von Büchner vermocht. Vermocht also von einem einzigen Menschen. Und vermocht in etwa drei Jahren eines Lebens, das von kultureller Armut umschlossen war. Er ist wie ein vulkanischer Berg, der aus der kargen Ebene aufsteigt und nirgends mit Nachbarbergen zusammenhängt.

Bilder und Worte. Nichtigkeiten, die sich geschäftig bemühen, etwas von dem lapidaren Wesen, von der dämonisch-liebenswürdigen Exekutive dieses göttlichen Jünglings auszudrücken. Er aber steht in der Geschichte und ahnt, längst bewußtlos und jederzeit mehr als ein menschliches Bewußtsein, nichts von dem Dank, den wir Hilflosen seiner Schönheit weihen.

Einleitung zu den Gesammelten Werken. 1916

Arnold Zweig

Dieser Deutsche, in dessen Werk wohl die Sehnsucht nach Glanz des Daseins und Üppigkeit der Welt zwischen Heinse und Heinrich Mann den hellsten Ausbruch findet — dieser junge und so glänzende Mensch ist tief. Die Einsicht in das schmerzliche Grundwesen des Lebens, in seine Selbstqual, Selbstverzehrung und — das bitterste — immer neue Selbstgeburt, diese tief moralische Einsicht zittert in ihm, überwach, nie schweigend. Wenn er seiner holden Braut schreibt, wenn er dichtet, seine Freunde betrachtet, den Leichnam zerschneidet, das Schicksal des niederen Volkes überdenkt — stets sieht er das dumpf ins Leidvolle verstoßene Wesen des Lebens wie eine weiche Schlange, die ewig zwischen messerschneidendem Blattwerk sich voranschieben muß. Und zugleich, hinreißende Polarität, bemerkt er glücklich das stahlgrüne Stehn der Blätter vor dem blauen Abgrund des Himmels, den Glanz der Lichter auf der perlmutten gefleckten Haut der Schlange und das Glück ihrer wilden geschmeidigen Kraft. Diese Doppelheit rückt ihn in die Nähe Schopenhauers und Nietzsches, zu denen sein radikaler Atheismus und die spielende Freimut seiner erotischen Haltung ihn ebenso stellen wie seine geistige Reinlichkeit und die redliche Strenge gegen sich selbst in der Vernichtung noch der lockendsten Selbsttäuschung in politicis.

Lessing, Kleist, Büchner. 1925

ALFRED POLGAR

In der Sprache von *Dantons Tod* klingt die Stimme einer kreißenden, mit Unheil und Erhabenheit schwangeren Zeit. Neben dem finstern Pathos, dem heroischen Witz, der Ekstase des Wollens und des Verzichtens, die in dieser Sprache laut werden, tönt der konstruierte Überschwang heutiger Stürmer und Dränger wie eitel Blech. Man sagt mit Recht: Shakespeare, wenn man Büchners Diktion werten will, so kühn und reich strömt der Gedanke, und so bis an den Rand füllt er die Worte-Form, in die er, sie schaffend, sich ergießt. Nur das über den Dingen Schwebende, der umspannende Schöpferblick, der Gleichmut der Distanz fehlt natürlich dem Jünglingswerk. Es ist, vom Fieber der Genialität geschüttelt, «bald Frost, bald Hitze».

Leonce und Lena — auch wer niemals von Büchners hartem und geizigem Schicksal etwas gehört hätte, müßte den Humor dieses Lustspiels bald als ein Kind der Melancholie erkennen; als ein Antitoxin, das die Schwermut selbst in des Dichters Seele gebildet hat. Etwas Gewaltsames, der Fröhlichkeit Unfrohes, steckt in diesem Humor, und um alles Gelächter zieht düster ein hamletisch-schwarzer Rand. Grundstimmung des Werkchens: Schwermut. Eine wehrhafte, aktive Schwermut allerdings, die das Leben zwingt, Rede und Antwort zu stehen, und die Ausflüchte des also zur Rechenschaft Gezogenen mit einem bösen Lächeln nullifiziert. Überall aus ihrem Dunkel brechen zarte und farbige Blüten hervor. Wie ein rosiger Himmelsprospekt ist hinter und um alles marionettensteife Geschehen des Spiels die Sehnsucht gestellt. Die Sehnsucht, in großen Empfindungen das Herz ausgießen, mit großen Gedanken Unendlichkeit der Erscheinungen umspannen zu dürfen.

Alles, was das Innerste des jungen Dichters bewegte, bewegte auch die Welt dieser barocken, zierlich verschnörkelten Komödie. Das Versagen der Philosophie als Führerin durchs Labyrinth des Daseins

(und wie dem, der sie greifen will, ihr Festestes zwischen den Fingern zerfließt und nichts in ihnen zurückbleibt, als die leere, spröde terminologische Haut); der politische Jammer und Katzenjammer des nachnapoleonischen unfreiesten Deutschland; die Lächerlichkeit der Autoritäten; das himmelblaue Nichts der skeptisch-genußfrohen Weltbetrachtung; der taube Kern im Innersten aller Leidenschaften (zumal der Liebe), mit denen Menschen über die Bedingtheit ihres Menschentums sich hinwegzutäuschen trachten. Doch der grüblerischen Spaßhaftigkeit dieser Komödie wird man nicht froh. Weil der Witz, der sie treibt und bewegt, ein herzkranker Witz ist. Ein Witz, auf dem ein Alp hockt. Verwischt wohl, aber unverkennbar ist dieser zweifelhaften Jünglingskomödie das Geniezeichen aufgeprägt. Und oft genug merkt man, daß eines Meisters Hand den dialogischen Bogen gezogen hat, der so schlank und stark zwischen lyrischer Emphase und zweifelnder Lebensklugheit hin und wider führt.
Kritisches Lesebuch. 1926

ALFRED KERR

Woyzeck ist der Mensch, auf dem alle rumtrampeln. Somit ein Behandelter — nicht ein Handelnder. Somit ein Kreisel — nicht eine Peitsche. Somit ein Opfer — nicht ein Täter. Dramengestalt wird sozusagen die Mitwelt — nicht Woyzeck. Kernpunkt wird sozusagen die quälende Menschheit — nicht ihr gequälter Mensch.

Bei alledem bleibt wahr: daß Woyzeck durch seine Machtlosigkeit justament furchtbarsten Einspruch erhebt.

Daß er am tiefsten angreift — weil er halt nicht angreifen kann.
Theater-Kritik, 15. 12. 1927

KASIMIR EDSCHMID

Um Büchners einzigartige Erscheinung zu verstehen, braucht man nur, einerlei wo, einige seiner Sätze zu lesen. Man ist sogleich vom Flügel, aber auch vom Schwert des Genius angerührt. Die Frage, wann oder wie er lebte, wie seine Umwelt war und wohin seine geheimsten Gedanken zielten, wird dann ohne Bedeutung. Sie verblaßt vor der Glut des Dämons, der seine Bücher durchatmet. Büchner könnte in alle Ewigkeit der große Unbekannte bleiben wie der Mann, der die Stücke Shakespeares schrieb.
Einleitung zu den Gesammelten Werken. 1948

GOTTFRIED BENN

Woyzeck: Schuld, Unschuld, Armseligkeit, Mord, Verwirrung sind die Geschehnisse. Aber wenn man es (das Stück) heute liest, hat es die Ruhe eines Kornfeldes und kommt wie ein Volkslied mit dem Gram der Herzen und der Trauer aller. Welche Macht ist über dieses dumpfe menschliche Material hinübergegangen und hat es so verwandelt und es bis heute so hinreißend erhalten?

Wir rühren an das Mysterium der Kunst, ihre Herkunft, ihr Leben unter den Fittichen der Dämonen. Die Dämonen fragen nicht nach Anstand und Gepflegtheit der Sitte, ihre schwer erbeutete Nahrung ist Tränen, Asphodelen und Blut. Sie machen Nachtflüge über alle irdischen Geborgenheiten, sie zerreißen Herzen, sie zerstören Glück und Gut. Sie verbinden sich mit dem Wahnsinn, mit der Blindheit, mit der Treulosigkeit, mit dem Unerreichbaren, das einander sucht. Wer ihnen ausgeliefert ist, ob 24 oder 60 Jahre, kennt die Züge ihrer roten Häupter, fühlt ihre Streiche, rechnet mit Verdammnis. Die Generationen der Künstler hin und her — solange sie am Leben sind, die Flüchtigen mit der Reizbarkeit Gestörter und mit der Empfindlichkeit von Blutern, erst die Toten haben es gut, ihr Werk ist zur Ruhe gekommen und leuchtet in der Vollendung ...

Rede zur Verleihung des Georg-Büchner-Preises.
1951 (Essays. 1951)

Mancher, der ein Buch liest, murrt...

... wenn er Werbung findet, wo er Literatur suchte. Reklame in Büchern!!!? Warum nicht auch zwischen den Akten in Bayreuth oder neben den Gemälden in der Pinakothek?

«Rowohlts Idee mit der Zigarettenreklame im Buch (finde ich) gar nicht anfechtbar, vielmehr sehr modern. Hauptsache, es hat Erfolg und nützt dem Buch, was die deutsche Innerlichkeit dazu sagt, ist allmählich völlig gleichgültig, die will ihren Schlafrock und ihre Ruh und will ihre Kinder dußlig halten und verkriecht sich hinter Salbadern und Gepflegtheit und möchte das Geistige in den Formen eines Bridgeclubs halten – dagegen muß man angehen...»

Das schrieb Ende 1950 – Gottfried Benn.

An Stelle der «Zigarettenreklame» findet man nun in diesen Taschenbüchern Werbung für Pfandbriefe und Kommunalobligationen. «Hauptsache, es hat Erfolg und nützt dem Buch.» Und es nützt auch dem Leser. (Für die Jahreszinsen eines einzigen 100-Mark-Pfandbriefs kann man sich beispielsweise drei Taschenbücher kaufen.)

Pfandbrief und Kommunalobligation · Wertpapiere mit hohen Zinsen · Für jeden Sparer · Ab 100 DM bei Banken und Sparkassen

Verbriefte Sicherheit

BIBLIOGRAPHIE

1. Bibliographien und Forschungsberichte

Viëtor, Karl: Georg Büchner. [Bibliographie.] In: Goedekes Grundriß zur Geschichte der deutschen Dichtung. NF. (1830—1880). Grundsätze der Bearbeitung. (Als Ms. gedruckt.) Leipzig 1934. S. 53—67
Majut, Rudolf: Aufriß und Probleme der modernen Büchner-Forschung. In: Germanisch-Romanische Monatsschrift 17 (1929), S. 356—372
Bergemann, Fritz: Entwicklung und Stand der Georg Büchner-Forschung. In: Geistige Arbeit 4 (1937), Nr. 8, S. 5—7
Bergemann, Fritz: Georg Büchner-Schrifttum seit 1937. In: Deutsche Vierteljahrsschrift für Literaturwissenschaft und Geistesgeschichte 25 (1951), S. 112—121
Oppel, Horst: Stand und Aufgaben der Büchner-Forschung. In: Euphorion 49 (1955), S. 91—109

2. Zu Büchners Lebzeiten erschienene Werke

1834 Der Hessische Landbote. Erste Botschaft. Darmstadt im Juli 1834. 8 Seiten
Illegale Flugschrift, hergestellt in Offenbach/M. Auflage schätzungsweise 300 Exemplare, deren größter Teil beschlagnahmt wurde.
Eine zweite Auflage von 400 Exemplaren wurde ohne Büchners Wissen und Einverständnis im Winter 1834 in Marburg hergestellt und verbreitet.
1835 Dantons Tod. Dramatische Bilder aus Frankreichs Schreckensherrschaft von Georg Büchner. Frankfurt/M. Druck und Verlag von J. D. Sauerländer
1836 «Mémoire sur le système nerveux du Barbeau» (Cyprinus barbus. Barbe) par George Büchner. Lu à la société d'histoire naturelle de Strasbourg, dans les séances du 13 Avril, du 20 Avril, et du 4 Mai 1836. 57 Seiten

3. Ausgaben der Werke und Briefe

Nachgelassene Schriften [Hg. von Ludwig Büchner.] Frankfurt a. M. 1850
Sämtliche Werke und handschriftlicher Nachlaß. Erste kritische Gesamt-Ausgabe. Eingel. und hg. von Karl Emil Franzos. Frankfurt a. M. 1879
Gesammelte Werke. Hg. von Paul Landau. 2 Bde. Berlin 1909
Gesammelte Werke. Nebst einer Auswahl seiner Briefe. Eingel. von Wilhelm Hausenstein. Leipzig 1916
Sämtliche Werke und Briefe. (Auf Grund des Nachlasses hg. von Fritz Bergemann.) Leipzig 1922 — 6. Aufl. 26.—29. Tsd. Wiesbaden 1953; 7. Aufl. 30.—31. Tsd. Leipzig 1956
Sämtliche poetische Werke. Nebst einer Auswahl seiner Briefe. Hg. und eingel. von Arnold Zweig. München und Leipzig 1923 (Rösl-Klassiker)
Gesammelte Werke. Hg. und eingel. von Kasimir Edschmid. München 1948
Gesammelte Werke. München 1956 (Goldmanns gelbe Taschenbücher. 395)
Sämtliche Werke und Briefe in einem Band. München 1965 (dtv. GA)

4. Gesamtdarstellungen

ZOBEL VON ZABELTITZ, MAX: Georg Büchner, sein Leben und sein Schaffen. Berlin 1915 (Bonner Forschungen. 8)
MAYER, HANS: Georg Büchner und seine Zeit. Wiesbaden 1946
BÜTTNER, LUDWIG: Georg Büchner, Revolutionär und Pessimist. Ein Beitrag zur Geistesgeschichte des 19. Jahrhunderts. Nürnberg 1948
VIËTOR, KARL: Georg Büchner. Politik, Dichtung, Wissenschaft. Bern 1949
KNIGHT, ARTHUR H. J.: Georg Büchner. Oxford 1951

5. Würdigungen

MOELLER VAN DEN BRUCK, ARTHUR: Georg Büchner. In: Moeller van den Bruck, Verirrte Deutsche. Minden 1904. S. 114—133
HEIMANN, MORITZ: Georg Büchner. In: Die Neue Rundschau 1910, S. 1458—1462
KYSER, HANS: Georg Büchner. In: März 1911, S. 210—217
KRELL, MAX: Georg Büchner. In: Xenien 6, II (1913), S. 215—221
HAUSENSTEIN, WILHELM: Georg Büchner. In: Weiße Blätter 1913, S. 134—151
COLLIN, JOSEF: Georg Büchner. Politiker, Dichter und Naturforscher. In: Hessische Biographien 1 (1918), S. 247—253
ZWEIG, ARNOLD: Büchner. In: Zweig, Lessing, Kleist, Büchner. Drei Versuche. Berlin 1925. S. 133—195
GUNDOLF, FRIEDRICH: Georg Büchner. Ein Vortrag. In: Zeitschrift für Deutschkunde (1929), S. 1—22 — Wiederabdruck in: Gundolf, Romantiker. Berlin 1930. S. 375—395
ERMATINGER, EMIL: Georg Büchners Persönlichkeit. In: Jahrbuch des Freien Deutschen Hochstifts 1931, S. 298—313
POHL, GERHART: Ein Vorbild des Charakters. Georg Büchner. In: Deutsche Rundschau 249 (1936), S. 247—250
MAUTZ, KURT: Georg Büchner. In: Deutsche Vierteljahrsschrift für Literaturwissenschaft und Geistesgeschichte 15 (1937), S. 115—123
DIEM, EUGEN: Georg Büchners Leben und Werk. Heidelberg 1946
LUKÁCS, GEORG: Der faschistisch verfälschte und der wirkliche Georg Büchner. In: Lukács, Deutsche Realisten des 19. Jahrhunderts. Bern 1951
KREUDER, ERNST: Georg Büchner. Existenz und Sprache. Mainz 1955 (Abhandlungen der Akademie der Wissenschaften und der Literatur. Klasse der Literatur. Jg. 1955, Nr. 4)
EDSCHMID, KASIMIR: Georg Büchner. In: Die Großen Deutschen. Bd. 3. Berlin 1956. S. 163–174

6. Untersuchungen

MAJUT, RUDOLF: Farbe und Licht im Kunstgefühl Georg Büchners. Greifswald 1912 [Diss.]
HOYER, WALTER: Stoff und Gestalt bei Georg Büchner. Leipzig 1922 [Diss.]
LIPMANN, HEINZ: Georg Büchner und die Romantik. München 1923
JANCKE, RUDOLF: Grabbe und Büchner. Eine psychologisch-literarische Betrachtung. In: Germanisch-Romanische Monatsschrift 15 (1927), S. 274—286
Georg Büchner und Ludwig Weidig: Der Hessische Landbote. Texte, Briefe,

Prozeßakten. Kommentiert von Hans Magnus Enzensberger. Frankfurt a. M. 1965 (sammlung insel. 3)
Scheuer, Erwin: Akt und Szene in der offenen Form des Dramas dargestellt an den Dramen Georg Büchners. Berlin 1929 (Germanische Studien. 77)
Majut, Rudolf: Lebensbühne und Marionette. Ein Beitrag zur seelengeschichtlichen Entwicklung von der Genie-Zeit bis zum Biedermeier. Berlin 1931 (Germanische Studien. 100)
Majut, Rudolf: Studien um Büchner. Untersuchungen zur Geschichte der problematischen Natur. Berlin 1932 (Germanische Studien. 121)
Pfeiffer, Arthur: Georg Büchner. Vom Wesen der Geschichte, des Dämonischen und Dramatischen. Frankfurt a. M. 1934
Vogeley, Heinrich: Georg Büchner und Shakespeare. Marburg 1934 [Diss.]
Strohl, Jean: Lorenz Oken und Georg Büchner. Zwei Gestalten aus der Übergangszeit von Naturphilosophie zur Naturwissenschaft. München 1936 (Schriftenreihe der Corona. 14)
Weydt, Günther: Georg Büchner als Revolutionär. In: Zeitschrift für deutsche Bildung 13 (1937), S. 283—290
Viëtor, Karl: Georg Büchner als Politiker. Bern 1939 — 2. Aufl. 1950
Schmid, Peter: Georg Büchner. Versuch über die tragische Existenz. Bern 1940
Westra, Pier: Georg Büchner dans ses rapports avec ses contemporains. Thèse. Paris 1946
Lenz, Wilhelm: Untersuchungen zur Sprache und zum Weltbild Georg Büchners. Köln 1949 [Diss.]
Helmig, Hermann: Der Morphologe Georg Büchner. Basel 1950 [Diss.]
Mühlher, Robert: Georg Büchner und die Mythologie des Nihilismus. In: Mühlher, Dichtung der Krise. Wien 1951. S. 97—145
Oppel, Horst: Die tragische Dichtung Georg Büchners. Stuttgart 1951
Gunkel, Richard: Georg Büchner und der Dandysmus. Utrecht 1953 (Studia litteraria Rheno-Trajectina. 2)
Majut, Rudolf: Georg Büchner and some english thinkers. In: Modern Language Review 48 (1953), S. 310—322
Auger-Duvignaud, Jean: Georg Büchner dramaturge. Paris 1954 (Les grands dramaturges. 2)
Heyn, Fritz: Die Sprache Georg Büchners. Marburg 1955 [Diss.]
Krapp, Helmut: Der Dialog bei Georg Büchner. Frankfurt a. M. 1955 [Diss.]
McGlahan, Leonard: Sinn und Form des realistischen Dramas bei Georg Büchner. Münster 1955 [Diss.]

Viëtor, Karl: Die Quellen von Büchners Drama «Dantons Tod». In: Euphorion 34 (1933), S. 357—379
Thieberger, Richard: La mort de Danton de Georg Büchner et ses sources. Paris 1953
Landsberg, Hans: Georg Büchners «Dantons Tod». Berlin 1900 [Diss.]
Jaspers, Anna: Georg Büchners Trauerspiel «Dantons Tod». Marburg 1921 [Diss.]
König, Fritz: Georg Büchners «Danton». Halle 1924 (Bausteine. 19)
Viëtor, Karl: Die Tragödie des heldischen Pessimismus. Über Büchners Drama «Dantons Tod». In: Deutsche Vierteljahrsschrift für Literaturwissenschaft und Geistesgeschichte 12 (1934), S. 173—209
Bach, Anneliese: Verantwortlichkeit und Fatalismus in Georg Büchners Drama «Dantons Tod». In: Wirkendes Wort 6 (1955/56), S. 217—229

VIEHWEG, WOLFRAM: Georg Büchners «Dantons Tod» auf dem deutschen Theater. München 1964
RENKER, ARMIN: Georg Büchner und das Lustspiel der Romantik. Eine Studie über Leonce und Lena. Berlin 1924 (Germanische Studien. 34)
BECKERS, GUSTAV: Georg Büchners «Leonce und Lena». Ein Lustspiel der Langeweile. Hamburg 1955 [Diss.]
SCHRÖDER, JÜRGEN: «Leonce und Lena». Das Lustspiel als Kehrform des büchnerschen Dramas. München 1965
KUPSCH, WALTHER: Wozzeck. Ein Beitrag zum Schaffen Georg Büchners. Berlin 1920 (Germanische Studien. 4)
WINKLER, HANS: Georg Büchners «Woyzeck». Greifswald 1925 [Diss.]
MAY, KURT: Georg Büchners «Woyzeck». In: Die Sammlung 5 (1950), S. 19—26
DAM, HERMANN VAN: Zu Georg Büchners «Woyzeck». In: Akzente 1 (1954), S. 82—99
MAYER, HANS: Georg Büchner: Woyzeck. Frankfurt a. M. 1963 (Dichtung und Wirklichkeit. 11)
VOSS, KURT: Georg Büchners «Lenz». Eine Untersuchung nach Gehalt und Formgebung. Bonn 1922 [Diss.]
VIËTOR, KARL: «Lenz». Erzählung von Georg Büchner. In: Germanisch-Romanische Monatsschrift 25 (1957), S. 2—15

NAMENREGISTER

Die kursiv gesetzten Zahlen bezeichnen die Abbildungen

Abaelard, Peter 157
Aischylos 32
Amsler, Ludwig 44
Aretino, Pietro 157

Barbier, Jean-Baptiste 43
Baum, Johann Wilhelm 42, 43, 45, 51
Baur, Karl 20, 25
Becker, August 51, 54, 64, 68, 70, 76, 150
Becker, Ludwig 68
Blech, Hans Christian 127
Boeckel, Eugen 42, 50, 72, 154, 160, *44*
Börne, Ludwig 65, 67, 154
Bott 72
Brentano, Clemens 112, 113
Brion, Friederike 131
Büchner, Alexander 13, *19*
Büchner, Ernst Karl 10 f, 22, 35, 39, 47 f, 50, 53, 54, 73, 75, 82, 122 f, 130, 143, 144, 150, 154, 155 f, *15*
Büchner, Jakob Karl 10 f
Büchner, Johann 11
Büchner, Louise 13, 30, 35, 58 f, 61, 154, *17*
Büchner, Louise Caroline 10, 12, 20, 22, 53, 130, 150, 154, 155, 161, *14*
Büchner, Ludwig 11, 13, 35, 69, 146, 149, 154, *18*
Büchner, Mathilde 13, 155, 161
Büchner, Wilhelm 11
Büchner, Wilhelm Ludwig 13, 69, *16*

Caesar, Gaius Iulius 24, 25, 28 f
Cailliot, René 51
Calderón de la Barca, Pedro 32
Callot-Hoffmann s. u. Ernst Theodor Amadeus Hoffmann
Cartesius s. u. René Descartes
Carus, Carl Gustav 149

Cato d. Ä., Marcus Portius 25, 28 f
Chamisso, Adalbert von 113
Chommel 43
Cicero, Marcus Tullius 24, 61
Clarus, Johann Christian August 119, 122
Clemm, Gustav 68
Cooper, Sir Astley 51

Daniëls, C. E. 11
Danton, Georges-Jacques 88 f, 117, *89*
Darwin, Charles Robert 149
Demosthenes 61
Descartes, René 147
Desmoulins, Camille 93
Dilthey, Karl 20
Duvernoy, Georges 43

Emil, Prinz von Hessen-Darmstadt 59, 153
Engelhardt 119
Ernst, Georg 51

Fichte, Johann Gottlieb 56
Follen, Johann Peter Bernhard 45
Fontane, Theodor 140
Forster, Georg 56
Fouquier-Tinville, Antoine-Quentin 96
Franzos, Karl Emil 31, 148
Froriep, Ludwig Friedrich von 51

Georgi, Konrad 75, 85
Gerle, Wolfgang Adolf 112
Gladbach, Georg 71
Gobert, Boy 115
Goethe, Cornelia s. u. Cornelia Schlosser
Goethe, Johann Wolfgang von 22, 32, 40, 56 f, 59, 89 f, 102, 112, 117, 130 f, 134, 140, 143 f, 149
Goupil 51

175

Grimm, Wilhelm 61
Grolmann 80
Gutzkow, Karl 102, 104 f, 107 f, 134 f, 150, 153, *103*

Hauptmann, Gerhart 135
Haydn, Joseph 110
Hebbel, Friedrich 8, 37, *9*
Hecker, August Friedrich 45
Hegel, Georg Wilhelm Friedrich 116
Heine, Heinrich 37, 65, 154
Held, Charles Theophil 44
Héloïse 157
Herder, Johann Gottfried von 32, 130, 134
Heß, Johann Jakob 155
Hirtz, Mathieu-Marc 43
Hoffmann, Ernst Theodor Amadeus 82, 113
Homer 32
Horn, Uffo Daniel 112
Hugo, Victor 42, 112, 113, 150

Isenburg, Graf 58

Jaegle, Johann Jakob 36 f, 42, 132
Jaegle, Wilhelmine 36, 39 f, 50, 83 f, 154, 160 f, *40, 41*
Jean Paul 20, 32, 79

Karl X., König von Frankreich 36, 80
Karl August, Herzog von Sachsen-Weimar 89
Kaufmann, Christoph 131, 137, 140, 141
Koch, Adam 69, 85
Körner, Theodor 10, 20
Kotzebue, August von 60, 62, 63
Kuhl, Konrad 71

Lambossy, J.-M. 43, 51, *45*
Langermann, General 38
Lauth, Ernst Alexander 51
Lavater, Johann Kaspar 131
Lenau, Nikolaus 37

Lenz, Jakob Michael Reinhold 117, 130 f, *133*
Lessing, Gotthold Ephraim 117
Lintzler 43
Louis-Philippe, König von Frankreich 36
Luck, Ludwig Wilhelm 31
Ludwig I., König von Bayern 80
Ludwig I., Großherzog von Hessen-Darmstadt 9, 13
Ludwig II., Großherzog von Hessen-Darmstadt 58, 60
Ludwig, Otto 8
Lüning, August 148

Matthisson, Friedrich von 20, 22 f
Metternich, Klemens, Fürst von 56, 78, *57*
Minnigerode, Karl 68, 69, 71 f, 85, 150, 153, 154
Mladek, Kyra 115
Mundt, Theodor 154
Musset, Alfred de 7, 42, 113

Napoleon I., Kaiser der Franzosen 8 f, 12 f, 25, 35, 41, 56
Neuhof 153
Niebergall, Ernst Elias 33
Novalis 7

Oberlin, Johann Friedrich 132, 134 f, 137 f
Oken, Lorenz 145 f, *145*

Platen Hallermund, August Graf von 37

Raabe, Wilhelm 140
Ramorino, General 37 f
Reinhardt, Max 130
Reuß, Eduard 12, 35, 51
Reuß, Johann Georg 12
Reuß, Ludwig Christian 12
Reuß, Louise Caroline s. u. Louise Caroline Büchner
Reuß, Louise Philippine 12

Reybel, R. 51
Robespierre, Maximilien de 68, 88, 92, 92

Salzmann 132
Sand, Karl Ludwig 60, 62, 63
Sartre, Jean-Paul 102
Sauerländer, J. D. 102, 103, 104, 105, 107, 150
Scherb, Johann Daniel 43
Schiller, Friedrich 12, 20, 24, 32, 36, 47, 56, 87, 98, 110, 112
Schlosser, Cornelia 131
Schneider, General 38
Schönlein, Johann Lukas 160
Schulz, Caroline 160 f
Schulz, Wilhelm Friedrich 152, 154, 160
Schütz, Jakob Friedrich 68, 85
Schwab, Gustav 42
Shakespeare, William 7, 23, 31, 32, 103, 112, 113, 116, 117, 130 f, 140, 157
Sophokles 32
Spinoza, Benedictus de 147
Stein, Charlotte von 131
Steinrück, Albert 125
Stöber, Adolph 42, 43 f, 48, 51, 52, 132, 134

Stöber, August 42, 44, 48, 51, 53, 132, 134, 135
Stöber, Daniel Ehrenfried 42, 132
Strindberg, August 113
Strohl, Jean 42, 148

Thiers, Adolphe 51, 104
Tieck, Ludwig 113, 132

Uhland, Ludwig 42

Vogt, Carl 53, 71, 153

Wagner, Richard 8, 9
Weber, Ernst Heinrich 85
Weidig, Friedrich Ludwig 65, 67 f, 70 f
Weitershausen, Carl 20
Wernekinck, Christian 54, 145
Wienbarg, Ludolf 153
Willi, Marie-Luise 127
Woost, Johanna Christiane 118, 123
Woyzeck, Johann Christian 117 f, 118

Zehnder, Hans Ulrich 160
Zimmermann, Friedrich 31 f
Zimmermann, Georg 31

QUELLENNACHWEIS DER ABBILDUNGEN

Die Ziffern bezeichnen die Buchseiten

Für freundliche Hilfe bei der Beschaffung des Bildmaterials danken wir dem Stadtarchiv in Darmstadt, der Stadt- und Universitätsbibliothek in Frankfurt a. M., der Stadt Gießen, dem Stadtgeschichtlichen Museum Leipzig und dem Stadtarchiv Zürich; vor allem aber Herrn Dr. Anton Büchner in Ingelheim (Rhein), der mehrere bisher unveröffentlichte Fotografien aus Familienbesitz zur Verfügung stellte.

Die Bilder auf den Seiten 36, 44 und 45 wurden dem Aufsatz «Georges Büchner à Strasbourg» von Jean Strohl (erschienen in «La Vie en Alsace» 1936, I) entnommen.

Historisches Bildarchiv: 6 und Umschlag-Vorderseite, 9, 18, 34, 49, 52, 62, 63, 133
Ullstein: 8, 8/9, 26/27, 38/39, 40, 63, 83, 92, 96, 97, 108, 145
Kester, München: 9, 57, 103
Photo-Göttmann, Mainz: 10
Foto-Hauf, Goddelau: 11
Dr. Anton Büchner: 14, 16, 19, 41
Immo Beyer, Darmstadt: 17, 20/21, 21
Stadt Gießen: 54, 55, 159
Dr. Ernst Johann: 66, 118
Rowohlt-Archiv: 77, 87, 90/91, 93, 106, 109, 122, 151 und Umschlagrückseite, 158
Archiv für Kunst und Geschichte, Berlin: 89
Historia-Photo: 95
Photo Haendler Krah, Kiel: 101
Dr. Walter Boje, Leichlingen: 115
Stadtgeschichtliches Museum, Leipzig: 119, 120/121
Federico Arborio Mella: 124
Theatermuseum Clara-Ziegler-Stiftung: 125
Hildegard Steinmetz, Gräfeling/München: 127

rowohlts monographien

GROSSE PERSÖNLICHKEITEN IN SELBSTZEUGNISSEN UND BILDDOKUMENTEN · HERAUSGEGEBEN VON KURT KUSENBERG
JEDES TASCHENBUCH MIT 70 ABBILDUNGEN

LITERATUR

Erling Nielsen
HANS CHRISTIAN ANDERSEN [5]

Pascal Pia
GUILLAUME APOLLINAIRE [54]

Pascal Pia
CHARLES BAUDELAIRE [7]

Walter Lennig
GOTTFRIED BENN [71]

Albert Béguin
GEORGES BERNANOS [10]

Peter Rühmkorf
WOLFGANG BORCHERT [58]

Marianne Kesting
BERTOLT BRECHT [37]

Ernst Johann
GEORG BÜCHNER [18]

Morvan Lebesque
ALBERT CAMUS [50]

J. Rives Childs
GIACOMO CASANOVA [48]

Paul-André Lesort
PAUL CLAUDEL [95]

Germaine Beaumont / André Parinaud
COLETTE [11]

Janko Lavrin
F. M. DOSTOJEVSKIJ [88]

Paul Stöcklein
JOSEPH VON EICHENDORFF [84]

Jürgen Manthey
HANS FALLADA [78]

Jean de La Varende
GUSTAVE FLAUBERT [20]

Günter W. Lorenz
FEDERICO GARCIA LORCA [82]

Franz Schonauer
STEFAN GEORGE [44]

Claude Martin
ANDRÉ GIDE [89]

Chris Marker
JEAN GIRAUDOUX [68]

Peter Boerner
JOHANN WOLFGANG VON GOETHE [100]

Nina Gourfinkel
MAXIM GORKI [9]

Kurt Lothar Tank
GERHART HAUPTMANN [27]

Ludwig Marcuse
HEINRICH HEINE [41]

Georges-Albert Astre
ERNEST HEMINGWAY [73]

Bernhard Zeller
HERMANN HESSE [85]

Ulrich Häussermann
FRIEDRICH HÖLDERLIN [53]

Gabrielle Wittkop-Ménardeau
E. T. A. HOFFMANN [113]

Jean Paris
JAMES JOYCE [40]

Klaus Wagenbach
FRANZ KAFKA [91]

Curt Hohoff
HEINRICH VON KLEIST [1]

Paul Schick
KARL KRAUS [111]

Wolfgang Drews
GOTTHOLD EPHRAIM LESSING [75]

Wolfgang Promies
GEORG CHRISTOPH LICHTENBERG [90]

Hugo Huppert
WLADIMIR MAJAKOWSKI [102]

Klaus Schröter
THOMAS MANN [93]

Hans Wollschläger
KARL MAY [104]

Walter Schmiele
HENRY MILLER [61]

Martin Beheim-Schwarzbach
CHRISTIAN MORGENSTERN [97]

Wilfried Berghahn
ROBERT MUSIL [81]

Michel Aucouturier
BORIS PASTERNAK [109]

Walter Lennig
EDGAR ALLAN POE [32]

Claude Mauriac
MARCEL PROUST [15]

Hans Egon Holthusen
RAINER MARIA RILKE [22]

Yves Bonnefoy
ARTHUR RIMBAUD [65]

Herbert Günther
JOACHIM RINGELNATZ [96]

Walter Lennig
MARQUIS DE SADE [108]

Luc Estang
ANTOINE DE SAINT-EXUPÉRY [4]

Walter Biemel
JEAN-PAUL SARTRE [87]

E/V

Friedrich Burschell
FRIEDRICH SCHILLER [14]

Jean Paris
WILLIAM SHAKESPEARE [2]

Hermann Stresau
GEORGE BERNARD SHAW [59]

Urban Roedl
ADALBERT STIFTER [86]

Atos Wirtanen
AUGUST STRINDBERG [67]

Fritz Heinle
LUDWIG THOMA [80]

Otto Basil
GEORG TRAKL [106]

Sophie Laffitte
ANTON TSCHECHOW [38]

Klaus-Peter Schulz
KURT TUCHOLSKY [31]

Gay Wilson Allen
WALT WHITMAN [66]

Herbert Joseph Muller
THOMAS WOLFE [46]

Marc Bernard
ÉMILE ZOLA [24]

PHILOSOPHIE

J.-M. Zemb
ARISTOTELES [63]

Franz Wiedmann
GEORG WILHELM FRIEDRICH HEGEL [110]

Uwe Schultz
IMMANUEL KANT [101]

Peter P. Rohde
SÖREN KIERKEGAARD [28]

Edmond Barincou
NICCOLÒ MACHIAVELLI [17]

Werner Blumenberg
KARL MARX [76]

Francis Jeanson
MICHEL DE MONTAIGNE [21]

Ivo Frenzel
FRIEDRICH NIETZSCHE [115]

Albert Beguin
BLAISE PASCAL [26]

Johannes Hemleben
RUDOLF STEINER [79]

RELIGION

Henri Marrou
AUGUSTINUS [8]

Maurice Percheron
BUDDHA [12]

Ivan Gobry
FRANZ VON ASSISI [16]

Alain Guillermou
IGNATIUS VON LOYOLA [74]

Hanns Lilje
MARTIN LUTHER [98]

André Neher
MOSES [94]

Claude Tresmontant
PAULUS [23]

Solange Lemaitre
RAMAKRISCHNA [60]

Johannes Hemleben
PIERRE TEILHARD DE CHARDIN [116]

Erich Beyreuther
NIKOLAUS LUDWIG VON ZINZENDORF [105]

GESCHICHTE

André Maurois
NAPOLEON [112]

NATURWISSENSCHAFT

Johannes Hemleben
ERNST HAECKEL [99]

KUNST

Kurt Leonhard
PAUL CÉZANNE [114]

Carola Giedeon-Welcker
PAUL KLEE [52]

MUSIK

Luc-André Marcel
JOHANN SEBASTIAN BACH [83]

Everett Helm
BÉLA BARTÓK [107]

Fritz Zobeley
LUDWIG VAN BEETHOVEN [103]

Camille Bourniquel
FRÉDÉRIC CHOPIN [25]

Jean Barraqué
CLAUDE DEBUSSY [92]

Richard Friedenthal
GEORG FRIEDRICH HÄNDEL [36]

Pierre Barbaud
JOSEPH HAYDN [49]

Aloys Greither
WOLFGANG AMADÉ MOZART [77]

Vladimir Jankélévitch
MAURICE RAVEL [13]

Marcel Schneider
FRANZ SCHUBERT [19]

André Boucourechliev
ROBERT SCHUMANN [6]

Hans Kühner
GIUSEPPE VERDI [64]

Hans Mayer
RICHARD WAGNER [29]

Ein ausführliches Verzeichnis aller bisher erschienenen «rowohlts monographien» fordern Sie bitte direkt vom Rowohlt Taschenbuch Verlag, Reinbek bei Hamburg. Zu beziehen durch jede Buchhandlung.

E/V

ROBERT MUSIL

Der Mann ohne Eigenschaften
Herausgegeben von Adolf Frisé
Roman. 41.—46. Tausend. 1632 Seiten. Leinen in Kassette

Drei Frauen
Novellen · Anhang: Aus dem unveröffentlichten Nachlaß
Auswahl und Vorwort von Adolf Frisé
168. Tausend. rororo Band 64

Die Verwirrungen des Zöglings Törleß
Roman · 93. Tausend · rororo Band 300

Nachlaß zu Lebzeiten
Essays · 50. Tausend · rororo Band 500

Theater
Kritisches und Theoretisches
Mit einem Essay von Marie Luise Roth
rowohlts klassiker Band 182/183

Robert Musil
in Selbstzeugnissen
und 70 Bilddokumenten dargestellt
von Wilfried Berghahn
28. Tausend · rowohlts monographien Band 81

Wilhelm Bausinger, Studien zu einer historisch-kritischen Ausgabe von Robert Musils Roman «Der Mann ohne Eigenschaften» · 948 Seiten · Interimsband

ROWOHLT VERLAG

rowohlts roro roro klassiker Klassiker
der Literatur und der Wissenschaft
mit Biographie · Bibliographie · Essays

Neuerscheinungen:

SENECA – Briefe an Lucilius / Gesamtausgabe I (Briefe 1–80): Rom unter Nero [185/186]. Neu übersetzt und erläutert von Ernst Glaser-Gerhard.

THOMAS HOBBES – Leviathan oder Wesen, Form und Gewalt des kirchlichen und bürgerlichen Staates [187/188/189]
Übersetzt von Dorothee Tidow, mit einem Essay, einem biographischen Grundriß und einer Bibliographie von Peter Cornelius Mayer-Tasch.

SENECA – Briefe an Lucilius / Gesamtausgabe II (Briefe 81–124): Stoische Lebenskunst [190/191]. Neu übersetzt und erläutert von Ernst Glaser-Gerhard.

WILLIAM SHAKESPEARE – Troilus und Cressida / Englisch und Deutsch [192/193]
In der Übersetzung von Schlegel und Tieck herausgegeben von L. L. Schücking. Mit einem Essay und einer Bibliographie von Dieter Mehl.

C. JULIUS CAESAR – Die Bürgerkriege / gegen Pompeius / in Alexandria / in Afrika / in Spanien [179/180]. Übersetzt und erläutert von Gerhard Wirth.

KARL MARX – Texte zu Methode und Praxis I: Jugendschriften 1835–1841 [194/195] [194/195]
Kommentiert und mit einem Essay herausgegeben von Günther Hillmann.

Mai 1966

WILLIAM SHAKESPEARE – König Heinrich IV., 1. und 2. Teil / Englisch und Deutsch [198/199/200]
In der Übersetzung von Schlegel und Tieck herausgegeben von L. L. Schücking. Mit einem Essay und einer Bibliographie von Ernst Th. Sehrt.

Verzeichnis aller lieferbaren Werke:

Amerikanische Literatur

BIERCE, AMBROSE Der Gnadenstoß / Geschichten des Grauens [184]

COOPER, J. F. Die Ansiedler an den Quellen des Susquehanna [91/92/93]

HARTE, BRET Der gelbe Hund / Goldgräber-Stories [170]

MELVILLE, HERMAN Piazza-Erzählungen [106/107]

POE, EDGAR ALLAN Der Mord in der Rue Morgue [53]

Deutsche Literatur

BEER, JOHANN [1655–1700] Das Narrenspital sowie Jucundi Jucundissimi wunderliche Lebens-Beschreibung [9]

BORCHARDT, RUDOLF Der unwürdige Liebhaber [13]

CLAUSEWITZ, CARL VON Vom Kriege [138/139]

GOETHE, JOHANN WOLFGANG VON Römische Elegien / Venetianische Epigramme / Tagebuch der italienischen Reise [98/99]

HOFFMANN, E. T. A. Nachtstücke / Der Sandmann / Das öde Haus / Das steinerne Herz [148]

JEAN PAUL Ehestand, Tod und Hochzeit des Armenadvokaten F. St. Siebenkäs im Reichsmarktflecken Kuhschnappel [17/18]

KLEIST, HEINRICH VON Über das Marionettentheater / Zur Poetik / Der Findling / Die Marquise von O. [163/164]

LESSING, GOTTHOLD EPHRAIM Minna von Barnhelm / Emilia Galotti / Nathan der Weise [118/119]

MUSIL, ROBERT Theater / Kritisches und Theoretisches [182/183]

NOVALIS Monolog / Die Lehrlinge zu Sais / Die Christenheit oder Europa – Hymnen an die Nacht / Geistliche Lieder / Heinrich von Ofterdingen / Ludwig Tieck: Novalis' Lebensumstände [130/131]

D/V

PINTHUS, KURT Menschheitsdämmerung / Ein Dokument des Expressionismus [55/56]

SCHILLER, FRIEDRICH Don Carlos, Infant von Spanien / Briefe über Don Carlos / Dokumente [72/73] – Wallensteins Lager / Die Piccolomini / Wallensteins Tod / Dokumente [84/85] – Die Räuber / Vorreden / Selbstbesprechung / Textvarianten / Dokumente [177/178]

STIFTER, ADALBERT Der Hochwald / Der Waldsteig [126]

Englische Literatur

DEFOE, DANIEL Glück und Unglück der berüchtigten Moll Flanders [45/46]

DICKENS, CHARLES Oliver Twist [157/158/159]

SHAKESPEARE, WILLIAM Werke / Englisch und Deutsch: Romeo und Julia [4] – Hamlet / Prinz von Dänemark [19] – Richard III. [26] – Macbeth [36] – Ein Sommernachtstraum [48] – Julius Caesar [57] – Der Kaufmann von Venedig [63] – König Lear [70] – Othello [90] – Der Sturm [103] – Antonius und Cleopatra [117] – Wie es euch gefällt [125] – Der Widerspenstigen Zähmung [133] – Maß für Maß [160] – Das Wintermärchen [174] – Troilus und Cressida [192/193] – König Heinrich IV., 1. und 2. Teil [198/199/200]

Französische Literatur

BAUDELAIRE, CHARLES Die künstlichen Paradiese [161]

FLAUBERT, GUSTAVE Lehrjahre des Gefühls [49/50]

FRANCE, ANATOLE Die rote Lilie [153/154]

LAFAYETTE, MADAME DE Die Prinzessin von Cleve – Die Prinzessin von Montpensier [28]

LE SAGE Die Geschichte des Gil Blas von Santillana [127/128/129]

MOLIÈRE Der Geizige / Französisch und Deutsch [104] – Der eingebildete Kranke / Französisch und Deutsch [110]

PRÉVOST, ABBÉ Geschichte des Chevalier des Grieux und der Manon Lescaut [86]

RIMBAUD, ARTHUR Sämtliche Dichtungen / Französisch und Deutsch [135/136/137] – Briefe / Dokumente [155/156]

VALÉRY, PAUL Gedichte / Französisch – Deutsch / Die Seele und der Tanz / Eupalinos oder Der Architekt [105]

VIGNY, ALFRED DE Glanz und Elend des Militärs [3]

VOLTAIRE Candide [8]

Griechische Literatur und Philosophie

ARISTOTELES Politik [171/172/173]

GRIECHISCHE LYRIK Von den Anfängen bis zu Pindar / Griechisch und Deutsch [140/141/142]

HELIODOR Aithiopika – Die Abenteuer der schönen Chariklea / Ein griechischer Liebesroman [120/121]

HIPPOKRATES Schriften / Die Anfänge der abendländischen Medizin [108/109]

HOMER Die Odyssee / Übersetzt in deutsche Prosa von Wolfgang Schadewaldt [29/30]

MARC AUREL Wege zu sich selbst [181]

PLATON Sämtliche Werke / Herausgegeben von Walter F. Otto, Ernesto Grassi, Gert Plamböck – Band I: Apologie, Kriton, Protagoras, Ion, Hippias II, Charmides, Laches, Euthyphron, Gorgias, Briefe [1/1a] – Band II: Menon, Hippias I, Euthydemos, Menexenos, Kratylos, Lysis, Symposion [14] – Band III: Phaidon, Politeia [27/27a] – Band IV: Phaidros, Parmenides, Theaitetos, Sophistes [39] – Band V: Politikos, Philebos, Timaios, Kritias [47] – Band VI: Nomoi [54/54a]

THUKYDIDES Geschichte des Peloponnesischen Krieges [100/101/102]

VORSOKRATIKER, Die Fragmente der, von Hermann Diels [10]

XENOPHON Das Gastmahl [7]

Italienische Literatur und Philosophie

BRUNO, GIORDANO Heroische Leidenschaften und individuelles Leben [16]

CASANOVA, GIACOMO Memoiren [51/52, 59/60, 65/66]

CELLINI, BENVENUTO – sein Leben von ihm selbst geschrieben / Übersetzt und herausgegeben von Goethe [22/23]

DA PONTE, LORENZO Mein abenteuerliches Leben / Die Memoiren des Mozart-Librettisten [74/75]

FRANZ VON ASSISI Die Werke / Sonnengesang, Testament, Ordensregeln, Briefe / Die Blümlein [34]

GOLDONI, CARLO Herren im Haus – Viel Lärm in Chiozzo   Zwei Komödien [132]

LEONARDO DA VINCI Philosophische Tagebücher / Italienisch und Deutsch [25]

Östliche Literatur und Philosophie

BUDDHAS REDEN / Majjhimanikaya / Die Sammlung der mittleren Texte des buddhistischen Pali-Kanons [87/88]

WU CH'ENG-EN Der rebellische Affe / Die Reise nach dem Westen [82/83]

Römische Literatur

CAESAR, C. JULIUS – Der Gallische Krieg [175/176] – Die Bürgerkriege / gegen Pompeius / in Alexandria / in Afrika / in Spanien [179/180]

CATULL Liebesgedichte / Lateinisch und Deutsch [64]

CICERO Der Staat [162]

HORAZ Episteln / Lateinisch und Deutsch [144/145/146]

RÖMISCHE SATIREN Ennius / Lucilius / Varro / Horaz / Persius / Juvenal / Seneca / Petronius [114/115/116]

SALLUST Die Verschwörung des Catilina / Lateinisch und Deutsch [165]

SENECA – Briefe an Lucilius / Gesamtausgabe I: Rom unter Nero [185/186] – II: Stoische Lebenskunst [190/191]

Russische Literatur

ANDREJEV, LEONID N. Die sieben Gehenkten / Lazarus / Judas Ischariot [15]

DOSTOJEVSKIJ, F. M. Winterliche Aufzeichnungen über sommerliche Eindrücke / Aufzeichnungen aus dem Kellerloch / Aus dem Tagebuch eines Schriftstellers [111/112] – Aufzeichnungen aus einem Totenhaus [122/123/124] – Der Idiot [149/150/151/152] – Raskolnikov / Schuld und Sühne [166/167/168/169]

GORKIJ, MAXIM Volk der Revolution / Erzählungen [134]

LESKOV, NIKOLAJ Der verzauberte Pilger [95]

RUSSISCHE ERZÄHLER [11/12] Autoren: Puschkin / Gogol / Turgenjev / Saltykov / Tolstoj / Dostojevskij / Leskov / Korolenko / Tschechov

Skandinavische Literatur

SKANDINAVISCHE BALLADEN DES MITTELALTERS [143]

STRINDBERG, AUGUST Dramen: Der Vater / Fräulein Julie / Nach Damaskus / Totentanz / Ein Traumspiel / Gespenstersonate [79/80]

Spanische Literatur

GRACIAN, BALTASAR Criticón oder Über die allgemeinen Laster des Menschen [2]

Philosophie des Humanismus und der Renaissance

DER UTOPISCHE STAAT – THOMAS MORUS, Utopia / **TOMMASO CAMPANELLA**, Sonnenstaat / **FRANCIS BACON**, Neu-Atlantis / Herausgegeben von Klaus J. Heinisch [68/69]

LEONARDO DA VINCI Philosophische Tagebücher / Italienisch und Deutsch [25]

Philosophie der Neuzeit

HOBBES, THOMAS Leviathan oder Wesen, Form und Gewalt des kirchlichen und bürgerlichen Staates [187/188/189]

KIERKEGAARD, SÖREN Werke / In neuer Übertragung von Liselotte Richter – Band I: Der Begriff Angst [71] – Band II: Die Wiederholung / Die Krise und eine Krise im Leben einer Schauspielerin / Mit Erinnerungen an Kierkegaard von Hans Bröchner [81] – Band III: Furcht und Zittern / Mit Erinnerungen an Kierkegaard von Hans Bröchner [89] – Band IV: Die Krankheit zum Tode [113] – Band V: Philosophische Brocken [147]

MARX, KARL Texte zu Methode und Praxis I: Jugendschriften 1835–1841 [194/195]

Zu beziehen nur durch Ihre Buchhandlung
Einen ausführlichen Prospekt verlangen Sie bitte direkt vom

Rowohlt Taschenbuch Verlag Reinbek bei Hamburg

ro ro ro NEUE DEUTSCHE PROSA

ULRICH BECHER, Das Herz des Hais
Roman. 38. Tausend. rowohlts rotations romane Band 387
WOLFGANG BORCHERT, Draußen vor der Tür und
ausgewählte Erzählungen. *Mit einem Nachwort von Heinrich Böll*
623. Tausend. rowohlts rotations romane Band 170
WALTER MATTHIAS DIGGELMANN
Das Verhör des Harry Wind
Roman. 25. Tausend. rowohlts rotations romane Band 860
FRIEDRICH DÜRRENMATT
Der Richter und sein Henker
Roman. Mit 14 Zeichnungen von Karl Staudinger
350. Tausend. rowohlts rotations romane Band 150
Der Verdacht
Roman. 180. Tausend. rowohlts rotations romane Band 448
CHRISTIAN GEISSLER, Anfrage
Roman. 30. Tausend. rowohlts rotations romane Band 658
GÜNTER GRASS, Katz und Maus
Eine Novelle. 280. Tausend. rowohlts rotations romane Band 572
HEINZ LIEPMAN, Der Ausweg
Die Bekenntnise des Morphinisten Martin M.
25. Tausend. rowohlts rotations romane Band 834
DIETER MEICHSNER, Die Studenten von Berlin
Roman. 25. Tausend. rowohlts rotations romane Band 596/597
JENS REHN, Nichts in Sicht
Roman. 25. Tausend. rowohlts rotations romane Band 827
GREGOR VON REZZORI, Oedipus siegt bei Stalingrad
Ein Kolportageroman. Mit einem Nachwort von Nicolaus Sombart
40. Tausend. rowohlts rotations romane Band 563
Ein Hermelin in Tschernopol
Ein maghrebinischer Roman
30. Tausend. rowohlts rotations romane Band 759/760
MARTIN WALSER, Ehen in Philippsburg
Roman. 53. Tausend. rowohlts rotations romane Band 557

35/3

Neue deutsche Autoren

Peter O. Chotjewitz
Hommage à Frantek
Nachrichten für seine Freunde
300 Seiten · Leinen

Gisela Elsner
Die Riesenzwerge
Ein Beitrag · 11. Tausend · 304 Seiten · Leinen

Hubert Fichte
Das Waisenhaus
Roman · 7. Tausend · 196 Seiten · Leinen
Der Aufbruch nach Turku
Erzählungen · 144 Seiten · Leinen

Maria Frisé
Hühnertag und andere Geschichten
Erzählungen · 100 Seiten · Pappband

Rolf Hochhuth
Der Stellvertreter
Schauspiel. Mit einem Vorwort von Erwin Piscator
225. Tausend · Rowohlt Paperback Band 20

Hermann Peter Piwitt
Herdenreiche Landschaften
Zehn Prosastücke · 128 Seiten · Pappband

Peter Rühmkorf
Irdisches Vergnügen in g
Fünfzig Gedichte · 3. Tausend · 68 Seiten · kartoniert
Kunststücke
50 Gedichte nebst einer Anleitung zum Widerspruch
7. Tausend · Rowohlt Paperback Band 15

Rino Sanders
Kardiogramme
Gedichte · 104 Seiten · Pappband

Eckard Sinzig
Idyllmalerei auf Monddistanz
Roman · 216 Seiten · Pappband

Rowohlt Verlag

Endlich das ideale Tucholsky-Lesebuch!

★

Kurt Tucholsky Ausgewählte Werke

★

Diese zweibändige Auswahl enthält Feuilletons und Polemiken, Balladen, Chansons und Bänkellieder, unvergängliche Theaterkritiken über die Bergner, Kortner oder Pallenberg, Literaturbetrachtungen über Kafka, Brecht oder Heinrich Mann, Texte des weltfrohen Reisenden, des ironischen Liebhabers, Anti-Militaria, Melancholien über das «Nachher», die Momentaufnahmen des berühmt-berüchtigten Herrn Wendriner.
Ausgewählt und zusammengestellt von Fritz J. Raddatz. 88. Tausend. Sonderausgabe in der Reihe ‹Die Bücher der Neunzehn› Band 128. 2 Bände. 1040 Seiten. Leinen

★

Rowohlt

Martin Esslin
Das Theater des Absurden
rowohlts deutsche enzyklopädie Band 234/235/236

Einleitung: Das Wesen des Absurden
Samuel Beckett: Die Suche nach dem Ich
Arthur Adamov: Das Heilbare und das Unheilbare
Eugène Ionesco: Theater und Anti-Theater
Jean Genet: Ein Spiegelkabinett
Parallelen und Proselyten
Jean Tardieu · Boris Vian · Dino Buzzati · Ezio d'Errico · Manuel de Pedrolo · Fernando Arrabal · Amos Kenan · Max Frisch · Wolfgang Hildesheimer · Günter Grass · Robert Pinget · Harold Pinter · Norman Frederick Simpson · Edward Albee · Jack Gelber · Arthur L. Kopit
Die Tradition des Absurden
Der Sinn des Absurden
Enzyklopädisches Stichwort:
«Eugène Ionesco, Habe ich Anti-Theater gemacht?»
Über den Verfasser
Bibliographie
Personenregister

Ausführliche Analysen der Stücke von Beckett, Adamov, Ionesco, Pinter und Genet demonstrieren, inwiefern das neue, durch diese und andere Dramatiker geschaffene Theater von früheren Formen der Dramatik abweicht. Der durch seine Arbeit über Brecht bekannt gewordene Autor stellt dabei die Verbindung zum Absurden in der Weltliteratur von der Antike bis zu Lewis Carroll und Christian Morgenstern her. Abschließend gibt er eine Definition des neuen Theaterstils und zieht die Querverbindungen zu den philosophischen und sozialen Strömungen der Gegenwart. Das zunächst in Amerika und auch in England veröffentlichte Werk hat nicht nur bei allen am Theater Interessierten größte Beachtung gefunden, sondern bereits Auswirkungen auf die praktische Bühnenarbeit gehabt.

Ein vollständiges Verzeichnis aller lieferbaren Bände dieser Reihe erhalten Sie direkt vom Rowohlt Taschenbuch Verlag, 2057 Reinbek bei Hamburg.

Rowohlt Paperback

AMERIKANISCHE DRAMATURGIE
Hg. und Einführung: Horst Frenz
Beiträge der Autoren: Maxwell Anderson / S. N. Behrman / Paul Green / William Inge / Robinson Jeffers / Archibald MacLeish / Arthur Miller / Eugene O'Neill / Elmer Rice / Thornton Wilder / Tennessee Williams. RP 13. 180 Seiten.

LAWRENCE DURRELL
Drei dramatische Dichtungen
Inhalt: Sappho / Actis / Ein irischer Faust. Vorwort: Oscar Fritz Schuh. RP 27. 236 Seiten.

ENGLISCHES THEATER UNSERER ZEIT
Einleitung: Friedrich Luft
Inhalt: John Arden, Der Tanz des Sergeanten Musgrave / Shelagh Delaney, Bitterer Honig / John Mortimer, Das Pflichtmandat – Mittagspause / Harold Pinter, Die Geburtstagsfeier – Der Hausmeister.
RP 5. 322 Seiten.

WALTER HASENCLEVER
Gedichte, Dramen, Prosa
Hg. und Einleitung: Kurt Pinthus
Inhalt: Dramen: Der Sohn / Antigone / Die Menschen / Ein besserer Herr / Napoleon greift ein / Ehen werden im Himmel geschlossen / Münchhausen. Gedichte. Prosa: Die Rechtlosen / Autobiographische Notizen. RP 8. 520 Seiten.

JULIUS HAY, Dramen
Inhalt: Attilas Nächte / Das Pferd / Der Putenhirt / Haben. RP 36. 228 S.

ROLF HOCHHUTH
Der Stellvertreter
Schauspiel. Vorwort: Erwin Piscator. RP 20. 225. Tausend. 276 Seiten.

ÖDÖN VON HORVATH, Stücke
Hg. Traugott Krischke. Nachwort: Ulrich Becher. Inhalt: Italienische Nacht / Geschichten aus dem Wiener Wald / Kasimir und Karoline / Glaube Liebe Hoffnung / Die Unbekannte aus der Seine / Figaro läßt sich scheiden / Don Juan kommt aus dem Krieg / Der jüngste Tag / Pompeji. RP 3. 5.–7. Tausend. 448 Seiten.

SIEGFRIED JACOBSOHN
Jahre der Bühne. Theaterkritische Schriften. Auswahl Walther Karsch und G. Göhler. RP 42. 224 Seiten.

JOACHIM KAISER
Kleines Theatertagebuch
RP 44. 216 Seiten.

YUKIO MISHIMA
Sechs moderne Nô-Spiele
Einführung: Donald Keene, Inhalt: Die hundertste Nacht / Die Damasttrommel / Das Traumkissen / Die Dame Aoi / Die getauschten Fächer / Gesicht im Spiegel. RP 6. 144 Seiten.

ERWIN PISCATOR
Das Politische Theater
Vorwort: Wolfgang Drews. Neubearbeitet von Felix Gasbarra. RP 11. 256 Seiten mit 32 Kunstdrucktafeln.

JOHN RUSSELL TAYLOR
Zorniges Theater
Eine Analyse des englischen Dramas seit Osborne. Nachwort: Ivan Nagel. RP 41. 340 Seiten.

ERNST TOLLER
Prosa, Briefe, Dramen, Gedichte
Vorwort: Kurt Hiller. Inhalt: Die Wandlung / Masse-Mensch / Die Maschinenstürmer / Hinkemann / Eine Jugend in Deutschland / Briefe aus dem Gefängnis (Auswahl) / Vormorgen (Auswahl) / Das Schwalbenbuch. RP 1. 496 Seiten.

JOHN WILLETT
Das Theater Bertolt Brechts
Eine Betrachtung. RP 32. 272 Seiten mit 16 Kunstdrucktafeln.

Eine Auswahl aus unserem Paperback-Programm. Ausführliche Prospekte erhalten Sie vom Rowohlt Verlag, 2057 Reinbek bei Hamburg

HEINRICH MANN

**DIE JUGEND
DES KÖNIGS
HENRI QUATRE**

**DIE VOLLENDUNG
DES KÖNIGS
HENRI QUATRE**

---

rororo ungekürzt
als
Taschenbücher